共建"一带一路"坚持共商共建共享，跨越不同文明、文化、社会制度、发展阶段差异，开辟了各国交往的新路径，搭建起国际合作的新框架，汇集着人类共同发展的最大公约数。

——习近平 2023 年 10 月 18 日

天津市鲁班工坊研究与推广中心成果
Research Results of Tianjin Luban Workshop Research and Promotion Center

2022年
鲁班工坊建设与发展报告

LUBAN WORKSHOP CONSTRUCTION AND DEVELOPMENT REPORT IN 2022

杨延 王岚◎主编

天津出版传媒集团

天津人民出版社

图书在版编目（CIP）数据

2022年鲁班工坊建设与发展报告/杨延,王岚主编.--天津:天津人民出版社,2023.11
ISBN 978-7-201-19899-6

Ⅰ.①2… Ⅱ.①杨…②王… Ⅲ.①职业教育－国际化－研究报告－中国－ 2022 Ⅳ.① G719.2

中国国家版本馆CIP数据核字(2023)第 199250 号

2022 年鲁班工坊建设与发展报告
2022NIAN LUBANGONGFANG JIANSHE YU FAZHAN BAOGAO

出　　　版	天津人民出版社
出 版 人	刘　庆
地　　　址	天津市和平区西康路 35 号康岳大厦
邮政编码	300051
邮购电话	（022）23332469
电子信箱	reader@tjrmcbs.com
责任编辑	郑　玥　王佳欢
装帧设计	明轩文化·李晶晶
印　　　刷	天津新华印务有限公司
经　　　销	新华书店
开　　　本	710 毫米 ×1000 毫米　1/16
印　　　张	14.5
插　　　页	2
字　　　数	230 千字
版次印次	2023 年 11 月第 1 版　2023 年 11 月第 1 次印刷
定　　　价	98.00 元

版权所有　侵权必究
图书如出现印装质量问题，请致电联系调换（022－23332469）

鲁班工坊研究与推广中心研究成果编委会

主　任：李剑萍　郭滇华

副主任（按照姓氏笔画排序）：

于忠武　吕景泉　郑清春　戴裕崴　魏炳举

《2022 年鲁班工坊建设与发展报告》

主　编：杨　延　王　岚

主要撰稿人（按照姓氏笔画排序）：

王　方　王　岚　王凤慧　王兴东　吕景泉

许有华　杨　延　杨湘伶　陈海荣　武春平

蒋平江　戴成林

序 言

新时代背景下，我国职业教育进入提质培优、增值赋能新阶段，不断探索和形成了中国特色职业教育办学模式。鲁班工坊作为职业教育"走出去"的国家品牌，是服务国际产能合作和"走出去"中资企业、促进"一带一路"人文交流和民心相通的职教国际合作交流新窗口。2022年8月，首届世界职业技术教育发展大会在天津举办，打造了职业教育国际化的新平台和新范式，全国首批25个鲁班工坊运营项目在大会上正式授牌，开启了全球鲁班工坊建设与发展的新阶段。

从2016年设立第一个鲁班工坊以来，经过6年多的建设与发展，职业教育国际品牌项目鲁班工坊建设成效逐步显现，影响广泛且深远，已在亚洲、欧洲、非洲建成25个鲁班工坊运营项目。工坊在国际化专业标准建设、双语教材开发、师资能力提升等方面不断取得进展，不仅为合作国家培养和培训了大量本土化高素质技术技能人才，也为中亚、中欧与中非间友好交流夯实了民意基础。

自2020年以来，为促进鲁班工坊高质量、规范化、可持续发展，在教育部的大力支持和指导下，中国教育国际交流协会牵头成立鲁班工坊建设联盟、鲁班工坊建设专家委员会等组织，从顶层设计、资源整合、科学决策、规范管理和品牌建设等方面，不断探索鲁班工坊发展模式和创新路径，共同打造中国职业教育境外办学国际品牌。

随着海外鲁班工坊辐射范围的持续扩大，全方位总结发展模式、路径及经验教训显得愈发重要，推动鲁班工坊的高质量、可持续、特色化发展势在必行。天津市鲁班工坊研究与推广中心研究团队以全球鲁班工坊的建设与发展实际为依据，开展面向中外教师、学生、行政主管部门和海外中资企业等多个层面的调查研究。在总报告中，全面总结和记录了鲁班工坊建设与发展6年多来的整体建设成效；在分报告中，通过对8个典型项目的个案研究，系统总结梳理中国院校在海外创建鲁班工坊的路径与成效，凝练提出鲁班工坊的标准化建设模式；在专题报告中，对全球鲁班工坊人才培养质量、新时期鲁班工坊发展新途径、鲁班工坊质量、保障体系等方面进行深层剖析，提出未来鲁班工坊高质量、可持续发展的重要策略。因此，本报告不仅能为全球鲁班工坊建设提供宝贵的实践经验，同时也可为全球鲁班工坊影响力提升贡献力量。

中国教育国际交流协会副秘书长

宗瓦

2023年10月

目 录

第一部分　总报告

第一章　全球鲁班工坊建设与发展概览 / 3
第一节　实施认证制度形成规范化管理 / 5
第二节　鲁班工坊建设成果与创新发展 / 13
第三节　鲁班工坊未来发展的有效策略 / 22

第二部分　分报告

第二章　马里鲁班工坊建设与发展报告 / 27
第一节　马里的社会经济、医疗卫生与教育情况概述 / 27
第二节　中国与马里两国经济、医疗与教育合作情况 / 29
第三节　项目建设与发展 / 31

第三章　马达加斯加鲁班工坊建设与发展报告 / 45
第一节　马达加斯加的社会经济与教育情况概述 / 45
第二节　中国与马达加斯加两国经济教育合作情况 / 48
第三节　项目建设与发展 / 50

第四章　埃塞俄比亚鲁班工坊建设与发展报告 / 63
第一节　埃塞俄比亚的社会经济与教育情况概述 / 63
第二节　中国与埃塞俄比亚经济教育合作情况 / 64
第三节　项目建设与发展 / 66

第五章　摩洛哥鲁班工坊建设与发展报告 / 80

　　第一节　摩洛哥的社会经济与教育情况概述 /80

　　第二节　中国与摩洛哥两国经济教育合作情况 /82

　　第三节　项目建设与发展 /83

第六章　卢旺达鲁班工坊建设与发展报告 / 94

　　第一节　卢旺达的社会经济与教育情况概述 / 94

　　第二节　中国与卢旺达两国经济教育合作情况 / 97

　　第三节　项目建设与发展 / 98

第七章　肯尼亚鲁班工坊建设与发展报告 / 107

　　第一节　肯尼亚的社会经济与教育情况概述 / 107

　　第二节　中国与肯尼亚两国经济教育合作情况 / 110

　　第三节　项目建设与发展 / 111

第八章　塞尔维亚鲁班工坊建设与发展报告 / 121

　　第一节　塞尔维亚的社会经济与教育情况概述 / 121

　　第二节　中国与塞尔维亚两国经济教育合作情况 / 124

　　第三节　项目建设与发展 / 126

第九章　加蓬鲁班工坊建设与发展报告 / 136

　　第一节　加蓬的社会经济与教育情况概述 / 136

　　第二节　中国与加蓬两国经济教育合作情况 / 139

　　第三节　项目建设与发展 / 140

第三部分　专题报告

第十章　全球鲁班工坊人才培养质量研究 / 155
  第一节　全球鲁班工坊人才培养质量概览 / 155
  第二节　鲁班工坊人才培养的过程质量 / 162
  第三节　鲁班工坊毕业生的学业质量 / 173
  第四节　鲁班工坊毕业生的就业质量 / 183
  第五节　PDCA 视角下人才培养质量提升路径 / 188

第十一章　新时期鲁班工坊发展新途径 / 194
  第一节　特殊时期鲁班工坊办学与运行的挑战 / 195
  第二节　特殊时期鲁班工坊参建院校应对办法 / 196
  第三节　新时期鲁班工坊发展路径的优化策略 / 200

第十二章　鲁班工坊的质量保障 / 206
  第一节　鲁班工坊质量保障实施的重要意义 / 206
  第二节　鲁班工坊质量保障的理论依据 / 208
  第三节　鲁班工坊质量保障制度与机制 / 212
  第四节　完成质量评估的典型项目 / 214
  第五节　鲁班工坊质量保障的不足之处及发展对策 / 221

后　记 / 223

第一部分
总报告

第一章　全球鲁班工坊建设与发展概览

2022年8月，首届世界职业技术教育发展大会在天津召开，这次会议是职业教育领域具有重要国际影响力的机制性会议，打造了职业教育国际化的新平台和新范式。鲁班工坊是首届世界职业技术教育发展大会重要内容之一，会议期间中国教育国际交流协会为全国首批25个鲁班工坊运营项目授牌，标志着天津原创的鲁班工坊正式有组织地在全国推广，开启了鲁班工坊全球建设大发展的新时期。

2016—2022年，鲁班工坊建设取得了卓越成就，在亚非欧三大洲落地开花结果，从亚洲的泰国、印度、印度尼西亚、巴基斯坦、柬埔寨，到欧洲的英国、葡萄牙、保加利亚、塞尔维亚，再到非洲的吉布提、肯尼亚（2个）、南非、马里、尼日利亚、埃及（2个）、科特迪瓦、乌干达、马达加斯加、埃塞俄比亚、摩洛哥、卢旺达、加蓬、贝宁，共创建了25个鲁班工坊。中外合作建设66个国际专业，据天津市鲁班工坊研究与推广中心不完全统计显示，有14个国际化专业教学标准经过合作国认证，进入其国民教育体系，其中1个国际化专业教学标准获得英国NVQ国家职业资格框架体系，学历教育与职业培训均实现规模化发展，合作专业的本土学历生达到8400余人，选修课本土学历生2324人，面向企业和社会的培训规模达到近2.38万人次。为外方院校的专业教师提供了16.9万小时的培训，培训外方专业教师4057人次，中外专业教师合作开发课程389门，公开出版中外文双语教材105本，编写实训讲义、工作手册等校本教材316本，开发在线视频教学资源548小时，人才培养涵盖中职、高职、应用本科和研究生四个层次。

鲁班工坊建设时序图

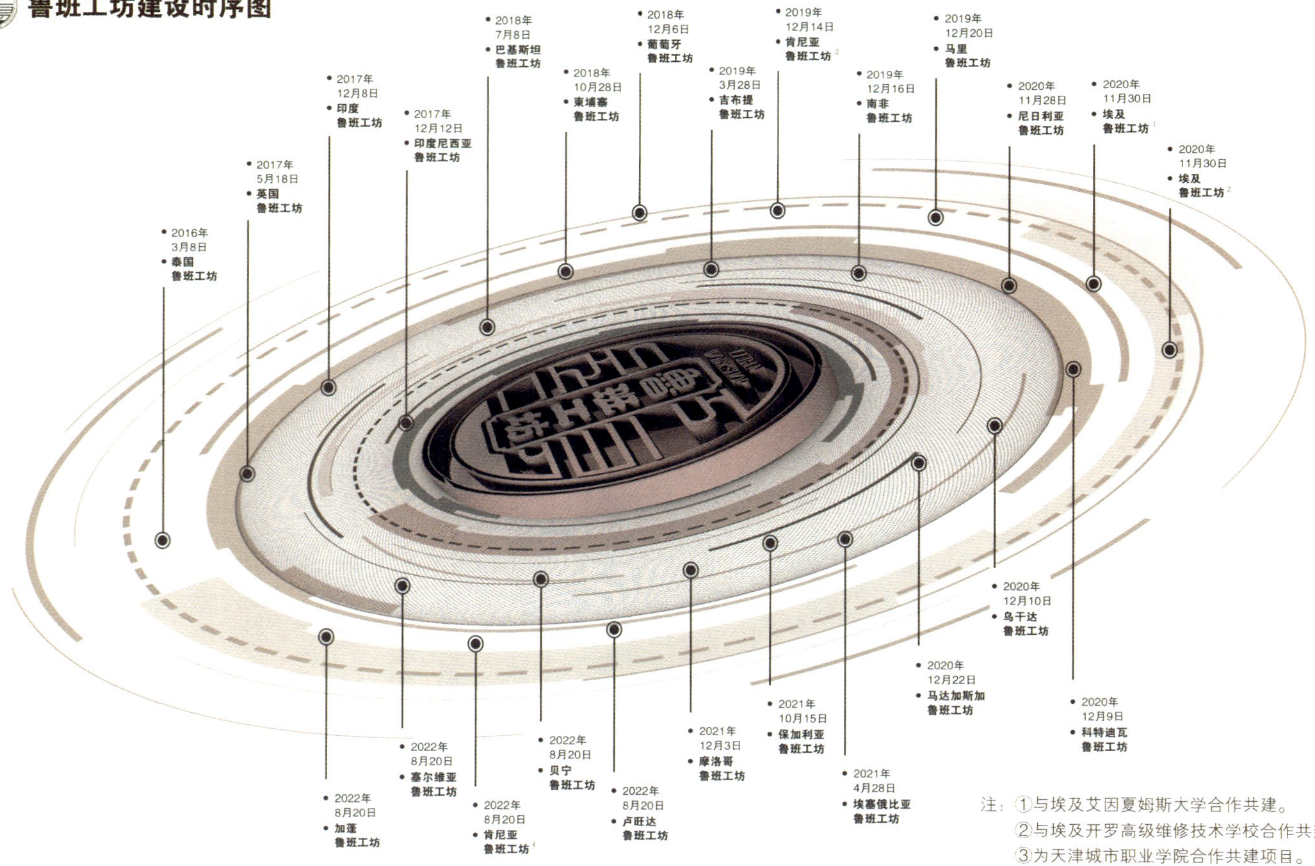
2016年 3月8日 泰国 鲁班工坊
2017年 5月18日 英国 鲁班工坊
2017年 12月8日 印度 鲁班工坊
2017年 12月12日 印度尼西亚 鲁班工坊
2018年 7月8日 巴基斯坦 鲁班工坊
2018年 10月28日 柬埔寨 鲁班工坊
2018年 12月6日 葡萄牙 鲁班工坊
2019年 3月28日 吉布提 鲁班工坊
2019年 12月14日 肯尼亚 鲁班工坊³
2019年 12月16日 南非 鲁班工坊
2019年 12月20日 马里 鲁班工坊
2020年 11月28日 尼日利亚 鲁班工坊
2020年 11月30日 埃及 鲁班工坊¹
2020年 11月30日 埃及 鲁班工坊²
2020年 12月9日 科特迪瓦 鲁班工坊
2020年 12月10日 乌干达 鲁班工坊
2020年 12月22日 马达加斯加 鲁班工坊
2021年 4月28日 埃塞俄比亚 鲁班工坊
2021年 10月15日 保加利亚 鲁班工坊
2021年 12月3日 摩洛哥 鲁班工坊
2022年 8月20日 卢旺达 鲁班工坊
2022年 8月20日 贝宁 鲁班工坊
2022年 8月20日 肯尼亚 鲁班工坊⁴
2022年 8月20日 塞尔维亚 鲁班工坊
2022年 8月20日 加蓬 鲁班工坊

注：①与埃及艾因夏姆斯大学合作共建。
②与埃及开罗高级维修技术学校合作共建。
③为天津城市职业学院合作共建项目。
④为陕西铁路工程职业技术学院合作共建项目。

图 1-1　鲁班工坊建设时序图

第一节　实施认证制度形成规范化管理

一、规范化管理实施鲁班工坊认证制度

规范化标准化建设始终是鲁班工坊国际知名品牌建设与发展的重中之重。在探索实践的过程中，我国不断凝练内涵、完善管理，基于天津经验，结合国内外职业教育发展实际，最终确立了鲁班工坊的核心概念、发展目标、建设原则、核心要素、标准规范等关键内容。

在中国教育国际交流协会的领导下，依据鲁班工坊建设联盟的《鲁班工坊建设规程》《鲁班工坊运营项目认定标准》，对全国申报项目进行遴选，最终有 25 个项目被认定，成为全国首批运营的项目。

项目认定紧紧围绕鲁班工坊的发展定位与核心要素，体现在项目的办学主体上，由中国院校、研究机构、企业和社会组织等在境外单独设立，或同外国政府、院校、研究机构、企业和社会组织等合作设立，以境外公民为主要对象。在发展定位上，以鲁班的工匠精神为依托，中外合作开展职业教育与职业培训，将中国的职教模式、职业技术，以学历教育和职业培训的方式与世界分享，培养高素质本土化技术技能人才。在建设原则上，项目建设遵循平等互利、因地制宜、产教融合、质量优先、共建共享五项原则。在核心要素方面，包含以具有中国特色的先进教学模式（如工程实践创新项目教学模式）为引领，以对接先进技术的国际化专业教学标准为依据，以对标全国职业院校技能大赛的教学装备为基础，以传统纸介与信息化技术相互融合的立体化教学资源为内容，以标准化海外师资培养培训为根本。在建设规范上，严格遵循场地建设、实训装备、教师培训、专业标准、教学资源"五到位"要求。

科学化规范化的鲁班工坊运营项目认定标准，是以天津鲁班工坊建设的成功经验为参照，借鉴发达国家职业教育海外推广模式，充分考虑全国其他省市的职业教育发展实际，全面征集全国 29 个省（自治区、直辖市）专家修改意见的基础上制定的。《鲁班工坊运营项目认定标准》的认定内容包括定位和宗旨、办学基础、场地建设、师资队伍、教学资源、校企合作和办学成效共 8 项一级指标，28 项二级指标和若干项观测点，涵盖项目外部环境、办学基础、软硬件条件等影响和决定鲁班工坊发展质量的关键点，既是项目认定的依据，也是我国院校在海外创设鲁班工坊的建设指南，首批全国鲁班工坊运营认定项目共计 25 个，包括亚洲项目 5 个，欧洲项目 4 个，非洲项目 16 个。

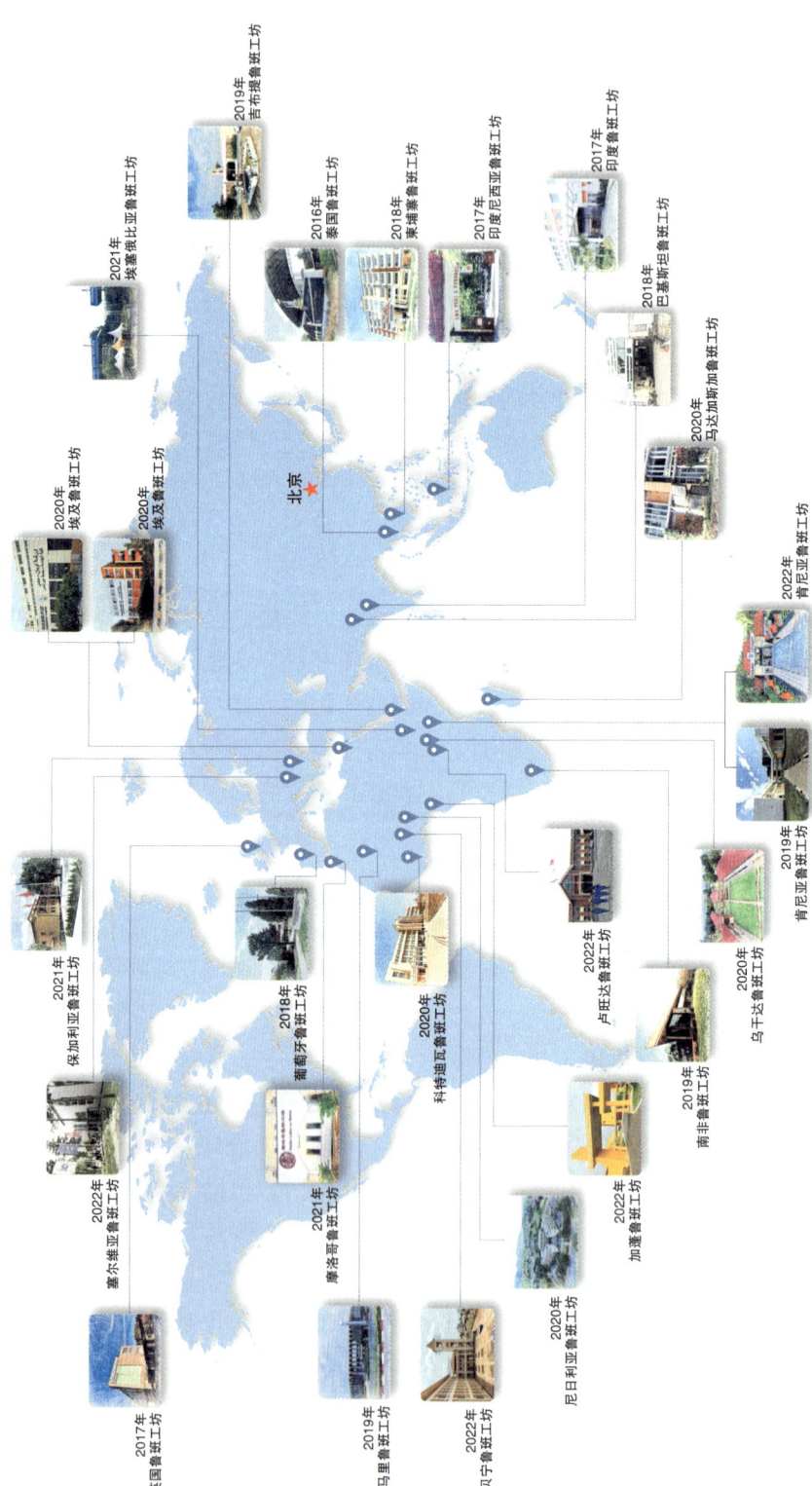

图 1-2　鲁班工坊全球发展图

二、强化核心要素推进项目高质量发展

在中外参建各方的共同努力下，鲁班工坊核心要素建设水平不断提升，在国际专业开发、教学场地建设、海外师资培训、理论研究和教学资源开发等方面实现全面持续推进。

（一）国际合作专业建设

25个鲁班工坊项目的中外参建单位共研、共建了先进制造、电子信息、交通运输、商贸管理、农业、冶金等14个大类66个专业，较2021年增加了19个专业。这些国际专业的建设对接行业国际先进技术标准，顺应合作国的经济社会发展需求，获得合作国的教育部评审认定。截至目前，已有泰国、英国、吉布提、肯尼亚、柬埔寨、巴基斯坦、卢旺达等国家的14个专业进入其国民教育体系，

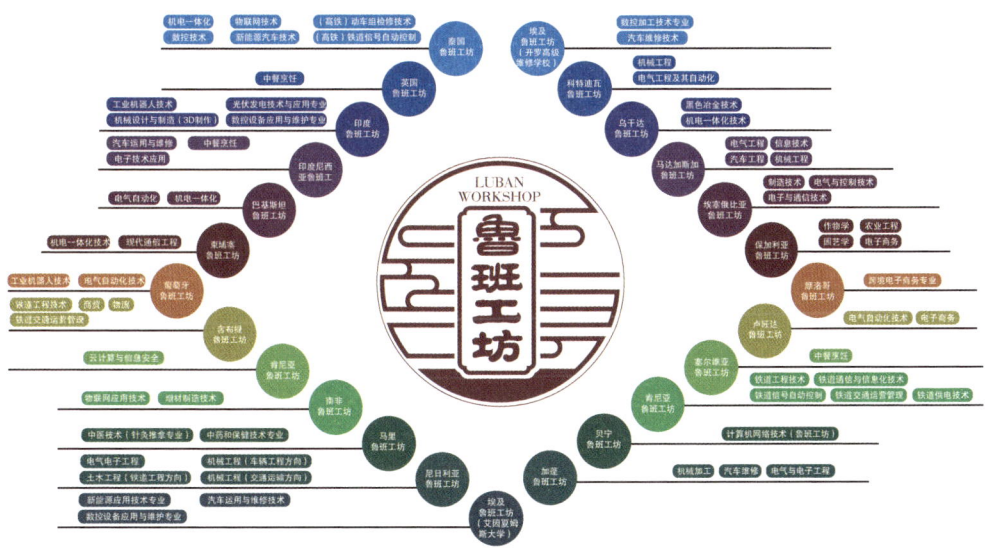

图1-3　鲁班工坊专业开发情况

其中1个专业获得英国国家认证，进入国家职业框架体系，学生专业毕业后具备欧盟就业资质。

（二）场地建设面积逐年增长

随着项目的建设，场地建设规模实现了总量的快速增长，研推中心的统计数

据显示，场地建设面积已从2021年的24814平方米，增加到2022年的33317平方米，仅一年时间便增长了34.2%，为以鲁班工坊为载体开展教育教学和国际交流活动

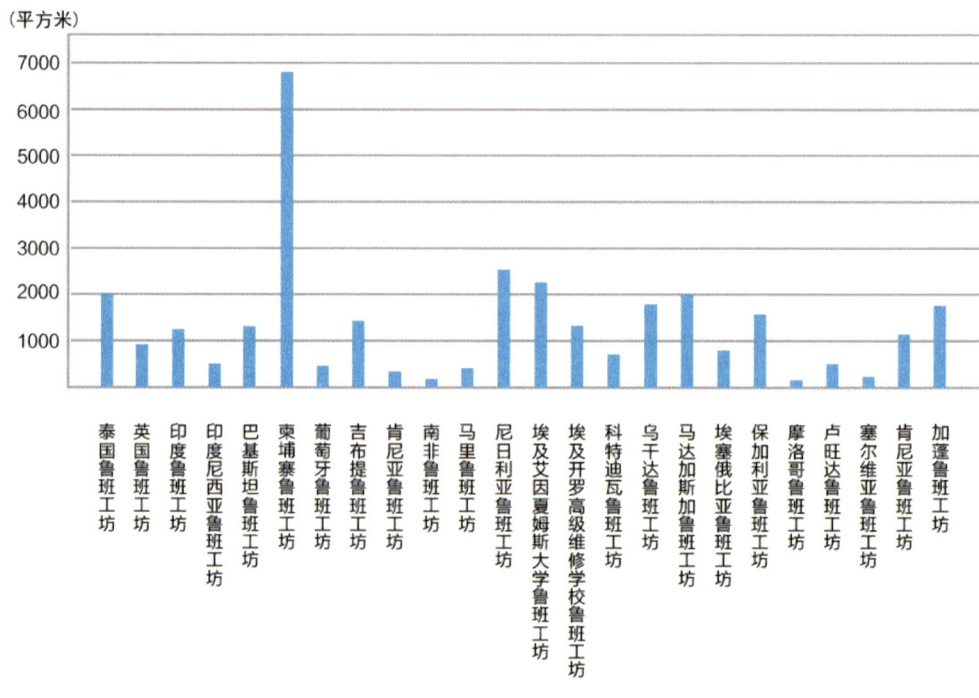

图1-4 鲁班工坊面积情况

提供了充足的活动空间。柬埔寨鲁班工坊由于面向澜湄多国进行职业教育与职业培训，是目前场地面积最大的项目，超过2000平方米的项目还有多个。

（三）专业师资培训持续推进

师资培训先行始终是鲁班工坊建设的重中之重。截至目前，所有项目的中方院校为外方院校的专业教师提供了16.9万小时的培训，培训外方专业教师4057人次，其中线上培训占到27.7%。现代信息技

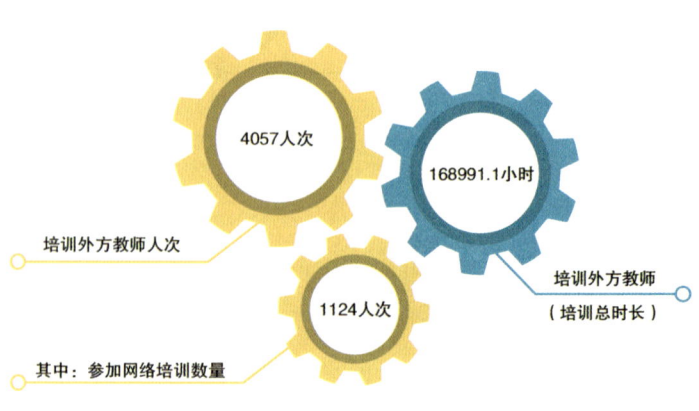

图1-5 鲁班工坊师资培训情况

术的广泛应用成为鲁班工坊师资培训最有效的条件保障，中外双方院校充分利用空中课堂的信息化技术，持续推进海外院校专业带头人的线上培训，有力地保障了专业教师的培训工作。

2017年5月，由中、泰等8国共同成立工程实践创新项目国际教育联盟（EPIP）。联盟在天津渤海职业技术学院建设EPIP体验中心，在泰国、印度、葡萄牙、埃塞俄比亚分别

图1-6　EPIP海外研究中心

成立了EPIP教学研究中心。比如天津职业技术师范大学与埃塞俄比亚职业技术培训学院在合作建设的埃塞俄比亚鲁班工坊基础上，又成立了埃塞俄比亚EPIP教学研究中心和鲁班工坊国际发展研究中心，面向非洲国家地区开展高端技术人才培训和高水平职教师资培养，分享技术技能人才培养和职教师资培养的成果经验。埃塞俄比亚鲁班工坊得到了非盟总部和东非各国的高度关注，被非盟委员会人力资源与科技司列为面向整个非洲国家地区的高端技术技能人才培训基地。埃塞俄比亚鲁班工坊同世界银行东非职业技术教育改革与区域一体化项目卓越中心合作，形成了面向东非职业技术教育资源共享的格局，其服务影响力实质性地拓展到肯尼亚、坦桑尼亚等东非各国。

（四）教学资源供给不断增强

1. 教学装备供给充足

鲁班工坊教学装备的种类和数量整体增长较大，总体实训装备的台套数量达到5721台，教学装备能够提供给学员的工位数量达到4164个，可以满足国际专业学历教育、企业培训和社会各类培训的专业基础实验与实习实训教学，以及校企合作技术研发等多样化需求。

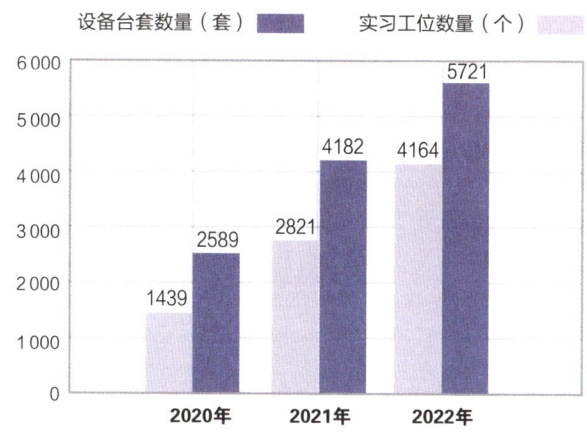

图1-7　鲁班工坊教学实训设备情况

2. 课程资源建设丰富

鲁班工坊专业教师开发的专业课程数量已经达到389门，形成了体系化的传统纸质教材和信息化教学资源，其中公开出版中外文双语教材105本，开发编实训讲义、工作手册等校本教材316本；开发的信息化资源主要包括：专业课程的PPT总共3551个，视频教学总时长约32863分钟，专业课题库160个，为国际专业教学提供了有力支撑。

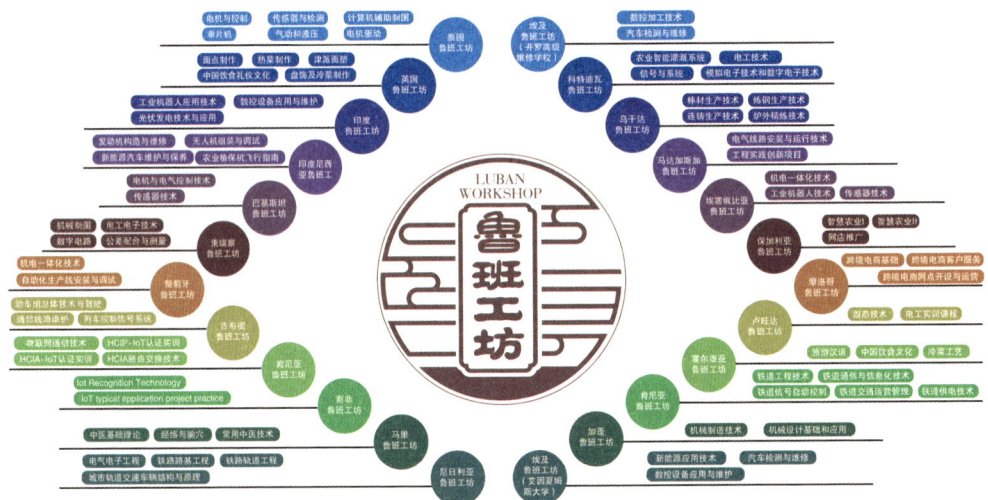

图1-8 鲁班工坊课程开发情况

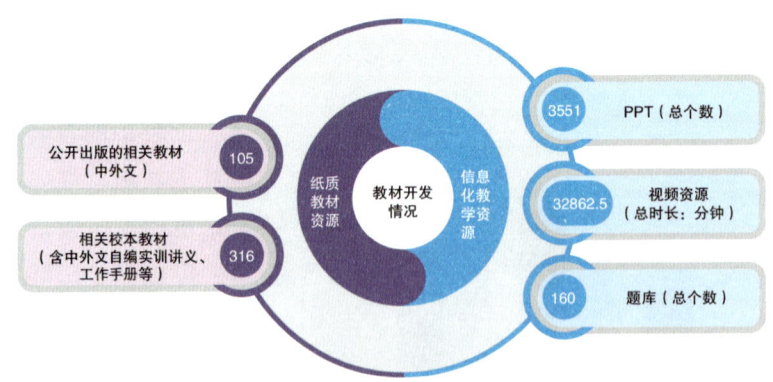

图1-9 教材开发情况

三、构建标准体系提升项目持续发展能力

（一）对标国际行业发展前沿开发专业教学标准

鲁班工坊分享的是我国职业教育改革发展的成功经验，中外共建国际专业是鲁班工坊建设的核心内容，国际专业建设的基本依据是我国已经创建并达到国际先进水平的专业教学标准，专业标准的开发质量不仅决定着鲁班工坊创建的水平，也是项目发展的保障。

以天津为例，目前建设的鲁班工坊，其合作的国际化专业均是以2013年市教委遴选出的一批与我市优势主导产业相对应的专业，以及开发研制的50个国际化专业教学标准为依据，有力支持了项目发展。为进一步促进鲁班工坊质量提升，顺应国际产能合作的新需求，培养熟悉中国技术、了解中国工艺、认知中国产品的高素质本土技术技能人才，2022年天津市组织开发建设了新一轮的职业教育国际化专业标准。开展国际化专业教学标准开发工作的基本思路是坚持问题导向，突出重点任务，以服务区域经济社会发展需要为出发点，全面提升职业教育教学质量。

在设计理念上，国际化专业教学标准开发积极引入国际先进职教理念和模式，学习借鉴国内外职业教育人才培养先进经验与做法；以学生为中心，遵循职业教育规律和职业岗位的变化规律，深化产教融合、校企合作，强化工学结合、知行合一，健全德技并修育人机制，使学生具备在国内外人才市场就业的职业能力与可持续发展能力。

在开发内容上，国际化专业教学标准开发对接国际产业技术发展最新技术标准，要重点围绕区域支柱产业、特色产业和新兴产业发展需求，与知名企业合作，进行充分调研论证，以新标准、新技术、新装备、新材料、新工艺为核心内容，以国际先进的职业教育理念为指导，从国际化培养目标要求出发，重构课程体系，整合教学内容，明确学生应考取的国际认可的职业资格证书或"1+X"证书，培养满足国际化企业发展需要的复合型技术技能人才。

在开发模式上，应用鲁班工坊建设的成功经验。鲁班工坊是职业教育国际化发展的重大成果，是国家现代职业教育改革创新示范区建设的标志性成果，其专业建设模式已经广泛应用在20多个国家，专业教学质量得到合作国家政府的高度认可。因此，本轮国际化专业教学标准的开发充分运用鲁班工坊建设经验，在提升专业标准技术水平的同时也扩大其适应性，促进其在更广泛的领域得到运用。

新一轮国际化专业教学标准开发的主要内容主要包括 10 个方面内容：专业名称、入学要求、基本修业年限、职业面向、培养目标、培养规格、课程设置及学时安排、教学基本条件、取证与毕业要求和质量保障。经专家组评审，最终确定 55 个国际化专业教学标准符合要求，包括本科层次专业 2 个，专科层次专业 47 个，中职层次专业 6 个。其中 47 个专科层次的高职专业涉及交通运输、电子信息、医药卫生、装备制造等 14 个专业大类，均是与区域主导产业紧密相关专业，并正式出版专著《引领与示范——天津市职业教育国际化专业教学标准建设》。

（二）顺应国别差异开发鲁班工坊大类专业标准

受到合作国经济社会发展水平的影响，鲁班工坊的建设是多样化的。为了从整体上对项目的建设进行规范，由天津市鲁班工坊研究与推广中心和鲁班工坊建设院校联合研究团队对标国际行业分类、我国教育部的专业分类要求，基于鲁班工坊建设实际，从鲁班工坊的目标定位与核心内涵出发，结合在亚洲、非洲和欧洲不同经济社会发展水平国家建设鲁班工坊所取得的成功经验与实践问题，研究开发了鲁班工坊大类专业建设标准。

鲁班工坊大类专业建设标准对标《普通高等学校本科专业目录》《职业教育专业目录》，从国际合作专业建设硬件与软件基础两个方面进行整体框架设计，涵盖由专业人才培养方案、专业核心课程标准、培训课程的标准，以及海外专业教师的培训标准等构成的标准体系，包含 15 项具体监测指标、相关支撑材料以及实际案例和标准样例，总共包括新能源、汽车制造、机械设计与制作、自动化、电子信息等 13 个大类专业。

鲁班工坊大类专业建设标准涉及海外鲁班工坊建设全流程全过程，不仅可以为中国院校在海外进行鲁班工坊建设提供科学的理论依据，同时可以为参建院校提供完整且具有可操作性的实施方案。标准体系是框架性的，引领作用明显，一方面保障所有项目都能够遵循统一的标准要求，另一方面也鼓励不同项目特色化发展，即在框架范围之内，引导各个项目结合不同合作国家、不同建设模式、不同办学层次的实际，探索在鲁班工坊总体建设框架之下的个性化发展，实现鲁班工坊建设的统一规范与个性创新，从而更好地顺应海外项目的发展。标准不仅推动鲁班工坊国际品牌的标准化规范化建设，实现高质量和可持续发展，同时也为鲁班工坊全国联盟相关院校走出去到海外办学提供了具有可操作性的解决方案。

第二节　鲁班工坊建设成果与创新发展

一、互学互鉴共建共享中外职教深度合作

（一）开放办学扩大鲁班工坊教育服务领域

鲁班工坊的人才培养服务领域是多元的，既面向在校的中高职和本科院校的国际合作专业学生，也面向院校其他专业的在校学生，可以通过选修课的形式进行学习。同时，鲁班工坊的课程也对社会开放，为中外企业员工、其他院校师生和社会人员提供相应的课程学习。鲁班工坊研推中心的调查显示，鲁班工坊已经培养了本土国际专业的学历生（留学生＋本土本专业学生）8436人，其他选修专业学历生2324人。

鲁班工坊合作的中外企业数量已经达到107家，面向各类企业和社会的培训总量约2.38万人次，其中借助网络线上培训的总量6490人次，有效地满足了当地的企业对紧缺专业技术技能人才的迫切需求，以及所在地域的院校师生、社会人员对职业技能培训的要求。

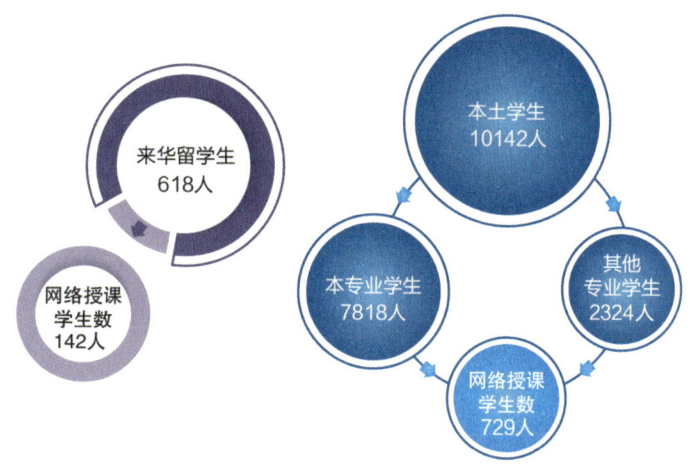

图1-10　鲁班工坊人才培养规模情况

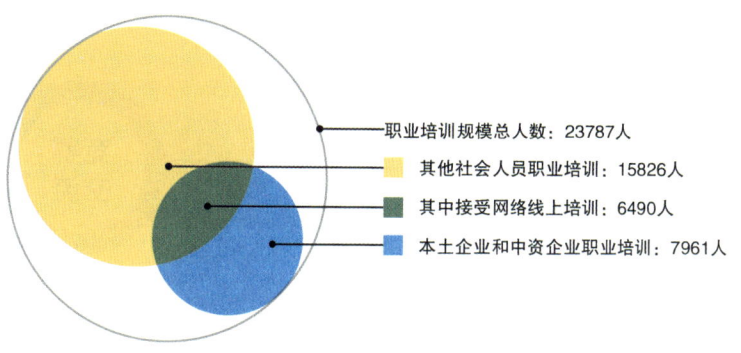

图1-11　鲁班工坊职业培训规范情况

（二）中外师生国际交流形式与内容多样化

中外院校合作共建的鲁班工坊是以先进的教学理念为指导，采用先进的教学模式、教学技术、教学标准来进行专业教育教学的，因此以鲁班工坊为载体可以为中外参建院校搭建起一个互学互鉴的职业教育交流大平台。在过去 6 年多的时间里，借助多种形式，参建各方的专业教师、学生之间的交流规模实现了持续增长，其中来华交流的合作国院校学生数量达到 377 人次，参加线上交流的学生为 1415 人次；来华的合作国专业教师数量达到 745 人次，参加线上交流的专业教师 2656 人次；我国院校赴海外交流的学生有 202 人次，专业教师 509 人次。

图 1-12　鲁班工坊人文交流情况

在项目建设期间，中外院校联合参加了国内外技能竞赛，以技能比武来相互学习。调查显示，自鲁班工坊项目创建以来，合作共同参加国际、国内职业技能大赛的中外双方师生总量达到 824 人次，其中参赛的外方师生数量达到 233 人次，中方参赛的师生数量达到 591 人次。

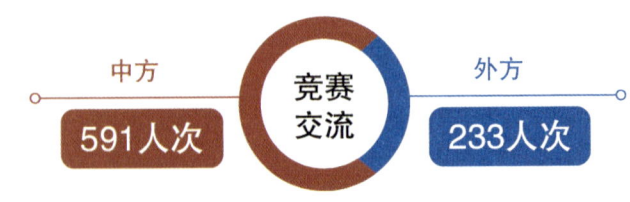

图 1-13　鲁班工坊重大人文交流情况

2022 年首届世界职业技术教育发展大会同期举办了首届世界职业院校技能大赛，鲁班工坊中外参建院校线上线下同时竞赛，有 11 个鲁班工坊参建院校以中外联合组队的方式，参加了首届世校赛的竞赛类和表演类技能竞赛。

（三）海外人才培养质量与规模稳步攀升

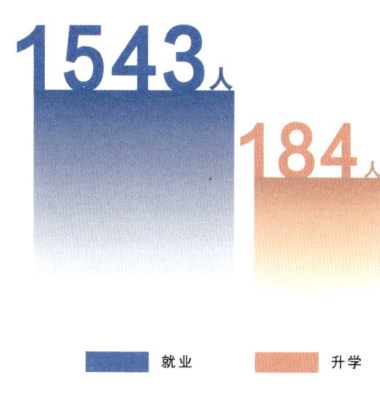

图 1-14　鲁班工坊毕业生情况

截至 2022 年 8 月，我国建成的 25 个鲁班工坊的学历教育与培训已实现了规模化发展。据不完全统计显示，学校教育的总规模已达到 10760 人，职业培训和社会培训的规模达到 2.38 万人次，在本土企业和走出去中资企业就业的毕业生总量达到 1543 人，升学的鲁班工坊毕业生达到 184 人，人才培养规模与培养质量同步提升。

为对鲁班工坊的教学情况进行质量监控，每一年天津市鲁班工坊研究与推广中心都采用第三方问卷调查方法，对鲁班工坊本土教学一线教师、在校学生和毕业生进行专门的调查。2022 年，研推中心共回收鲁班工坊教学一线教师问卷 116 份，鲁班工坊在读学生问卷 533 份，鲁班工坊毕业生问卷 194 份，得出不完全统计结论如下：

经过 6 年多的稳步发展，鲁班工坊人才培养成效明显，人才培养质量很高，鲁班工坊教学一线教师、鲁班工坊在读学生、鲁班工坊毕业生均对鲁班工坊人才培养的满意度很高，对人才培养过程、人才培养满意度、就业满意度等各项内容均给予了很高的评价。97.41% 和 95.69% 的海外专业教师认为鲁班工坊的人才培养目标能够满足学生自我发展和社会用人要求。91.39% 的鲁班工坊在校学生对于实践课程设置满意度较高，其中实践课程丰富、课程内容设置合理、理论课程丰富是学生对课程最满意的 3 个方面。高达 94.84% 的毕业生对鲁班工坊人才培养的总体满意度很高，调查问卷显示毕业生在技术应用能力、信息获取和运用能力、资源管理能力、人际交往能力和统筹能力 5 个方面的关键能力上的获得感较强，高达 96.39% 鲁班工坊毕业生完全能够适应单位的工作环境，对于未来工作发展空间方面，达 94.33% 的鲁班工坊毕业生认为鲁班工坊的学习经历有益于扩展未来工作发展空间。

（四）中方专业教师国际合作能力增强

图 1-15　鲁班工坊中方院校教师情况

在持续的国际交流与合作过程中，中外双方专业教师共同研究、共同开发建设国际专业，双方互学互鉴，不仅提高了合作国专业教师的职业能力，同时也促进了我国专业教师的国际合作与专业教育能力，调查显示中方参建职业院校具备面向国际学生进行专业理论教学与实践教学能力的双语专业教师的规模不断提升，有力地提高了参建院校国际化办学水平和专业发展能力。据研推中心不完全调查显示，目前已建中方院校中具备双语教学能力的专业教师达到 410 人，有 389 人专业教师在国际国内技能大赛中获得奖项。

二、鲁班工坊持续发展支持体系不断完善

为顺应鲁班工坊全球建设与发展的新形势、新需求，推进国际品牌鲁班工坊高质量发展，全面落实首届世界职业技术教育发展大会期间有关优化完善鲁班工坊研究与推广工作的任务，不断创新机制，打造高水平的智库。在天津市教委的支持下，升级天津市鲁班工坊研究与推广中心运行机制，以天津市教育科学研究院为主导，联合天津职业大学、天津职业技术师范大学、天津轻工职业技术学院、天津渤海职业技术学院和天津铁道职业技术学院等多所具有丰富鲁班工坊理论研究基础与实践经验的鲁班工坊参建院校协同合作，开展多类型、多形式的研究与推广工作，持续开展理论研究，建立全流程的质量保障与风险防控监管，高水平推进国际化资源开发、师资培训、合作交流与宣传推广，推进鲁班工坊建设高质量安全运行。

在理论研究方面，结合国家对外开放大局和"一带一路"建设需求，开展国别与区域比较研究；结合鲁班工坊现状与问题，开展鲁班工坊相关理论研究；持续研究出版鲁班工坊建设与发展年度报告，采用实证研究方法，以问卷调查为基础，用大数据总结梳理鲁班工坊的建设成果，凝练成功经验，提出发展策略。

在项目监管方面，建立闭环监管系统，实施鲁班工坊建设与发展全流程质量监管制度。开展鲁班工坊项目评估检查标准试点工作，基于天津经验研究制定鲁班工坊评估检查标准（试点），以完成 3 年运行的项目为对象，聘请来自

鲁班工坊建设联盟的专家开展试点评估，对鲁班工坊的建设成果进行全方位、多层面的整体评估。截至2022年底，已完成对泰国鲁班工坊、英国鲁班工坊和印度尼西亚鲁班工坊的评估检查工作，同时结合评估实际对原有标准进行完善。

在标准开发方面，对标国际产业发展前沿技术和中国职教先进理念与教育模式，开发鲁班工坊建设标准和国际化专业教学标准，为鲁班工坊持续发展提供动力源泉。截至2022年底，研推中心组织开发鲁班工坊系列标准，开发鲁班工坊13个大类的专业建设标准及教学资源标准，对标国际前沿技术研发55个国际化专业标准，涉及中职高职和应用本科教育。

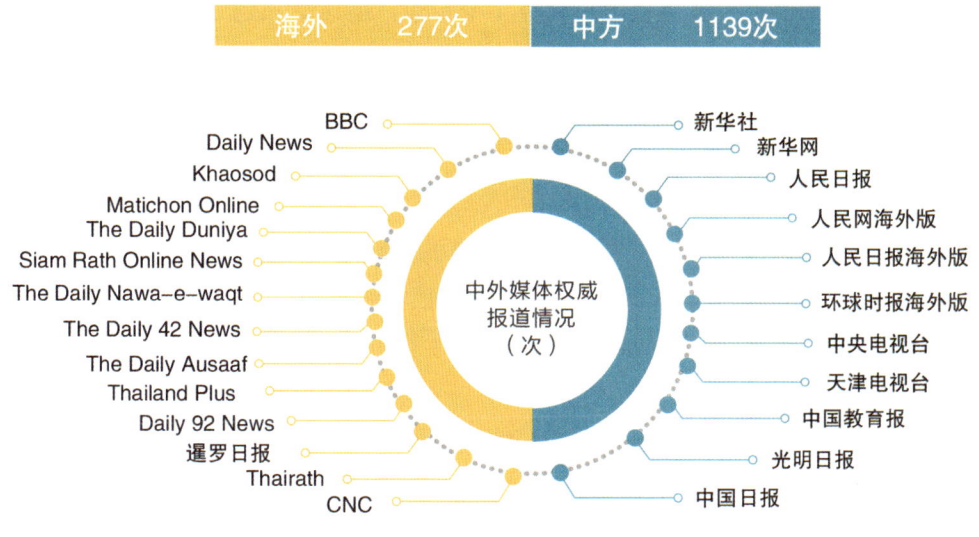

图1-16　鲁班工坊中外媒体权威报道情况

在宣传推广方面，面向国内外宣传推广鲁班工坊，不断完善优化鲁班工坊中英文网站等服务功能，面向国内外提供中英文双语服务，实时跟踪报道鲁班工坊建设全流程以及中外双方互动交流合作情况，包括项目签约、项目落成、项目评估检查、师资培训、论坛、技能比赛、节日活动等内容，全面展示鲁班工坊的建设与发展动态，讲述鲁班工坊生动故事，帮助国内外各界及时了解鲁班工坊的现状与成就。

三、拓展创新因地制宜形成多样化发展

6年多的成功经验显示，在不同经济社会发展阶段的国家，与不同办学水平

的院校合作创立鲁班工坊，需要因地制宜建立多样化、特色化的发展模式。

（一）一坊两中心模式

鲁班工坊在海外办学受到合作国不同影响，每个项目的合作专业领域有所差异，且随着项目建设与发展合作范围不断扩大，需要不断增强中方院校的投入才能确保项目持续推进，一坊两中心模式即是因此产生。典型的如泰国鲁班工坊，作为我国海外第一所鲁班工坊，泰国鲁班工坊受到泰国政府的高度重视与认可。为顺应泰国本土经济与中泰经贸发展的需求，项目在3年的时间里不断增加合作专业，扩大教育规模，创立了在一个工坊内由两所中方院校分别与泰方院校建设两个分中心的发展模式，这一模式的显著优势在于可以借助多所院校的资源拓展鲁班工坊的合作专业与服务领域。一坊两中心模式的实施，使得泰国鲁班工坊的合作专业由最初的2016年机电一体化1个专业，迅速增加到6个专业，2017年二期建设增加物联网技术、数控机床和新能源汽车3个专业，2018年三期建设增加高速铁道信号自动控制和铁道交通运营管理2个专业。仅2年时间内，天津渤海职业技术学院、天津铁道职业技术学院和泰国大城技术学院高标准合作共建了6个国际化专业。

泰国鲁班工坊建设成果非常丰硕，创造了鲁班工坊的多个第一：第一个鲁班工坊国际专业标准得到合作国国家教育部认证，且全部6个专业被认证进入泰国国民教育体系；第一个由鲁班工坊培养的学生获得国际大赛的奖项，即工坊在读学生在东盟职业技能竞赛上获得金奖；第一个鲁班工坊的合作院校获得中外政府多个奖项，泰国大城技术学院由于其卓越的合作办学成效，得到泰国政府高度认可，被授予泰国国王奖，学校的影响力因此获得了极大提高；为表彰其为中泰职业教育合作所做出的巨大贡献，2022年中国授予泰国大城技术学院的哲仁校长（原）中国政府友谊奖；相应的中方天津渤海职业技术学院获得诗琳通公主奖。目前，泰国鲁班工坊通过了来自全国专家的评估检查，等级为优秀，成为鲁班工坊国际品牌的一个标杆项目。

（二）中高职衔接模式

建立现代职业教育体系，为职业人才成长建构升学通道是我国职业教育的成功经验，借助鲁班工坊的载体功能，在海外搭建不同层次职业教育相互衔接的通道。典型的成功经验如埃及鲁班工坊，埃及鲁班工坊是由天津轻工职业技术学院和天津交通职业学院两所高职院校分别与埃及艾因夏姆斯大学、埃及开罗高级维修技术学校合作创立的，是在一个国家创立中职层面和高职层面两个鲁班工坊的成功范例。埃及鲁班工坊开设的数控设备应用与维护、汽车运用与维修技术等专业分别在中职学校和高职院校开设，专业标准对应不同教育层级要求而设计，以专业教育为载体打造中高职贯通的鲁班工坊人才培养体系，埃及本土的学生在中职学校完成中职阶段数控技术加工专业、汽车维修技术专业学习后，可经过考试直接升入本科院校的鲁班工坊，完成高职阶段数控设备应用与维护专业、汽车应用与维修技术专业的学习，毕业后可获得专科文凭。

（三）国际产教融合模式

服务国际产能合作，为中资企业"走出去"和本土企业培养急需的技术技能人才是鲁班工坊的重要功能之一。吉布提鲁班工坊是落实中非合作论坛任务首个非洲项目，是为服务亚吉铁路的发展，由天津铁道职业技术学院、天津市第一商业学校、吉布提工商学校三所院校与中土公司共同创立。亚吉铁路是非洲大陆连接埃塞俄比亚的亚的斯亚贝巴和吉布提港口以货运为主的铁路，是由中土公司建设的东非地区首条标准轨距电气化铁路，沿线设立有多个大型站点，建有货运中心和工业园区，企业的发展需要大量的商贸和铁路相关技术与管理技术人员。为此，吉布提鲁班工坊紧紧围绕亚吉铁路的人才需求，与中土公司等企业合作校企共同开发建设了4个专业，分别为铁道工程技术、铁道交通运营与管理、物流服务与管理和商贸专业。2019年开始正式招生，目前培养学历生近400人，企业培训4800人次，有效解决了吉布提急缺的本土技术技能人才问题。该项目是国际产教深度融合的典范，吉布提总统盖莱在启动运营仪式上发表讲话称："吉布提鲁班工坊是中国送给吉布提的最好礼物！因为鲁班工坊，未来的吉布提青年非常幸福。"

四、多种形式面向全球宣传推介鲁班工坊

（一）高水平举办鲁班工坊建设成果展

2022年8月19日至20日，在天津召开了首届世界职业技术教育发展大会。鲁班工坊展作为世界职业教育产教融合博览会唯一一个线下职业教育国际合作展。

布展定位与目的。鲁班工坊展立足国家对外开放大局和"一带一路"倡议，以天津创建鲁班工坊项目6年多实践与探索为主线，展示鲁班工坊项目从2016年的天津原创到2020年全国联盟成立，再到未来全球的整体布局的发展脉络，从地方实践到国家品牌，用重大的事件、重要的关键节点来讲述其成长故事，全面介绍鲁班工坊国际品牌的建设内涵、发展历程、建设成就、国际影响与未来发展，借助鲁班工坊建设的视角，呈现中国职业教育"走出去"的丰硕成果。

布展原则与特色。鲁班工坊建设成就展的布展特色鲜明，力求系统、整体展示取得的巨大成就，用技术手段多形式呈现。布展遵循四个基本原则。一是紧扣建设内涵，从鲁班工坊建设目标定位出发，突出项目建设在助力服务"一带一路"建设中取得的成果，分版块展出鲁班工坊在国际技术技能人才培养、国际产教融合、中外人文交流、国内外影响等方面取得的成果。二是体现项目发展，既体现鲁班工坊每一个项目的自身建设发展历程，又展现鲁班工坊国际品牌的顶层设计和整体谋划。展览既有已建成项目展示，同时又结合我国当前的外交大局，展望今后的发展规划和发展前景。三是覆盖全国，确保展示内容具有全国性，既把天津 20 个项目全部纳入其中，同时也涵盖全国联盟自 2020 年 11 月成立以来的发展与建设成果，鲁班工坊在全国的推广情况，充分展示鲁班工坊在全国其他省市的推广与应用。四是动静结合，采用智能技术进行交互设计，多种形式进行布展，既有静态的展板、实物展示，也有线上空中课堂展示，同时设计多个互动环节，使参观者能够参与其中，多层次多视角深度体验海外鲁班工坊建设的成果。

鲁班工坊布展设计特色鲜明。布展设计风格定位国际、简约，展示内容全部采用中英文双语。展区共分三个区域，即中心展示区、重点项目区、其他项目区。中心展区设计，借鉴"鲁班工坊"标识设计，采用"天圆地方"的中国传统理念，以圆形和方形为基础图形规划布局，集中展示鲁班工坊的内涵、历程、成果等内容。项目展区分重点展示区和综合展示区两个板块，设计色彩以白色为主色调，配合点缀每个国家国旗的配色，展墙设计图文结合、动态宣传片展示，搭配每个国家特色建筑文化剪影，突出展示每个国家的特色；设备展示，每个项目都展示项目实际建设所使用的教学装备，再现真实场景。展示内容形式多样，项目建设图片展出 1200 余张，实物布展内容包括 30 台（套）真实的可操控教学装备、1 个场景搭建、1 个全景展示吉布提鲁班工坊为亚吉铁路服务的大型实景模拟沙盘、1 个医药标本展示台，以及鲁班工坊全景中英文宣传片、各个项目宣传视频、教学资源视频、各项目多语种教材、学生作品、获奖证书、获奖奖品和奖杯等 1000 余件展品。重点展区以多种形式集中展示在亚洲、非洲和欧洲创建时间较长，在中外人文交流方面取得重大影响力的泰国、英国、柬埔寨、葡萄牙、吉布提、埃及 6 个项目。综合展示区则是以集群的方式对已经运行的 13 个鲁班工坊进行集中全面的展示。

展览成效与影响。在开展期间，"鲁班工坊建设·成果展"获得很大成功。其间，外国使节对鲁班工坊给予高度认可，马达加斯加大使在展区内表示：马达加斯加鲁班工坊对经济发展具有极大贡献，并希望中国扩大项目的建设内容，增加农业方面的专业。津巴布韦驻华大使馆参赞在参观过程中表示鲁班工坊项目是个很好的项目，希望未来能够在津巴布韦建设鲁班工坊。来自乌干达大使馆官员表示感谢鲁班工坊为促进乌干达发展做出的贡献。由中葡两国师生共同开发的葡萄牙工业智能识别系统互动项目由于其在自动化技术中融入了中国和葡萄牙两国产业发展的需求，项目一经展出即得到各界高度认可。展示期间，中央电视台、天津电视台等做专题报道，津云等新媒体同步宣传，海外宣介59篇英文报道，鲁班工坊研究与推广中心鲁班工坊英文网站推送专题报道25篇，极大地提升了鲁班工坊的国际影响力。

（二）举办鲁班工坊建设发展国际论坛

2022年8月，首届世界职业技术教育发展大会期间召开了"一带一路"合作与鲁班工坊建设发展平行论坛。埃塞俄比亚、马达加斯加和马里驻华大使，委内瑞拉、阿尔及利亚、日本、南非、津巴布韦、乌兹别克斯坦、斐济、乌干达、蒙古、柬埔寨、巴基斯坦等国驻华使节及亚太空间合作组织、中国工合国际委员会、上合组织、德国汉斯·赛德尔基金会、全球化智库等国际组织代表出席论坛，200余名国内外院校、企业、行业组织和研究机构代表在线上线下参加论坛。

论坛遵循"共同建设、共促发展、共享成果"原则，围绕"中国的鲁班工坊，世界的鲁班工坊""服务'一带一路'的中国职教国际合作""面向未来的鲁班工坊"等主题，邀请来自中外院校、研究机构和企业的嘉宾进行高水平交流研讨，互学互鉴、共商共享，探索鲁班工坊建设及职业教育国际合作的新路径、新模式。中方嘉宾重点就鲁班工坊建设标准，院校国际化建设发展路径，企业构建职教校企合作共同体等方面进行了经验分享与研讨，突出职教国际合作与鲁班工坊建设及国外当地经济、社会发展需求，以及产业调整升级的伴生与融入的合作关键契合点和自我发展的反推作用。境外嘉宾则重点介绍所在国家的社会经济发展对职业教育的迫切需求和人才培养整体布局，以及以鲁班工坊为代表的中国职业教育项目为当地提升技术技能教育的新模式，提升改进当地教学理念方法的突出作用和与中国职业教育深度长期合作的展望。

（三）提升建设体验馆对外窗口服务功能

承担鲁班工坊日常宣传推介工作的鲁班工坊建设·体验馆是面向国内外开放，集中展示项目建设与发展成果的主题展览馆。随着鲁班工坊项目建设的不断深入，展示的鲁班工坊数量和建设成效都得到了极大拓展和丰富。为进一步提升鲁班工坊建设·体验馆的宣传展示效果，4年来持续进行体验馆的提升改造，不断丰富和完善体验馆的展览内容和呈现形式。

在展示内容上，力求从中外人文交流国际品牌项目鲁班工坊的创立背景、建设意义、核心内涵、取得成效与未来规划等多个层面，进行全景介绍。在呈现形式上，作为鲁班工坊的主题展馆，鲁班工坊建设·体验馆采用文字、图片、视频、实物等多种呈现载体，用生动多元的形式来增加参观者的体验感。疫情期间，在线下展览活动受到影响的情况下，积极转变思路，充分利用鲁班工坊建设·体验馆在线展馆平台，宣传打造"鲁班工坊云游览"模式，进一步扩大体验馆的对外服务能力。同时，借助全国职业教育活动周、全国继续教育活动周等渠道，面向全社会开放，扩大宣传范围。

截至2022年底，鲁班工坊建设·体验馆线上线下共接待中外参观来访人员近6万人次。其中，线下展馆接待人数近5万人次，包括国内外政府官员及驻华使节200余人次、中外院校领导及教师1.3万余人次、国内院校学生及海外留学生3.5万余人次、中外企业及行业协会人员1600余人次、国内各类媒体100人次；在线展馆自2020年正式上线启用，截至目前浏览量达8000余人次，有力地提升了鲁班工坊的影响力。

（四）数字平台宣传范围广泛，内容全面

创建鲁班工坊英文网站，扩大对外宣传，设置了 About Us（关于我们）、Luban Workshop（工坊介绍）、Media Center（媒体中心）、Training（培训交流）、Culture（文化）和 Achievements（成果）六个一级栏目，重点突出 Updates（新闻动态）、Global（全球总览）、Training（培训交流）、Culture（文化）和 Achievements（成果）等板块。鲁班工坊英文网站自2021年5月20日正式上线至今，总浏览量为20.95万次，日均574次。

第三节　鲁班工坊未来发展的有效策略

国之交在于民相亲，民相亲在于心相通。鲁班工坊是以职业教育为载体的中外互鉴互学国际教育品牌项目，培养具有精湛高超的技术技能、精益求精的职业素养和不断进取的创新精神的全球工匠是鲁班工坊的建设初心，因此鲁班工坊的发展定位是深化人文交流、促进民心相通的友谊之桥。随着其在国际合作中的作用日益增强，亟待加强鲁班工坊的建设与品牌管理，提升服务能力、推进高质量可持续发展。

一、扩大建设规模服务国家对外开放需求

鲁班工坊的未来发展需以我国对外开放大局、"一带一路"建设总体发展对中外人文交流与国际产能合作的需求为重要依据，不断扩大建设规模，加快推进中非合作论坛、上合组织领导人峰会等重大国际会议鲁班工坊建设任务。一方面，采取多种举措，鼓励更多的中国院校"走出去"与海外院校合作共建鲁班工坊，通过举办不同层级的学历教育与职业培训，中外互学互鉴教育改革成果，建立完善从中职到高职、应用本科及研究生教育的国际职业教育人才培养体系。另一方面，以鲁班工坊为载体，强化多类型、多形式的中外人文交流活动，举办高水平中外职业教育国际学术论坛、建立国际产教融合平台，开展规模化的中外师生互访活动，举办多样化的国际技术技能大赛等活动，促进中外双方相互理解相互认同。

二、强化内涵建设保护鲁班工坊国际品牌

鲁班工坊国际品牌的竞争力在于规范化的管理制度与质量标准。天津在鲁班工坊建设过程中的成功经验显示品牌建设离不开完整的监管制度，因此全球鲁班工坊的建设需借鉴成功经验，围绕鲁班工坊的发展定位与核心要素，综合全国职业院校国际化发展能力与海外区域职业教育整体现状，研究设计具有广泛适用性的鲁班工坊监管制度与标准体系，实施从鲁班工坊创立到实际运营以及评估检查的全过程监管，不断完善鲁班工坊的建设内涵、规范建设模式、拓展服务功能，打造鲁班工坊示范项目。同时，为维护鲁班工坊这一品牌的国际声誉与形象，急需强化全国层面知识产权保护，确保鲁班工坊这一中国职业教育原创的国际品牌知识产权不受侵害。

三、完善国际校企合作机制提升服务能力

以国际产能需求和技能需求为导向，以鲁班工坊为载体推进国际产教融合校企合作，为"走出去"的中资企业与合作国本土企业培养熟悉中国技术、了解中国工艺、认知中国产品的本土化技术技能人才是鲁班工坊建设的重要任务之一。加快建立国际产教融合促进机制，推动合作国本土企业与"走出去"中资企业深度参与鲁班工坊建设，结合项目所在国中资企业和本土企业对技术技能人才的需求数量与结构，以及企业技术服务的需求，中外院校与合作企业共研共建，精准制定培育计划，将企业生产过程与学生培养培训过程进一步融合，保证技术技能掌握程度与企业生产需求高度契合，从而提升学历教育和职业培训的效果，为合作国青年提供就业技能，帮助解决本土技能技术人才培养不足的问题。同时打造基于鲁班工坊产教融合发展联盟平台，吸引更多的跨国企业加入联盟，拓展更多

校企合作项目，推进鲁班工坊与国际企业实现深度合作，扩展服务功能，提升服务质量，将鲁班工坊打造成为互学互鉴、精诚合作的典范。

四、聚合国内外力量共同打造国际化智库

作为中国职业教育国际化的创新项目，鲁班工坊的建设与发展始终离不开智力支持。因此，亟待拓展鲁班工坊研究与推广中心的合作范围，联合国内外的智库力量，共同开展广泛的合作，推进鲁班工坊研究与推广中心成为全球鲁班工坊成果发布中心、政策研究中心、经验推广中心和中外交流中心，成为国际化的综合性智库。智库职能应侧重于：通过广泛联合国内外的科研机构、相关院校开展区域和国别的基础性、前瞻性研究，为项目建设作出可行性分析，以及为其可持续发展提供技术支撑；围绕鲁班工坊的内涵建设，开展有针对性的实证性研究，问题导向结合实际发展特点与需求，为项目发展提供有效策略，并指导海外鲁班工坊的持续建设与发展；开展国际师生互访、学术论坛和技术技能竞赛等活动，推进中外交流促进民心相通，分享推介职业教育改革成功经验，互学互鉴共同提高等。

五、实施鲁班工坊数字化建设

开发数字化教学资源与平台。数字技术与数字经济快速发展，为持续推进鲁班工坊建设提供了新途径，实践证明信息技术在鲁班工坊教育教学过程中发挥了巨大作用。如今，在线教育成为"新常态"。鲁班工坊中外双方建设院校应加大信息技术的广泛应用，扩大数字化教学资源规模，丰富数字化教学资源形式，配置先进的信息化教学设备，完善在线教学平台建设和功能开发，共建共享推进鲁班工坊优质数字化专业教学资源库建设并保护知识产权。

提高教学与管理数字化水平。探索云计算、大数据、人工智能等新兴技术在鲁班工坊专业教育与教学管理中的应用。实施专业教学线上线下一体化设计，构建现实工作场所与虚拟场景相互融合的育人环境，提升数字教学资源的教学交互与应用体验，使数字教育资源更好地服务于师生的知识建构与技能训练等方面。构建数据驱动的学训结合评价体系，探索智能化测评、考试的人技协同评判技术体系和改进机制，借助数字化教学平台对鲁班工坊教育教学实施进行全过程管理，科学评价鲁班工坊教师培训及教学效果。

提升专业教师数字化素养。实施数字化师资专项提升计划，根据数字技术发展现状，创新研修模式，构建"测试—评价—培训"完整培训体系，全面提升鲁班工坊专业课教师应用现代信息技术围绕专业教育教学收集数据、分析数据和使用数据的能力，提升专业教学质量。

第二部分

分报告

第二章 马里鲁班工坊建设与发展报告

马里鲁班工坊由天津医学高等专科学校、天津市红星职业中等专业学校联合巴马科科技大学、巴马科人文大学共建，于 2019 年 12 月 20 日揭牌启运，是全球首个中医药领域的鲁班工坊。马里鲁班工坊以中医技术方向教学标准为基本依据，以工程实践创新项目（EPIP）为教学模式，以双方共同开发的教育资源（教材）为核心内容，开展中医技术方向的教育与培训。鲁班工坊将为马里提供中医诊疗、中医培训和中医科技研发等服务。鲁班工坊的成立标志着中国和马里之间在中医技术领域的合作取得了重大进展。以鲁班工坊为载体，马里人民将享受到更好的中医诊疗服务，并且也将有机会参与到中医培训和科技研发项目中。鲁班工坊也将对提升马里的整体医疗卫生水平和国民健康水平产生积极影响。

第一节 马里的社会经济、医疗卫生与教育情况概述

一、社会经济情况概述

马里共和国是位于西非的一个国家，首都为巴马科。马里主要以农业和畜牧业为其经济支柱，拥有少量矿产资源。马里拥有许多古老的文化遗产，著名城市旺加曾经是贸易和文化中心。马里的历史可以追溯到古代非洲王国，其中最著名的是布基纳法索王国，是一个强大的帝国。20 世纪后期，马里独立，并在 1960 年建立了共和制。

据世界银行统计，2022 年，马里人口为 2150 万，人口增长率为 2.97%；男性和女性分别占比 50.1%、49.9%。近年来，马里人口增长较快，人口结构年轻化。2020 年首都巴马科人口总数为 271 万。

马里统计局数据显示，2020 年马里货物贸易总额 5 万亿西非法郎（约合 90

亿美元），同比增长 2.4%，前十名贸易伙伴中包含中国。其中，马里出口额 2.13万亿西非法郎（约合 38.3 亿美元），主要出口产品包括黄金、棉花、牲畜、肥料、木材等；马里进口额 2.88 万亿西非法郎（约合 51.8 亿美元），主要进口产品包括石油、车辆、建筑材料、日用品、粮食、医药等。

农业是马里的主要经济支柱。马里的农业主要以种植业为主，主要农作物包括小麦、玉米、大豆和谷物等。此外，马里也有较多的畜牧业，主要牲畜有牛、羊、马和骆驼等。马里是非洲主要产棉国，棉花出口一直位居非洲前三名。马里的农业发展受到许多因素的影响，包括气候变化、土地质量、农业技术水平和政策等。由于马里地处赤道附近，气候比较炎热，并且有较多的年降水量，因此适合农业生产。然而气候变化也带来了一些挑战，例如干旱和洪水等。此外，农田的土地质量和管理方式也是影响农业发展的重要因素。为了提高农业生产效率，马里政府采取了一系列政策措施，例如农业技术培训、农田开发、农药和化肥的使用以及农业信贷等。尽管如此，马里的农业仍然面临着许多挑战，包括贫困、缺乏基础设施和市场不确定性等。

畜牧业是马里的一项重要的经济活动，主要包括牛、羊、马和骆驼等畜类的饲养。畜牧业在马里的发展受到许多因素的影响，包括气候条件、土地质量、畜类品种和管理方式等。马里的畜牧业主要集中在北部和西部地区，这些地区有较多的干旱和半干旱地区，适合畜牧业的发展。畜牧业在马里的经济中占有重要地位，为当地农民提供了就业机会。此外，畜牧业也为马里的出口产品提供了原材料，包括肉类和皮革等。[1]

马里的矿产资源丰富。马里的黄金储量为 3600 吨，其中大部分储量集中在西部地区。马里还拥有丰富的铜矿资源，其储量约为 3000 吨。铝矿也是该国的主要矿产资源之一，其储量约为 1500 吨。[2] 马里的矿业主要集中在西部和南部地区，其中包括库尔维斯堡和马里比斯堡等著名矿区。黄金是马里第一大出口产品，2020 年马里矿业产值占国内生产总值比例近 10%，以黄金开采为主。2020年，马里工业年产值占国内生产总值的 21.76%，马里的主要工业部门包括食品加工、制造业、建材业和纺织业等。马里的工业还为该国的出口产品提供原材料，包括食品、服装和建材等。马里政府一直在努力支持工业发展，以帮助提高该国的经济水平。

---

[1] 参见何立冬、李胜峰：《非洲马里畜牧业发展现状与对策》，《江西农业》，2013 年第 2 期。
[2] 参见刘志刚、孙竹贤：《马里的金属矿产资源与开采前景》，《世界有色金属》，2013 年第 5 期。

二、医疗卫生情况概述

马里医疗卫生基础薄弱，处于较为落后的状态。全国共有医疗中心 1172 个。实力较强的医院多在首都巴马科，如巴斯德诊所（Bamako's Pasteur Clinic）、金色生活医院（Golden Life American Hospital）、马里医院（公立医院）等。2020 年财政预算中医疗卫生支出约合 2.3 亿美元，占预算比例为 5.2%，占国内生产总值比例约为 1.3%。2020 年，马里人口死亡率为 0.92%，根据世界卫生组织（WHO）的数据，马里共和国的人均寿命为 60.54 岁，这一数字低于全球平均寿命。该国的婴儿死亡率和妇女死亡率均较高。马里每万人医生人均数量仅为 1.1 名，而在发达国家，这一数字通常在 20 名左右。同时，由于马里经济和基础设施薄弱，医院设备和药物缺乏，导致医疗服务水平远低于发达国家。西方医学在马里的发展始于 19 世纪殖民时期，当时殖民者带来了西方医学的理论和技术。随后，西方医学在马里共和国逐渐得到了普及和接受。现在，西方医学在马里已经成为主流医学体系，并与传统医学相结合。尽管如此，西方医学在马里仍然面临着许多挑战，包括医疗费用高昂、缺乏医疗设施和医生等。为了提高医疗水平，马里政府采取了一系列措施，包括改善医疗基础设施、培训医生和护士、提供医疗补助等。

三、教育情况概述

马里在历史上一直是西非地区的文化中心，并且自古以来就是一个多元文化国家，有着"西非文化摇篮"的美誉。马里有许多不同的民族和宗教，每个民族和宗教都有其独特的文化传统。马里沿用法国教育体制。由基础、中等和职业技术以及高等教育三部分组成。2015—2016 学年，新开设 4 所职业培训学校。世界银行统计，2018 年，马里小学入学率 75.6%，初中入学率 51.6%，高中入学率 28.9%；2015 年，高等教育入学率 5.5%。2020 年财政预算中教育支出约合 6.8 亿美元，预算占比为 15.3%，占国内生产总值比重约为 3.9%。

第二节 中国与马里两国经济、医疗与教育合作情况

一、中国与马里两国经济合作情况

中国和马里之间的经济合作一直很密切。中国是马里的主要贸易伙伴之一，在马里的投资不断增长。中国向马里出口的主要产品包括机械设备、电子产品、纺织品和化工产品等。马里向中国出口的主要产品包括铜、铁矿石、铝和黄金等。

中国是马里的第二大贸易伙伴。中国商务部的数据显示，2019年中国对马里贸易额达到37.18亿美元，马里对中国贸易额为10.77亿美元。中国与马里的经济合作近年来有所增长，两国在不断加强合作关系方面取得了丰硕成果。随着两国关系的不断深化，中国在马里的经济投资不断增加。根据马里政府的数据，截至2020年，中国在马里的投资总额达到40亿美元，占马里外国投资总额的近40%。中国在马里的投资主要集中在能源、基础设施建设、农业和金融服务等领域。中国政府和企业还与马里政府和企业开展了许多合作项目，以帮助马里提高生产效率，推动其经济发展。

二、中国与马里两国医疗合作情况

中国与马里的医疗合作可以追溯到20世纪70年代，当时中国派出医疗队前往马里进行医疗救助。随着两国关系的不断深化，医疗合作也得到了进一步加强。近年来，中国政府积极推进"一带一路"建设，与马里也有着密切的合作。在医疗领域，中国已经在马里建立了两所医院和一个医疗中心，并向马里派出医疗队进行医疗救助。中国政府和医疗机构多次向马里提供医疗援助，并与马里医疗机构开展了许多合作项目。为了改善马里的医疗卫生现状，中国政府和医疗机构在近年来一直在与马里进行医疗合作。具体而言，其一，中国向马里提供医疗援助，并在该国建立医院和诊所，向当地医生提供培训；其二，中国向马里提供药品和医疗设备援助，以帮助当地医疗机构提高服务质量；其三，中国医疗机构与马里医疗机构开展了许多医学研究项目，帮助提高马里的医疗水平。2007年，中国政府向马里提供了1000万美元的医疗援助，用于改善马里的公共卫生和医疗服务。同时，中国还与马里政府和医疗机构开展了医学研究合作，旨在提高当地医疗水平和预防疾病的能力。

近年来，中国医学专家多次赴马里开展医疗扶贫、公共卫生和疫情防控活动，为当地人民提供支持，中国政府在2013年向马里派遣了200名医疗人员，并在2014年派遣了100名医生组成的医疗队到该国。中国政府于2020年、2022年两次向马里捐赠新冠疫苗和医疗物资。鉴于马里的医疗卫生现状，中国与马里之间的医疗合作显得尤为重要。

三、中国与马里两国教育合作情况

中国和马里之间的教育合作发展良好。中国政府在过去几年中一直致力于与马里进行教育合作，并提供了大量援助。在人才培养方面，中国向马里提供大量的免费援助生名额，支持马里学生到中国留学深造。近年来，中国政府向马里提供了约500个免费援助生名额，支持马里学生到中国留学深造。中国教育部资助了数十名马里学生到中国进行短期访问学习。在教育资源方面，中国政府向马里提供了大量的教育资源，包括教科书、图书馆藏书、电脑和其他教学设备。这些资源对于提高马里学生的学习水平，提升马里的教育质量都很有帮助。同时，中国政府在马里提供了大量的培训机会，让马里的教师获得专业的培训。这些培训有助于提高马里教师的教学能力和专业知识，从而更好地为学生提供教学。在学术交流方面，中国与马里的教育合作不断深入。中国教育部与马里教育部签署了教育合作协议，并联合举办了多次中马教育论坛。总的来看，中国和马里之间的教育合作取得了很大的成功，为马里的教育发展做出了重要贡献。

第三节　项目建设与发展

一、中国与马里合作学校简介

（一）天津医学高等专科学校

天津医学高等专科学校是我国第一所公办护士学校。学校现已成为全国教学管理50强院校、全国产教融合50强院校、全国百所国家示范性高职高专院校之一，并在2019年入选"中国特色高水平高职学校和专业建设计划"高水平学校建设单位，成为双高校中唯一的一所卫生类院校。学校积极投身于医药卫生领域的人才培养，天津市共计5位获得南丁格尔奖章的护理人才均为学校杰出校友。学校现有10个教学与教辅机构，卫生职业教育发展研究中心和天津卫生健康技术研究院2个科研机构，5所附属医院和170余家校外实训基地。学校有25个专业及方向面向全国进行招生，普通在校生达7600余人，扩招在职学生达400余人，毕业生毕业去向落实率、专业对口率均保持在90%以上。[1]

（二）天津市红星职业中等专业学校

天津市红星职业中等专业学校成立于1983年，学校以"金的人格，铁的纪律"为校训，培养学生的品德和专业素养。学校的校风严谨简朴，教风修德敬业，学风勤学苦练。作为首批国家中等职业教育改革发展示范校，天津市红星职业中等专业

---

[1] 参见景文莉：《高职院校信息化教学平台建设的探索与实践——以天津医学高等专科学校为例》，《中国职业技术教育》，2020年第26期。

学校一直致力于提高教学质量和推进教育改革。学校拥有优秀的师资队伍和先进的教学设施，并开设了多种职业技术专业，为学生提供了丰富的学习机会。同时，学校还积极与社会各界合作，通过实习和就业实践活动，帮助学生更好地融入社会。

多年来，天津市红星职业中等专业学校荣获了 33 项国家和市级集体荣誉，成为一所具有较强影响力的中等职业教育学校。学校始终坚持"为融入社会走进来，为服务社会走出去"的办学理念，以校企融合提升专业对接产业的强度。目前，拥有卫生保健与制药、电子与现代制造、现代服务 3 个系 14 个专业，其中药剂专业、中药制药专业、通信技术专业为天津市骨干专业。学校教师队伍星光闪耀，拥有国家级及市级教学成果奖 15 项，近 5 年来，25 人次在国家级教学竞赛中获奖，36 人次在天津市级教学竞赛中获奖；学生发展成绩喜人，对口升学层次多元，高职及本科上线连续超天津市平均水平；技能训练严格高效，近 5 年来，70 名学生在全国及天津市技能大赛中获奖；就业渠道畅通，拥有 60 个实习就业联办企业，毕业生受到用人单位广泛欢迎与一致好评。

（三）巴马科科技大学

巴马科科技大学是一所具有科技与文化特色的公立机构，拥有博士学位授予权。巴马科科技大学现有学生 34603 人，教师 520 人，实验室 31 间、21 个部门。巴马科科技大学包含 4 个学院，其中，临床医学和口腔医学院设有研究中心和实验室，提供一般医学、口腔医学、外科学及其他医学相关专业的文凭证书，以及公共卫生方面的培训。巴马科科技大学是马里科技博士院的成员，同时也是非洲网络大学的开放教育及远程教育中心。

（四）巴马科人文大学

巴马科人文大学是具有科技与文化特色的公立机构，由中资企业投资建立，属于马里高等教育科研部，拥有两个分属学院和一个研究院。巴马科人文大学的任务是推行高等教育和发展服务的研究，重新树立大学体系和建立知识社会。巴马科人文大学拥有 177 名教师和 27268 名学生，平均每 154 名学生拥有 1 名教师。

二、合作医院与企业介绍

（一）天津市北辰区中医医院

天津市北辰区中医医院是一家以中医特色为主，中西医结合的三级甲等综合性中医医院。该医院于 2008 年被天津中医药大学批准为附属医院。医院荣获多个奖项，包括"天津市文明单位"和"天津市卫生红旗单位"，并被评为"全国卫生系统先进集体"。该医院是天津市"120 急救指挥中心站点医院"和"交通事故急救定点医院"。

（二）天津市中医药研究院附属医院

天津市中医药研究院及附属医院是一家集科研、临床、教学、康复、健康管理于一体的综合性科研和医疗机构。该医院是天津市区域医疗卫生中心，国家中医药管理局中医药文化宣传教育基地，负责预防、医疗、保健以及中医药研发、处方筛选、中医适宜技术推广等工作。医院内制剂 172 种广泛应用于临床，是天津市通过 ISO15189 医学实验室监督评审的首家中医医院。该医院是第五届全国文明单位，国家首批中医住院医师规范化培训基地。天津市中医药研究院附属医院以中医为特色，汇集了众多名医、名科和优质药品，致力于学术创新、行业领先、医术精湛、患者信赖，是一所三级甲等的中医医疗机构。

（三）天津慧医谷科技有限公司

天津慧医谷科技有限公司（以下简称"慧医谷科技"）是一家专注于中医领域医、教、研解决方案的科技型企业，位于天津滨海新区高新科技开发区。公司致力于通过现代化技术手段，为传统中医的望、闻、问、切，四诊合参提供标准化、可视化、数据化的支持平台，以满足辨证论治的需要。此外，慧医谷科技还计划运用大数据工具，深度挖掘中医健康数据，为中医治未病与全民健康管理服务。慧医谷科技为知识产权管理体系认证单位，截至 2021 年 6 月，已申请知识产权 191 项，其中发明专利 23 项。

（四）天津现代创新中药科技有限公司

天津现代创新中药科技有限公司是国家地方共建的现代中药创新中心，由天津中医药大学与天士力、扬子江药业、上海医药、天津医药、红日药业五家医药企业联合创建。中心致力于提高中药和健康产品质量，促进中药国际化，以经典名方研究、制药工艺优化、智能绿色制造、国际交流合作、公共技术服务、健康产品研发为核心能力，建立全面创新、全链创新、全球创新的创新平台。中心的目标是打造一个自主知识产权的市场化创新体系，成为行业共性技术研发平台和人才培养基地，推动全国中药行业技术升级和产业发展，同时弘扬中医药文化，振兴民族产业，为人类健康提供中国解决方案。作为中医药文化宣传教育基地，中心肩负着探索未来、引领中药技术创新的使命，为人类健康提供最佳中国方案。

（五）河南百方千草实业有限公司

河南百方千草实业有限公司积极响应国家中医药发展的战略规划，致力于传播和弘扬祖国的医药文化，积极参与祖国医药事业的建设，研发生产了各类中药标本、中医药文创产品、动植物标本、其他生物标本及相关配套等，将传统制作标本工艺集合冻干保色与包埋进行优化升级，努力革新。公司还定制研发了相关的教学信息化、数字化产品，使得数字科技主动、灵活地适应现代教学和科研的需求，从而更有效地为医药教育的科学发展服务。在数字化大数据发展的今天，公司在产品项目上也坚持与时俱进，3D全息、增强现实（AR）、虚拟现实（VR）、混合现实（MR）、互动投影、球幕、环幕、幻影成像、触屏触控、智能中控等为代表的高科技展示手段被广泛应用。

三、项目建设情况

（一）发展定位与建设思路

2019年12月20日，由天津医学高等专科学校、天津市红星职业中等专业学校联合巴马科科技大学与巴马科人文大学共建的非洲首个中医技术领域的鲁班工坊，在马里首都巴马科卡巴拉大学城揭牌启运。鲁班工坊的建立既推广了我国传统中医药文化与中医技术，将先进中医诊疗设备应用至马里，也为马里本国发展服务、为马里培养医药技术人才服务、为马里人民健康服务，并为马里青年提供就业机会。鲁班工坊将为马里提供中医诊疗、中医培训和中医科技研发等服务。鲁班工坊的成立标志着中国和马里之间在中医技术领域的合作取得了重大进展。有了鲁班工坊的帮助，马里人民将能够享受到更好的中医诊疗服务，并且也将有机会参与到中医培训和科技研发项目中，这将对马里的医疗卫生水平和整体健康水平产生积极影响。

（二）重点建设内容

1. 专业建设

天津医学高等专科学校针灸推拿专业始建于1999年，目前共有在校生500余人，承担中央财政支持专业提升产业服务能力项目建设，是天津市优质骨干专业重点建设项目，建设成效显著。针灸推拿专业具有由23人组成的专业教学团队，其中专任教师7人，具有专业背景教师6人；兼职教师10人，分别来自医院和中医药大学。近年来，针灸推拿专业协助学校先后迎接了10余个国家、近20所国际院校或机构进行交流访问，同时派出多名教师前往加拿大等国家学习、研讨，进一步开发开展合作项目，签署有效合作协议10余项，还将中医技术部分标准与课程融入他国教育体系，既提升了专业办学水平，也优化了人才培养模式，还将中医药技术推向了世界。

天津市红星职业中等专业学校中药制药专业开设于 2002 年 8 月，通过多年的探索与实践，已发展为天津市骨干专业，积累了丰富的专业建设及育人成才的经验，为相关行业输送了大批优秀人才，同时也为高校输送了大批生源。本专业现有专任教师 12 人，仪器设备 1338 台套，专业实训基地和鲁班工坊师资培训中心已成为国内外中医药技能和优秀传统文化培训及宣传基地。近年来，学校多次接待世界各国院校互访考察。

2. 标准建设

以我国颁布的针灸推拿专业国家教学标准为基础，学习借鉴国内外职业教育人才培养先进经验，通过调研国内外中医药技术相关医药行业企业发展现状，依据国家中医药技术相关行业最新职业标准，结合马里人才需要和实际，在工程实践创新项目（EPIP）教学模式指导下，融合 CBE（以能力为本位）等发达国家的教学理念及方法，依托国内"岗课赛证融通"高素质技能人才培养模式，围绕国内外中医药技术相关医药行业的岗位能力要求和人才需求，进行国际化专业教学标准的开发建设。

按照马里卫生行业发展建设需要和中医药技术相关医疗或保健机构对人才的能力要求，对接国内中医助理执业医师考核要求及教育部颁布的相关"1+X"职业技能等级证书标准，与国内天津市北辰区中医医院及马里当地医疗机构开展深度校企合作，通过单项式项目、综合式项目实践 EPIP 教学模式，按照能力递进的原则，构建"课岗对接、课证融合"的课程体系，完成中药制药专业国际化教学标准建设。通过充分调研，明确马里对中医药技术人才的岗位能力要求，按照岗位能力优化设计课程内容，开发课程标准和岗位培训标准。

3. 师资培训

引进中医专业高层次人才、马里中医学博士迪亚拉作为中医技术鲁班工坊教师团队带头人开展相关建设工作。2019 年 11 月，来自马里的 4 名中医技术鲁班工坊教师，在中方建设单位进行了为期 3 周、共计 138 学时的培训，学习中医基本理论知识和基本操作技能。学习期间，马里教师克服语言不通、中医难学等诸多困难，取得初级培训证书，为回到马里授课奠定基础。培训前，天津医学高等专科学校多次组织召开由天津医学高等专科学校、天津北辰中医院、天津红星职专、天津慧医谷公司的专家、教师组成的教学团队进行教研，确定马里师资培训的教学内容、教学方式、教学资源等，制订培训标准及考核标准，使马里师资培训标准化、规范化，达到培训应有的效果。

对马里的师资培训，在中方鲁班工坊实训室采取理实一体的授课方式进行，中方教师边讲解理论边进行技能操作。对于生僻难懂的中医文字或内容，教师尽量用典故或生活中的事例解释阐述，使马里教师化难为易，尽快掌握学习内容。培训中还安排到北辰中医院进行临床见习，到慧医谷公司体验中医仪器设备。马里中医技术鲁班工坊的专业师资培训，按照培训内容分为初级、中级和高级三个培训班。依据中医技术鲁班工坊建设宗旨及师资培训目标，通过培训使马里师资掌握中医基本知识、基本技能及中医实训设备使用方式。培训合格的教师回到当地，教授当地学生中医技术相关课程。应用EPIP教学模式，培训采取线上、线下相结合的理论讲授、技能示教、操作练习、案例讨论、虚实融合、临床见习、师带徒等多种方式开展了初级班的线下培训，为期4周、共计138学时。培训后，4名马里教师取得了结业证书。在培训过程中不断总结经验，最终形成了一套符合马里鲁班工坊师资培训的方案，使马里教师在学习中国职业教育先进理念的基础上，提高专业知识、专业实践能力、专业教学能力，能够为当地青年提供职业技能教育教学，服务当地民众。

4. 资源开发

围绕中医技术专业国际化教学标准和培训标准，对接合作国行业岗位能力要求及典型工作任务，以培养高素质中医技术技能人才为宗旨，开发并出版《中医基础》《经络腧穴》《常用中医技术》《常见病的中医治疗》《中医养生》《中医技术实训（上册）》《中医技术实训（下册）》7本双语教材。根据巴马科科技大学和巴马科人文大学实际情况，结合中医技术专业特点，引入中医技术专业教学及培训需要的核心课程资源，对接国内中医技术操作行业标准和技术操作标准，紧贴实际岗位工作过程，建设课程教学资源，以满足信息化教学需要。

目前，已针对中医诊断、画经点穴、中医技术操作等69个知识点进行了细致剖析，开发适合马里当地师生学习的教学资源，以操作视频、微课、动画等形式展现，资源总量达到138个。其中，视频85个，动画10个，微课23个，图形/图像20个，满足教学及培训需求，提升教学质量。中药资源博物馆虚拟实训仿真平台、中药鉴别虚拟仿真教学系统、中药鉴别数字化课程资源系中、英、法3种文字，在2020年已成功落地非洲马里鲁班工坊项目中，解决了中外交流中中药鉴定、中药资源等课程在教学过程中存在的药材难以运输、当地药材难以获得等问题；解决了在当地的经济和通信水平下，满足当地院校和学生的学习要求和中药传统文化的传播要求的问题，建成集"异国异地、远程交互、中药为主"三位一体的虚拟网络对外合作交流教学环境，力求利用虚拟现实技术协助中医药文化对外交流。

5. 实训基地建设

在巴马科科技大学和巴马科人文大学所在的卡巴拉大学城建成约 600 平方米的中医技术鲁班工坊，包括理论、实训教学场地，教学场地内建有马里中医技术鲁班工坊主题墙，墙壁内饰挂有传统中国文化、中医药等的宣传展板，充分体现中医药专业的教学元素。教学场地在学校原有教室的基础上改造而成，配有与学生规模相匹配的相对独立的约 80 平方米的教学空间，并配有相应教学设施，包括多媒体及空中课堂 1 套，远程视频会议系统 1 套。墙壁内饰贴有鲁班工坊专用壁纸，挂有经络挂图及中医药文化展板。建设带有安全保护的有线及无线网络环境，能保证空中课堂的正常运行，方便实现在线学习、作业、答疑等教学活动。实训场地总面积约 600 平方米，划分为中医设备诊疗实训区、中医技术实训区、中医传统养生保健实训区、药食同源物展示区、中草药标本展示区、茶道文化体验区 6 个功能区域。中医设备诊疗实训区配备脉象训练仪等虚拟仿真实训设备，承担中医诊断学、中医养生课程的中医望诊、脉诊、体质辨识实训项目；中医技术实训区配备标准针灸穴位模型、拔罐模型等设备，承担针法灸法、推拿手法、针灸治疗、推拿治疗课程的毫针刺法、艾灸、拔罐、刮痧、耳穴压豆、成人常用按摩手法、保健按摩等项目；中医传统养生保健实训区、药食同源物展示区、中草药标本展示区、茶道文化体验区配备中药标本、茶道座椅及器具等，承担中医养生、中药等课程的养生功法、药膳、药物识别、茶道等项目。

每个实训室均配备了具有急停功能的各种仪器设备，在紧急情况下可切断电源、气源和压力，使设备停止运作。电路系统满足所有用电设备的需求，强电为 110V~250V 交流电。每个实训区都有足够的电源和接口来满足用电设备的需求。构建的带有安全保护的有线和无线网络环境方便在网络技术支持下进行实训活动，并保证教学软件和设备的正常运行。

（三）项目建设历程

1. 合作筹备期

2019 年 1 月至 8 月，完成了马里鲁班工坊项目的前期调研与筹划。在前期调研的基础上，制定了马里鲁班工坊的建设规划，同时赴马里驻中国大使馆就建立中医技术鲁班工坊项目建设进行交流，得到了大使及参赞的充分肯定。为配合马里鲁班工坊宣传，使外方更能理解中医技术鲁班工坊的内涵、功能及建设规模等，也作为今后培训外方教师的实训场地，特请为马里鲁班工坊打造设计的企业团队，升级改造天津医学高等专科学校原有针灸推拿实训室为中医技术鲁班工坊体验馆。同时，加速推进引进马里籍中医博士迪亚拉的系列工作，并通过双方大使馆及迪亚拉博士的相关推荐，开始对承担建设马里鲁班工坊的当地大学进行筛选。进一步深化天津医学高等专科学校与马里驻中国大使馆的交流，邀请马里驻中国参赞来访天津，参观鲁班工坊建设体验馆、中方合作院校校内实训基地，并明确鲁班工坊建设要求。邀请来自各大医院的专家进行论证，进一步完善建设马里鲁班工坊的技术方案，包括教学标准和课程标准。启动并推进了中医技术鲁班工坊双语教材的编写及教学资源的建设工作，由天津医学高等专科学校和天津市红星职业中等专业学校牵头，联合国内包括甘肃卫生职业学院、重庆三峡医药高等专科学校等 10 余所医学院校和机构共同开发，最终由高教出版社出版印刷。选择并论证了提供马里的中医技术教学实训设备。

2. 启动建设期

2019 年 9 月至 12 月，邀请合作意向强烈的巴马科科技大学与巴马科人文大学来访中国，做深入交流，确定具体建设方案，签署四校共建马里鲁班工坊框架协议。同月，天津医学高等专科学校建设团队赴马里，多次听取中国驻马里大使馆及中国驻马里医疗队的建议，实地考察备选高校场地，确定在两所来访大学所在的卡巴拉大学城建设马里鲁班工坊。最终确定选用慧医谷科技有限公司提供的疾病辅助诊断设备、教学辅助设备、病案管理设备三类产品供马里师生学习使用。同时，着手进行中医技术鲁班工坊双语教材的翻译工作。与天津市北辰区中医医院签约，共同开展教学标准制定、教材编写及马里教师的培训工作，同时联合天津市中医药研究院附属医院共同完成上述工作。同期，设计了马里鲁班工坊揭牌仪式流程与启运后的工坊实施模式。在马里当地企业的大力支持下，完成了场地装修及相关布置。同月，慧医谷科技有限公司的中医诊疗设备运输安装到位，现代中药创新中心提供的新型中药成品、饮片展示到位。

3. 运营发展期

2019 年 12 月 20 日，马里鲁班工坊成功揭牌启运。马里鲁班工坊是继吉布提、肯尼亚和南非之后的第 4 个非洲鲁班工坊，也是海外首个中医技术鲁班工坊。2020 年，为应对新冠肺炎疫情带来的挑战，学校积极推进线上培训工作，开发双语教学资源，完成了推拿技术、中医诊断、刮痧、艾灸、拔罐和经络腧穴 6 门课程的双语版教学讲义的制作，共计500篇；完成了220个双语版中草药目录及功效的制作；完成了马里鲁班工坊建设历程编写与制作。为了能更好地应用高质量教学资源，通过文献查询形式继续深入开展马里中医药现状调研工作，同时，学校与马里积极沟通，在了解其需求基础上，校院企联合开发制作完成了100个中医技术中法双语视频，并得到对方的认可，进一步共享我国中医药教学资源。

2021年，建立中医技术、中药和保健技术鲁班工坊课程资源平台，目前该平台已经有近700人日的学习量，通过线上形式为合作国培养服务健康的技术技能人才。校院企合作开发鲁班工坊教学资源125个，编写并修订双语教材7部，进一步提升教学效果。承担天津市国际化专业标准建设任务，编制完成了《鲁班工坊中医药大类专业建设标准》《经络腧穴学课程标准》《中医药技术岗位中级培训标准》《中医药技术岗位中级培训课程标准》，形成可复制、可推广的典型经验，为后期建设中医药类鲁班工坊的院校提供参考。

2022年，鲁班工坊师资培训中心建成，借助鲁班工坊，培训马里当地企业员工200人次，承办首届世界职业院校技能大赛中医传统技能赛项，并获最佳组织奖、优胜奖和最佳指导教师奖。

四、建设成效与创新点

（一）建设成效

1. 开展多层次培训，服务健康马里

截至2022年末，马里鲁班工坊线上线下累计培训量超500人次，马里师生各项满意度均超95%。2019年12月20日，马里鲁班工坊正式揭牌启运，随着项目正式开展实施，借助迪亚拉博士（男，马里籍，中国首位外籍中医博士）及4名来华进行中医培训的教师教授与引领带动下，为当地师生开展中医技能基础培训超100人次。2020年至2022年，受疫情影响，马里鲁班工坊教学转换采用"空中课堂"教学模式，借助中医技术鲁班工坊在线学习平台及中方院校改造升级的智慧云教室，为马里师生进行线上教学与培训超200人次；同时，带动"走出去"企业，如河南新乡马里有限公司等，为当地员工进行急救操作、中医药常识基础等课程培训，累计超200人次。2022年初还收到了当地企业发来的感谢信。2022年，我们为马里师生发放鲁班工坊相关调研问卷，回收结果显示：109份有效调查问卷中本科生占比50%，硕士与博士生占比50%，参与马里中医技术鲁班工坊学习的师生中医学相关专业师生高达79%，马里师生对鲁班工坊整体满意度在90分以上的超96%。

2. 建设数字化教学资源，服务马里合作院校教学数字化转型

制作数字化双语教学资源 500 余项供当地师生观看，点击量超 1.5 万次。为持续应对疫情且让马里师生更直观了解中医药及中医技术相关内容，产教深度融合模式制作中法或中英双语可视化教学视频、VR 动画、课件及虚拟主播课程 500 余项，具体包含：常用穴位介绍短视频 57 个、艾灸基本操作短视频 7 个、拔罐基本操作短视频 6 个、推拿基本操作短视频 24 个、中医针刺手法短视频 60 个、中医诊断微课 16 个、推拿技术微课 27 个、中医常用技术微课 22 个、中医常见病微课 5 个、说医解药科普视频 12 个、中西医结合康复技术微课 55 个、针灸治疗虚拟主播课程 42 讲、中医内科虚拟主播课程 40 讲、药食同源双语微课 40 个。将中医先进技术标准、产品标准、医疗器械标准和服务标准融入教学资源，形成虚拟现实感知体验—理解掌握技术标准与操作要领—虚拟现实反思性观察—现实主动实践—提高技术技能质量标准的循环渐进的虚实结合、理实一体学习提高螺旋，建成集"中医特色、高度仿真、知技协进"三位一体的教学环境，以中医药技术和国际化技术融合的视角对中医药技术进行有针对性的系统教学，着重突出"工程化、项目式"，力求利用虚拟现实技术实现中医药技术高效教学。目前，已将大部分课程资源上线中医技术鲁班工坊学习平台及职教云平台供马里师生线上学习。截至 2022 年底，累计点击量已超 1.5 万次，最多单个视频点击与分享量超千次。

3. 建设规范性标准，服务马里合作院校教学标准化建设

制定符合当地需求的专业标准 2 个、课程标准 8 个、培训标准 3 个，编写中法双语教材 7 部并被当地采用。为全面升级马里鲁班工坊项目，为后续开展学历教育打下基础，充分采用"校-校""校-院""校-企"合作并调研当地需求，结合 EPIP 教学模式制定了《中医技术（针灸推拿）》与《中药养生与保健》专业标准 2 个，《中医基础理论》《经络与腧穴》《推拿手法》《针法灸法》《中医药养生》《中医诊断学》《中医技术实训》《中药制药专业国际化教学标准》课程标准 8 个，中医技术基础初级班、中级班及高级班培训标准 3 个，联合近 20 所院校企业编写《中医基础》《经络腧穴》《常用中医技术》《常见病的中医治疗》《中医养生》《中医技术实训（上册）》《中医技术实训（下册）》七本中法双语教材并陆续出版中。

4. 促进中医药技术和马里传统医学的融合与创新，服务中国和马里在医疗卫生与健康领域合作

马里与中国相似，都有自己国家的传统医学，有记载的历史可以上溯至 3 世纪，与此同时，出现了以草药、放血和按摩等为主要治疗方法的传统医学。马里鲁班

工坊的课程和教学内容契合了中马传统医学融合发展的需要，将中国"天人合一"的理念与构建生理—心理—社会一体化健康生活模式相融合，将中医药的药食同源、药香同源、药茶同源与膳食营养、芳香疗法、积极心理学相融合，与马里草药、按摩等传统医学相融合，培养马里本土中医技术专业技能人才。世界中医药学联合会中医诊断专业委员会副主任委员、中国初级卫生保健基金会专家、第一位获得中医博士学位及博士后的马里中医学博士迪亚拉作为中医技术"鲁班工坊"教师团队带头人、马里鲁班工坊中方主任在"中医药助力'一带一路'建设，推动构建人类健康共同体国际论坛""中国派遣援非医疗队60周年国际研讨会""2022年国别与区域研究工作座谈会暨第四届西非论坛"等国际会议上介绍马里鲁班工坊建设经验及中医药教育在非洲的影响，宣传中非中医药深度合作与发展成果，推进中非中医药实施品牌、文化、人才、产品、市场五大战略合作。

（二）创新点

1. 中马医药结合求突破，带动行业促发展

将中医药5000年历史与马里传统医学相结合，融入现代医学理念，作为特有专业建设马里鲁班工坊，参考行业标准，传播特色医学文化。中马合作院校始终与各自当地行业紧密合作，采用"校院结合、课证融合、学训交替、能力递进"的人才培养模式，培养行业发展需要的技术人才。拥有像天津市中医药研究院附属医院、天津市北辰中医医院、马里医院、马里医疗队等中马合作医院为临床培训基地，为建设马里鲁班工坊品牌奠定了雄厚的临床专业基础。联合马里当地中资企业完成工坊装修建设，解决按摩床等大型实训器材海外运输难等问题。联合百芳千草有限公司，改进中药标本包埋技术，解决了中草药标本出境检验和长久保留展示难题。自主研发药食同源辨识平台，提升学习的效率和趣味性、交互性。马里鲁班工坊以中医技术为导向——带动传统中医药文化与马里共享；以鲁班工坊为依托——深化"校校""校院""校企"深度合作造福马里人民。

2. 引进当地人才促进工坊建设

中医药博大精深，文化底蕴丰厚，但也晦涩难懂。为此，我们引进马里籍中医博士迪亚拉，其为首位获得中医博士学位并有中医博士后工作经历的外籍人士，现任成都市新都区中医医院特聘专家，也是世界中医药学联合会中医诊断专业委员会副主任委员及新加坡国立大学NUS CAPT的客座教授。迪亚拉博士在马里有较强中医学术影响力。引进迪亚拉博士作为马里中医技术鲁班工坊特聘专家，协助进行外方院校对接、教材编写及师资培训，大大加快了建设进度与建设成效，

其特殊身份发挥了至关重要的作用。

3. 等比建模供实训

为使外方教师来华培训后，返回马里当地能无缝衔接，能够真正理解中医技术鲁班工坊的内涵、功能及建设规模，也作为今后培训外方教师的实训场地，天津医学高等专科学校特将原中医专业针灸推拿实训室改造为中医技术鲁班工坊体验馆。体验馆占地 300 平方米，包含四个功能区：针灸区、推拿区、中医诊断区及养生保健区。天津医学高等专科学校中医技术鲁班工坊体验馆是合作国家建设鲁班工坊的标准模型。天津市红星职业中等专业学校借新视角、新思维、新技术、新成果、新传播手段，拓展外延，以更加多元的方法传承、激活传统中医药传统一切有裨于当代的元素，以教育、学术、传播、公益联动文旅、文创、文博等多方力量，激活文化资源，助力经济民生，推动中华文明与世界其他文明正向交流。以天津"国家现代职业教育改革创新示范区"的整体建设成果为支撑，以中医和中药专业教学标准为基本依据，把传统中医和中药相融合，采取工程实践创新项目和"互联网+"教学方式，建成中医药康养技术鲁班工坊师资培训中心和体验基地，促进国际范围内对我国技术技能、企业标准的认知与接纳，以及对我国国粹中药文化的理解与吸收。中医药康养技术鲁班工坊师资培训中心和体验基地占地 1000 平方米，包括中药标本展示、虚拟 3D 药标馆、空中课堂、养生保健、茶艺、太极与八段锦练习等多个教学区。购置药食同源系统展示屏、虚拟仿真智慧平台、体验中心中控系统等设备以及不同功能类型的中药标本，建设中医药文化宣传、教育及展示软环境。

4. 应对疫情，立足有效、高效

为持续应对新冠疫情影响，有效并持续工坊运营，坚持"空中教学"有效、高效这一原则，以多种信息化手段、设施为依托，将线上丰富的信息资源与线下多样的教学手段及策略相融合，发挥虚拟仿真技术在体验、感知、训练、矫正、交流中的的功能，高质量达成教学目标。特别是通过中药 VR 教学实训系统、中药资源博物馆虚拟实训仿真平台、中药鉴别虚拟仿真教学系统、AR "药圃"立体展示图册、虚拟仿真训练人、穴位虚拟仿真训练人、推拿、针灸虚拟仿真训练器等手段，让学生对中药和中医技术训练中的各种特点和技术要求看得见、摸得着，从微观到宏观，变抽象为具体，教学重点得以突出，教学难点顺利突破。通过信息化手段与课堂学习的深度有效融合，利用 VR 和 AR 展示药材生长环境和形态，利用虚拟博物馆和虚拟鉴别教学系统深入探究重要特征和鉴别点，利用虚拟仿真训练人、穴位虚拟仿真训练人、推拿、针灸虚拟仿真训练器等深化康复技术实践感知，突出教学重点。利用智慧课堂系统，实现屏幕同传、共享交流、课上评价；通过导播系统实时记录实验操作，形成高效学习方法；通过手机思维导图 App 构建知识网络，突破学习难点。

5. 注重建设成果转化，助力中医药走向世界

在首届世界职业院校技能大赛"中医传统技能"展演赛项中，以"远古．现代．未来，中医药康养技术护佑人类家园，构建美好生活"为主题，汇聚国内、外职业技术教育领域的标准、技术、装备、师生，依托马里鲁班工坊建设成果，开发了 8 个展演赛项的竞赛标准，通过 EPIP 模式的现场培训式体验，促进天人合一的"整体观"、燮理调平的"中和观"、养生防病的"未病观"等中医药文化的传播，实现文化传播覆盖面进一步拓宽、公民中医药健康文化素养水平持续提高、中医药文化影响力进一步提升，推动人类健康共同体建设。推广预防、治疗、康复于一体的全链条服务模式，使观摩者熟悉中医药传统操作技术、了解中医药现代化的发展成就，促进中医传统技能、中国企业、中国产品走出去。

五、未来规划

未来，马里鲁班工坊将巩固建设基础，发挥专业优势，调动优质资源，全方位促进其高质量运行。

（一）加强马里鲁班工坊的辐射作用与全球影响力

马里鲁班工坊的建立，不仅服务马里当地需求，还将服务其他非洲国家及共建"一带一路"国家的教育及医疗卫生领域。未来，要继续加强马里鲁班工坊的区域影响力及行业影响力。以马里为中心，将中医技术、中医药理念推广至非洲其他国家，再到整个世界。因此，要全面提升马里鲁班工坊的内涵建设及辐射影响作用。第一，制定符合多国人才培养目标的专业建设方案。将现有的马里中医技术鲁班工坊人才培养方案与专业建设计划根据其他国家和地区的实际情况进行重新编写与修订，符合合作国的国情、文化与教育需求，与当地医疗卫生体系相融通，配合更多院校建立中医药领域的鲁班工坊并打好基础。第二，建立一体化、多语种共享育人平台。建立一个集教学、资源共享、在线直播课程、同声传译、考核评价、成果展示、大赛竞赛、多数据库平台融合为一体的多功能、多语种、一体化共享育人平台，服务鲁班工坊等国际合作项目。第三，持续推进中医技能培训。借助马里鲁班工坊辐射作用，在突尼斯等非洲其他国家和共建"一带一路"

国家开展中医技能培训，推广我国传统中医药文化与中医技术，让世界了解高新中医诊疗设备，为合作国发展服务，培养医药卫生人才，为当地人民健康带来新希望，并为当地青年提供就业新机遇。

（二）成立"中医技术鲁班工坊联盟"

通过建立"中医技术鲁班工坊联盟"，建立鲁班工坊建设和成果分享机制，带领联盟院校共建、共享，推动鲁班工坊高质量建设和可持续发展。第一，定期开展推动中医技术鲁班工坊建设论坛，对中医技术鲁班工坊建设过程中的难点问题和建设任务及内容进行探讨和交流。第二，合作开展中医技术鲁班工坊项目建设所需的国际化中医技术专业和中药专业标准、国际化教学标准、国际化课程标准、国际化人才培养方案的制定，以及在海外开设中医技术专业和中药专业所需的教学资源等的建设。第三，利用区域优势和合作企业资源，共同开展中医技术鲁班工坊合作方所选教师的培养与培训，加强与海外合作方的教师交流，提升教师国际化水平与能力。第四，合作开展中医技术与中药专业国际技能大赛，促进联盟单位教学质量和人才培养水平的不断提升，同时让更多国家和地区了解中医药。第五，根据中医技术鲁班工坊建设内容，联合开展中西医结合的相关研究，增强教师的科研能力，同时提升中医药的国际影响力。第六，借助中医技术鲁班工坊联盟平台，联合全国医药卫生领域院校开展我国卫生职业教育国际化办学模式新路径。

（三）推进资源建设与技能应用

依托天津市鲁班工坊研究与推广中心及其他平台资源，充分发挥鲁班工坊师资培训基地职能。根据中医中药的专业特点，坚持课程资源建设有效、高效这一原则，推进并完善资源建设，促进技能的实践与应用，通过技能大赛等形式推广中医药，打造鲁班工坊国际知名品牌。第一，深化虚拟仿真教学资源建设。不断完善已经在马里鲁班工坊中使用的虚拟3D中药资源博物馆和药食同源查询系统，规划建设中药VR教学实训系统、中药鉴别虚拟仿真教学系统、药食同源辨识平台、AR"药圃"立体展示图册等。第二，按需整合多媒体资源。对已经建设和未来将要建设的多媒体资源进行更精准的使用需求和建设需求分析，将课程资源整合成统一的课程资源库，提升学习效果。第三，提升硬件资源。配合虚拟仿真教学资源，通过智能教学设备打造智慧学习环境，支持学生个性化与差异化学习，帮助学生掌握与提升技能。第四，注意各类教学资源的更新。在对资源进行教师教学、学生使用、教学成果等维度的评估基础上，定期更新课程资源，保持课程类资源的先进性和实用性。

第三章 马达加斯加鲁班工坊建设与发展报告

马达加斯加鲁班工坊由天津机电职业技术学院、天津市机电工业学校和塔那那利佛大学三校共建，于 2020 年 12 月顺利落成并开始运行。马达加斯加鲁班工坊是我国在非洲建立的第 10 个鲁班工坊，也是我国特色职业教育经验与世界分享的又一成功案例。马达加斯加鲁班工坊的建设是基于马达加斯加当前的社会经济与教育状况，以及中国和马达加斯加两国的经济教育合作情况，以现实需求为背景，分两期，共建成电气工程、汽车工程、信息技术、机械工程 4 个专业。其中，以培养专业教师夯实建设运行基础、开发优质资源赋能人才培养质量、搭建实训基地满足技能养成需要为重点建设内容。当前，马达加斯加鲁班工坊已在技能人才培养、教学资源开发、保障机制完善等方面形成一定成效。未来，还将在深化双方合作完善综合服务、构建贯通培养尝试海外实践、拓展规模内涵探索多种模式等方向上继续前行。

第一节 马达加斯加的社会经济与教育情况概述

一、社会经济情况概述

（一）马达加斯加经济以农业为主且工业基础弱

马达加斯加共和国（简称马达加斯加）位于非洲大陆以东、印度洋西部，是非洲第一大、世界第四大岛。其地缘位置重要，是从太平洋、印度洋到非洲大陆的重要支点，也是中非共建"一带一路"的桥梁和纽带。马达加斯加属最不发达国家之一，经济以农业为主，农业人口占总人口 80% 以上。出口收入的 70% 来自农业，其中香草生产和出口量居世界首位，约占世界市场总量的三分之二。马达加斯加本国工业基础相对薄弱，一半以上企业设在塔那那利佛，主要有炼油、发电、纺织和服装加工、农产品加工、饮料、烟草、造纸、制革、建材等。马达加斯加自20世纪90年代以来,将旅游业列为重点发展行业,鼓励外商投资旅游业。但由于服务设施、水陆交通等因素,导致丰富的旅游资源并未带来旅游产业的顺利发展。2021年的财政收入约合16.1亿美元,其中外国赠款额约合0.8亿美元,外国资本援助(项目)金额约合3.1亿美元。电信、矿产和石油开发是近年外资注入马达加斯加的重点领域,2021年吸收外商直接投资约合2.4亿美元。①

(二)马达加斯加推动经济发展且已实现一定增长

马达加斯加自2019年开始实施"马达加斯加振兴倡议"后,重点建设了能源、农业、住房、卫生、基础设施等领域,推动本国经济实现了一定的增长。② 以2021年的经济增长率来看,名义国内生产总值约合139亿美元,实际增长率为4.3%,较此前国际货币基金组织测算预期数上调了0.8个百分点;第一产业增长0.3%,其中农业增长0.9%;第二产业增长18.3%,其中采矿业增长55.4%,纺织业增长33.9%;第三产业增长3.3%,其中运输业增长13.4%。③ 尽管受到国际危机的不利影响,税收总体情况良好。根据2021年和2022年马达加斯加经济数据可以看出,其总体经济呈现逐渐上升趋势。特别是通过改善对外贸易运行情况、保持多元化的贸易合作伙伴关系等方式不断提升马达加斯加的进出口额,并以此来缓解国家经济发展的压力。④

二、教育情况概述

(一)马达加斯加教育结构概况

马达加斯加拥有撒哈拉以南非洲前殖民地最发达、最现代化的学校体系,始终优先考虑教育发展,特别是义务教育。马达加斯加的基础教育体制分为小学教育、初中教育和高中教育,学制年限分别为5年、3年和3年。高等教育根据专业不同,学制年限也不同。教学语言以马达加斯加语为主,城市地区教育使用法语和马语教学,农村地区绝大多数使用马达加斯加语教学。

---

① 参见《2021年马达加斯加主要经济数据》,http://mg.mofcom.gov.cn/article/ztdy/202208/20220803337592.shtml。
② 参见《马达加斯加国家概况》,https://www.yidaiyilu.gov.cn/gbjg/gbgk/44548.htm。
③ 参见《2021年马达加斯加主要经济数据》,http://mg.mofcom.gov.cn/article/ztdy/202208/20220803337592.shtml。
④ 参见《2021年马达加斯加经济前景展望》,http://www.mofcom.gov.cn/article/i/dxfw/gzzd/202106/20210603161519.shtml。

（二）马达加斯加教育规模情况

据马达加斯加国民教育部统计，截至 2021 年 6 月，马达加斯加共有小学 32353 所，其中公立 25118 所、私立 7235 所，在校学生共 501 万名；初中 5701 所，其中公立 2453 所、私立 3248 所，在校学生 113 万名；高中 1632 所，其中公立 435 所、私立 1197 所，在校学生 36 万名。截至 2019 年，马达加斯加高等教育院校共 280 所，其中公立大学 26 所、公立博士生院 30 所、辅助医疗学院 101 所、私立大学 120 所、私立博士生院 3 所，其中包括塔那那利佛大学在内的 6 所最大公立高校在校生 7 万名、教师总数 1766 名。据联合国开发计划署数据，2019 年马达加斯加成人识字率为 74.8%，政府教育支出占国内生产总值比重为 3.2%；预期受教育年限为 10.2 年，平均受教育年限为 6.1 年，其中男性为 5.8 年、女性为 6.4 年。[①]

（三）马达加斯加教育体系构成

马达加斯加教育体系主要分为正规教育体系，职业、技术和商业教育体系以及成人和非正规教育体系。其中，正规教育体系包括 4 个不同的等级：基础教育、初中教育、高中教育和高等教育。在公共教育部管理下的公共和私立教育机构中，技术和职业教育覆盖教育的 1、2、3 等级。政府给予技术和职业教育高度的优先权。等级 1 在初等学校毕业后，提供 2 年的实践性课程。等级 2 是在初中毕业后提供类似的课程。普通和技术高中为拿到初中毕业证书的学生提供 3 年的课程，学生通过 A 级技术考试后可以拿到技术文凭和公务员文凭。马达加斯加还有许多有组织的非正规教育活动，但一般都是单独性的，没有协作性。马达加斯加没有一致、连贯的终身教育政策。非正规和成人教育的另一个方面是在各种青年社会文化活动中进行青年人培训，目的是协助减少失业，创造就业岗位。

（四）马达加斯加教育管理现状

马达加斯加教育系统由不同部门负责管理，其中公共教育部（MIP，前身是初等与中等教育部）负责初等和中等教育；大学部（前身是高等教育部）负责高等教育；其他教育活动由其他部（卫生、人口、就业与培训、农业等）负责。公共教育部设有地域性和地方下属机构。公共教育部负责执行政府的教育发展政策。公共教育部有 5 个司，其中 1 个是教育规划司。它的任务是贯彻教育政策，制定教育规划与战略，规划和跟踪计划的执行。教育规划司制定规划时，要与公共教育部的初等教育司、中等教育司和技术教育司相互合作。公共教育部的中央机构负责招聘、

---

① 参见《马达加斯加教育概况》，http://mg.mofcom.gov.cn/article/ddgk/202106/20210603161544.shtml。

安置教职员工，负责第 2 等级、第 3 等级学校的用地和设备。建在每个省主要城镇的公共教育部下属部门是中央机构的分支。公社级别的机构负责地区学校的初等教育管理与监督、中等教育、财政和行政控制及初等学校教师的自我培训，对于教育较"活跃"的地方，这些工作可由区级机构负责。大学和高等教育机构由大学部负责，尽管大学是自治的，但是很多政策是由教育机构的中央部门做出的。国家提供几乎所有的经费开支，包括教职员工的工资。所有国立学校开设统一的课程，使用统一的课本和教学资料。在高等教育的各个年级，专业课程和学位是全国统一的，但可以设计新教材。

第二节 中国与马达加斯加两国经济教育合作情况

一、中国与马达加斯加两国经济合作情况

（一）中马两国经济合作不断加深

中国与马达加斯加于 1972 年 11 月 6 日建立外交关系，两国政府于 1974 年 1 月签订贸易协定，1995 年 6 月签订贸易、经济和技术合作协定。2005 年 11 月签订关于成立经济贸易混合委员会和相互促进与保护投资的协定。2017 年 3 月，中马建立全面合作伙伴关系，双方签署《关于共同推进丝绸之路经济带和 21 世纪海上丝绸之路建设的谅解备忘录》，马达加斯加成为首批同中国签订共建"一带一路"合作文件的非洲国家。

（二）中马两国双边经贸合作稳定有序

两国建交以来，中国帮助马达加斯加修建了国家公路、首都体育馆、国际会议中心、学校、医院、基层卫生站等一批基建项目，其中从首都塔那那利佛到第二大城市塔马塔夫的 2 号国道成为马达加斯加最重要的经济支柱。中马互利合作始于 1985 年，中马经贸关系和经济技术合作进展顺利，两国签有相互促进和保护投资协定、贸易协定和成立经济贸易混合委员会协定等，双边经贸合作机制不断完善。中马贸易额与建交之初相比增长了百余倍。截至 2021 年，中马货物贸易总额约合 13.6 亿美元。中国主要出口纺织纱线、电子产品、机电产品等，进口矿砂、农产品等。自 2015 年起，中国连续七年为马达加斯加第一大贸易伙伴、第一大进口来源地。[1]

---

[1] 参见《中马经贸合作简介（2021 年）》，http://mg.mofcom.gov.cn/article/ztdy/202206/20220603318654.shtml。

（三）中马两国经济合作带动社会效益

中国企业在马达加斯加积极履行社会责任，与马达加斯加经济社会发展和民生改善做出突出贡献，实现了双赢发展。中国企业在马达加斯加通过多种渠道积极履行社会责任，中国路桥、中铁十八局等中资企业定期为当地社区提供捐赠，帮助当地政府清运生活垃圾，强化安全生产管理及培训，为中小学校捐赠资金及教学用品、设立奖学金，为当地无偿开展打井、道路修复、菜市场改建等。截至2019 年，中国企业在马达加斯加直接投资存量已超过 8 亿美元。同时，中国企业在马达加斯加积累了丰富的发展经验，积极为当地创造就业岗位，用工本地化率近 90%，培养了大批技术工人，对促进马经济发展发挥了良好作用。[①]

（四）中马两国经济、技术与人力资源等领域合作并存

近年来，中国在双边经济技术合作及中非合作论坛等框架下，继续加强援马医疗队、技术合作组建设，深化人力资源开发合作，开展一系列基础设施和民生项目合作。中国对马达加斯加援助以改善民生、增强自主发展能力为重点，契合实际发展需求，在基础设施、经济和社会等领域发挥了积极作用。

未来，中马双方将在农业、渔业、加工制造业、旅游服务业和区域航空五大产业开展互利合作，积极构筑基础设施建设、人力资源开发、贸易投资便利化三大支撑。以切实帮助增加就业、改善民生、消除贫困，将马达加斯加的独特区位优势和自然资源优势真正转化为发展成果，支持其实现自主可持续发展。[②]

二、中国与马达加斯加两国教育合作情况

（一）为马达加斯加留学生提供留学资助

中国自 1973 年起向马达加斯加留学生提供奖学金名额。2020 至 2021 年，马达加斯加来华留学在读学生总数为 621 名，其中获得中国政府奖学金学生 129 名。目前，马达加斯加来华留学生在册总数为 649 人。

（二）为马达加斯加送去职业教育

习近平主席在 2018 年中非合作论坛北京峰会上提出，将要在非洲设立 10 个鲁班工坊以向非洲青年提供职业技能培训。马达加斯加鲁班工坊是中国在非洲设立的第十个鲁班工坊。中国在非洲的鲁班工坊是中非职业技术交流标志性成果，

---

① 参见《马达加斯加是中非共建"一带一路"的桥梁和纽带》，http://www.scio.gov.cn/31773/35507/35515/35523/Document/1636295/1636295.htm。
② 参见《中马经贸合作简介（2021 年）》，http://mg.mofcom.gov.cn/article/ztdy/202206/20220603318654.shtml。

并致力于建成从技能培训到学历教育的职业教育国际合作体系，有利于打造国际教育品牌，为国际产能合作和当地提供国际化综合型人才。[1]

第三节　项目建设与发展

一、中国与马达加斯加合作学校概况

（一）天津机电职业技术学院

天津机电职业技术学院，简称"天津机电"，隶属天津百利机械装备集团，位于天津市津南区海河教育园区，是天津市政府批准、教育部备案的全日制国办普通高等院校，是全国优质专科高等职业院校、全国机械行业骨干职业院校、全国职业院校数字化实验校和国家级国防教育特色示范校，入选天津市高水平高职院校建设单位名单。截至2022年，学校占地39.56万平方米，校舍建筑总面积16.24万平方米。学校下设二级学院3个，高职专业26个，联合培养本科专业1个，服务于机械设备、航空航天、电子信息等行业和相关领域，工业机器人等4个专业被教育部认定为"国家优质专科高等职业院校骨干专业"，配套建设先进制造实训中心、汽车修理一体化实训室等高水平实训场地约3万平方米。围绕天津市一基地三区功能定位以及"1+3+4"产业体系，学校构建了"1+5+1"专业群布局，其中"工业机器人技术"和"飞行器数字化制造技术"入选天津市市级高水平专业群建设名单。

学校连续12年承办全国职业院校技能大赛的18个赛项。学校学生代表天津参加了技能大赛中48个赛项的比赛，荣获21个一等奖、27个二等奖和14个三等奖。学校瞄准国家战略需求和服务地区经济社会发展，着力打造"鲁班工坊"职业教育品牌，先后在亚欧非三洲建成印度、葡萄牙和马达加斯加鲁班工坊，探索"职业教育＋国际产能"合作的新支点，学校智能制造实训基地获批为天津市外国留学生实习实践基地。天津机电职业技术学院以建设引领改革、支撑发展、中国特色、世界水平的高等职业学校为目标，着力培养符合现代化企业要求的实用型、复合型高技能人才。

（二）天津市机电工业学校

天津市机电工业学校（天津市机电工艺技师学院）创立于1976年，是国办全

---

[1] 参见陈红、梁雯：《中国与马达加斯加职教合作路径探索》，《职业技术》，2022年第4期。

日制中等职业院校，坐落于天津市津南区海河教育园区，是天津市人民政府确定首批进驻海河教育园区的中等职业院校，学院占地700亩。多年来，学校始终以"责任、良心、品质、服务"的核心价值理念，以"求实、求是、求新、求变"的学校作风，狠抓立德树人根本任务，坚持守正创新，为社会培养了一批又一批优秀的社会主义建设者和接班人。学校是首批国家级示范校、全国一体化课程教学改革试点单位、国家高技能人才培训基地、全国职业教育先进单位、天津市平安建设示范单位、天津市文明校园、天津市五一劳动奖状先进集体，是天津市重点打造的国际先进水平建设单位。

学校下设7个二级学院，开设专业26个，涵盖预备技师班、五年制系统化人才培养模式改革试验班、"三二分段"班、普通中专和普通技校等多个办学层次。学校建有世界技能大赛工业机械装调项目中国集训基地，连续12年承办全国职业院校技能大赛，学校师生在全国和市级各类技能大赛中揽获各赛项一等奖100余项。学校主动服务国家重大发展战略，2011年起招收西藏、云南、青海等地区民族班学生，2021年，学校积极助力京津冀协同发展，招收雄安班学生，为服务当地区域经济发展提供强有力的人才和智力支撑。学校注重深化职业教育国际交流与合作，先后与荷兰、捷克、韩国等国有关院校建立了友好校际合作关系，开展国际交流与合作。

（三）塔那那利佛大学

塔那那利佛大学是马达加斯加的第一所大学，是一所拥有110年历史的古老大学，也是整个岛屿及印度洋地区5所大学中规模最大的大学。目前，塔那那利佛大学共拥有31000名学生、850名教师和1450名管理及技术人员。塔那那利佛大学由10所学院组成：法律和政治科学学院，经济、管理及社会学学院，理科学院，文学及人文科学学院，医学院，农业科学高等学校，综合技术高等学校，高等师范学校，Antsirabe-Vakinankaratra 高等教育学院和 Soavinandriana-Itasy 高等教育学院。学校有70个学术专业，最新专业是由医学院开设的兽医及药剂专业。自1995年起，塔那那利佛大学开始转向职业化教育，目前已达到10个专业。

二、合作企业介绍

（一）中铁十八局集团有限公司

中铁十八局集团有限公司系世界500强——中国铁建股份有限公司的旗舰企业，组建于1958年，前身是中国人民解放军铁道兵第八师，于1984年集体转业并入铁道部。系全国首家"五特六甲"建筑法人企业，具有对外承包工程经营权，马达加斯加鲁班工坊即由中铁十八局集团有限公司承建。此外，在马达加斯加鲁班工坊项目中，中铁十八局集团有限公司借助其当地项目组织积极参与并支持开展相关培训以及联络沟通等工作。

（二）亚龙智能装备集团股份有限公司

亚龙智能装备集团股份有限公司创始于1983年，是一家制造型、服务型、创新型和软件驱动型企业。秉持着"努力为全世界更多人带来技术与技能"的使命，一方面为各类院校、公共实训中心、企业培训中心等提供智能教育装备，并开展教育咨询、线上线下培训等服务；另一方面，还为企业数字化升级和智能化改造提供系统解决方案、智能装备以及工业软件等产品，公司参与了多个鲁班工坊的实训室建设。

（三）浙江天煌科技实业有限公司

浙江天煌科技实业有限公司创建于1992年，是一家专业从事教学仪器研发、生产、销售和服务的高新技术企业。经过多年的艰苦创业和锐意改革，浙江天煌科技实业有限公司以其独特的企业文化、良好的企业形象、过硬的企业实力、优质的产品质量和完善的服务，成为中国教育装备行业的著名品牌。公司具备丰富的海外专业教学设备开发经验并参与了鲁班工坊的实训基地的建设。

（四）广东三向智能科技股份有限公司

广东三向智能科技股份有限公司是一家集产、学、研、教为一体的为职业教育提供产品与服务的综合型集团化上市企业。该公司顺应职业教育政策、响应技能培训需求，围绕"打造一流的教学资源服务商"核心目标，重点服务职业院校专业建设、实训室建设、课程及教学资源开发、职业技能大赛等，为职业教育提供整体化服务和系统化的专业建设解决方案。广东三向智能科技股份有限公司参与了鲁班工坊的实训室和教学资源等建设。

（五）长城汽车股份有限公司

长城汽车股份有限公司面向全球用户，致力于提供智能、绿色出行服务，加速向全球化智能科技公司转型。业务包括汽车及零部件设计、研发、生产、销售和服务，并在氢能、太阳能等清洁能源领域进行全产业链布局，重点进行智能网联、智能驾驶、芯片等前瞻科技的研发和应用，为全球用户打造更绿色、更智慧、更安全的产品。近年来，与职业院校以汽车运用与维修专业为抓手，就人才培养深度共建。在鲁班工坊建设过程中，按照实际需求，深度参与了课程标准研发、教学标准制定等工作，对马达加斯加鲁班工坊汽车专业带头人开展培训工作，共享职业教育发展成果。

（六）华为技术有限公司

华为创立于 1987 年，是全球领先的 ICT（信息与通信）基础设施和智能终端提供商。致力于教育、医疗、大企业制造业、政府、安平、金融、电力、交通等多个行业，其中针对教育行业提出了全无线园区网络解决方案、校园认证计费方案、校园安全场景方案、教育城域网方案、智慧园区解决方案和全光解决方案等一系列解决方案。华为致力于通过联接、AI、云计算等技术在教育中的应用，为职业教育培养创新型人才，加速教学科研领域的创新，缩小数字鸿沟，并在基础教育领域推动教育均衡发展。

（七）中软国际有限公司

中软国际有限公司成立于 2000 年，是中国大型综合性软件与信息服务企业，是首批通过中国电子信息行业联合会认证的全国信息系统集成及服务大型一级企业。中软国际教育集团是中软国际人才生态的重要组成部分，携手为全行业培养数字化人才，研发了专门针对大学生的"五个真实（5R）"实训课程体系，即真实的企业环境、真实的项目经理、真实的项目案例、真实的工作压力、真实的工作机会，建立起以真实的项目为教学基础的、完全重现跨国软件企业环境的实训模式。

（八）山东辰榜数控装备有限公司

山东辰榜数控装备有限公司是一家以数控机床为主，集研发、生产、销售及技能人才培训于一体的高新技术企业，是首批全国机械行业先进制造领域产教融合骨干企业。公司参与了马达加斯加鲁班工坊数控加工技术实训室建设，与院校共同为塔那那利佛大学机械学院提供技能核心课程培训、课程资源、课程教材，为塔那那利佛大学机械学院提供现场及远程技术服务。天津市机电工业学校聘请山东辰榜数控装备有限公司技术工程师作为兼职讲师，构建专兼结合的教师教学创新团队。

三、项目建设情况

（一）项目建设思路

1. 着眼于中非关系的健康发展与国际友谊

继 2018 年习近平主席在中非合作论坛北京峰会上提出"在非洲设立 10 个鲁班工坊，向非洲青年提供职业技能培训"后，2019 年时任国务院副总理在塔那那利佛会见马总统拉乔利纳时表示："中方愿同马方一道，巩固传统友谊，增进政治互信，将落实中非合作论坛北京峰会成果、共建'一带一路'与'马达加斯加振兴倡议'有效对接，不断提升两国各领域合作水平和质量。"在此背景下，马达加斯加鲁班工坊建设项目的前期调研和建设筹备等工作被提上日程并加速实施。

2. 开始于合作双方的交流互访与友好协商

天津机电职业技术学院、天津市机电工业学校和塔那那利佛大学三校始终秉持共商共建的合作原则，在项目前期进行交流互访和协议签署。2019 年 7 月，中方院校相关人员首次出访马达加斯加，在访问塔那那利佛大学期间签署了《马达加斯加鲁班工坊合作备忘录》；2019 年 10 月，塔那那利佛大学受邀访问天津，并与天津机电技术职业学院、天津市机电工业学校共同签署了《中马鲁班工坊建设合作协议书》。同时，确定马达加斯加鲁班工坊以电气工程、机械工程、汽车工程和信息技术为方向和主线进行建设；一期建设电气工程和汽车工程 2 个专业，二期建设信息技术和机械工程 2 个专业；计划建于塔那那利佛大学理工学院内，建筑面积 2000 平方米，并为独栋建筑。自此，中马双方合作院校开始启动马达加斯加鲁班工坊的建设工作。

3. 共筑于各方力量的共商共研与协同推进

在建设过程中，建立三级沟通交流机制，分别从学校、二级学院和专业负责人三个层面定期联络，共议建设进度和解决现实问题。[1]在塔那那利佛大学确定电气工程和汽车工程等专业相关的教学团队后，围绕 EPIP 教学模式与中方院校定期沟通以共建专业教学相关标准和教材。同时，中方院校与合作企业密切沟通，共同分析塔那那利佛大学的实际需求，以全国职业院校技能大赛赛项装备为载体，共研技术方案并针对性开发专业实训教学设备。

4. 服务于中马两国的互学互鉴与互利共赢

依托于"国家现代化职业教育改革创新示范区"的先进建设成果，马达加斯加鲁班工坊的专业建设可为马达加斯加培养适应当地经济发展和当地产业转型升级需要的技术技能人才。马达加斯加鲁班工坊通过开展教育培训、技能竞赛等活动，两国师生互相交流技能，持续促进中马两国之间的开放与包容，逐步构建起互学互鉴、互利共赢的机制。

---

[1] 参见王兴东、薛利晨：《基于双边合作机制下的鲁班工坊运营管理模式分析——以印度、葡萄牙、马达加斯加鲁班工坊为例》，《天津商务职业学院学报》，2022 年第 10 期。

（二）重点建设内容

1. 打造重点专业助力技能人才成长

（1）电气工程专业

对标马达加斯加电气工程行业现状调研结果和塔那那利佛大学的专业负责人对电气工程专业的建设需求，天津机电职业技术学院组织机电一体化技术专业的专业带头人及骨干教师与塔那那利佛大学专业负责人共同研讨电气工程专业教学标准及专业课程标准。设计以塔那那利佛大学办学学制为基础，将电气线路安装、现代电气控制系统、维修电工、液压与气动等岗位能力等融入教学计划的专业课程中。基于 EPIP 教学模式，构建了电气工程专业必备的专业课程体系。解决了塔那那利佛大学电气工程专业教学基础设备不足的现实情况。通过教学活动的实施，可培养电气工程相关专业岗位的紧缺人才，同时为当地企业创造人才培训的必要条件，为企业生产运营提供良好保障。

（2）汽车工程专业

依据对马达加斯加汽车服务行业现状调研结果和塔那那利佛大学的专业负责人对其汽车工程专业的建设需求，天津市机电工业学校组织汽车运用与维修专业的专业带头人及骨干教师与塔那那利佛大学专业负责人共同研讨了汽车工程专业教学标准及专业课程标准。将汽车维修、汽车维护、汽车检测与诊断等岗位能力融入教学计划的专业课程中。设计以塔那那利佛大学办学学制为基础，引入理实一体化的教学理念，构建了汽车工程专业必备的知识体系，解决了马达加斯加汽车维修专业教学基础设备不足的现实情况。可为马达加斯加培养汽车维修相关专业岗位的紧缺人才，为当地企业创造人才培训的必要条件，为企业的正常生产运行提供良好保障。

（3）信息技术专业

依据对马达加斯加信息技术行业现状调研结果和塔那那利佛大学的专业负责人对其信息技术专业的建设需求，天津机电职业技术学院组织相关的专业带头人及骨干教师与塔那那利佛大学专业负责人共同研讨了信息技术专业教学标准及专业课程标准。将网络基础知识、交换机和路由器原理、中小型网络通用技术与路由交换设备实施设计能力等融入教学计划的专业课程中。基于 EPIP 教学模式，构建了电气工程专业必备的专业课程体系。以人才培养目标为出发点，将专业基础理论课程与信息技术课程相结合，突出学做一体，为马达加斯加信息行业培养所需的掌握信息技术的技能人才。

（4）机械工程专业

结合马达加斯加塔那那利佛大学机械学院机械工程专业发展现状和人才培养需求，天津市机电工业学校与塔那那利佛大学机械学院合作共建机械工程专业，共同研讨专业人才培养方案，共同完善课程体系，共同梳理核心课程并制定了机械工程专业核心课程标准。天津市机电工业学校结合塔那那利佛大学机械学院原有的机械工程专业人才培养方案，将教学过程中急需的普通机械加工、数控车加工、数控铣加工技术体系融入专业课程建设，弥补了在人才培养体系中机械加工技术课程不足的问题。以人才培养目标为出发点，将专业基础理论课程与机械加工技术课程相结合，突出教学做一体化，为马达加斯加制造产业培养急需的掌握数控加工技术的技能人才。

2. 培养专业教师夯实建设运行基础

师资队伍是鲁班工坊顺利运行的重要保障，为确保马达加斯加鲁班工坊揭牌后的正常教学，天津机电职业技术和天津市机电工业学校学院根据专业建设情况为马达加斯加鲁班工坊师资培训优选了多名优秀骨干教师，为塔那那利佛大学提供线下和线上的师资培训项目与交流活动内容，并建立定期沟通机制。还结合塔那那利佛大学师资的教育背景和工作经历，制定了有针对性的培训课程，为后续加强双方交流和提升培训质量奠定了良好基础。

师资培训是鲁班工坊建设的重要环节，定期开展针对塔那那利佛大学教师的专业培训是鲁班工坊建设的重要组成部分。经过培训的专业教师将成为鲁班工坊专业建设和人才培养的骨干力量，成为推动鲁班工坊建设运行的主要力量。培训的方式采取面授、远程线上培训等多种方式结合开展，既能增进中方和马方学校的沟通交流，也为鲁班工坊运营打下坚实基础。

2019年，塔那那利佛大学选派2名教师到天津机电职业技术学院和天津市机电工业学校进行为期2周的专业学习实践培训活动，为其快速构建起4个专业的专业教学提供支持，为塔那那利佛大学进一步构建专业的师资队伍打下坚实的基础。

3. 开发优质资源赋能人才培养质量

天津机电职业技术学院与天津市机电工业学校结合塔那那利佛大学教师、学生以及专业教学等多方面需求，组织专业教师团队，基于共建共享的原则，共同开发建设双语教材以及网络教学等资源。同时，建设课程相关知识点的图片、案例、视频等专业教学资源。

天津机电职业技术学院一期建设专业电气工程，二期建设信息技术专业。在全面研讨马达加斯加实际国情、就业方向、师生培训需求等，并与塔那那利佛大学理工学院师资团队进行了长期和深入的探讨后，针对电气工程专业，共同研发包括《电气线路安装与运行技术》《现代电气控制系统的安装与调试》《高级维修电工技术》《中级维修电工技术》《网络系统综合建设与运维》五套课程标准，编写包括《电气线路安装与调试》《高级维修电工》《液压与气动》《电气控制系统安装与调试》在内的 4 套中英双语教材。针对信息技术专业，编写 3 本校本教材包括《计算机网络基础》《网络工程》《网络设计与规划》，并出版《网络系统综合建设》中英双语教材，每本教材都涵盖理论基础与实验项目。

天津市机电工业学校围绕机械工程专业核心课程先后编写《金工实训》《数控车床操作与编程实训》《数控铣床操作与编程实训》3 本中英文教材应用于机械工程专业教学。开发完成包括《金工实训》《数控车床操作基本技能》《数控铣床操作基本技能》《数控机床维护与保养》在内的机械工程专业教学资源，以有效满足机械工程专业教学。此外，天津市机电工业学校组织汽车维修专业骨干教师团队，集中对《汽车发动机构造与维修》《汽车底盘构造与维修》《汽车电器设备构造与维护》《汽车电子控制系统构造与维修》《汽车检测与诊断》《汽车维护》6 门专业核心课程进行双语教材的编写。同时，完成了《汽车局域网技术》《汽车空调》《汽车维修工艺》《汽车整车构造认知及功能认知》《汽车车身电控技术》5 门非专业核心课程的教学资源制作，以满足汽车工程专业全方位的教学资源需求。研讨定制马达加斯加鲁班工坊的汽车工程专业教学标准及教学计划，并确定了 11 门专业课程，其中 6 门为专业核心课程。

4. 搭建实训基地满足技能养成需要

经过对塔那那利佛大学理工学院的实地情况进行考察并基于鲁班工坊的建设思路，明确需要对实训场地进行改造升级以体现鲁班工坊的专业特色。改造场地面积约 2000 平方米，调整 1800 平方米的实训室规划布局。在建设规划中，根据实训室应用范围的不同，分为专业基础实训室与专业实训室。这样的布局规划不仅可满足电气工程专业的实训需求，以达到提高专业培养水平的目标，所划分出来的基础实训室还可同时满足机械工程、汽车工程的基础性电气、液压和机械方面的实训要求，且可辐射其他相关专业的实训项目。

（1）电气工程专业实训室

塔那那利佛大学电气工程专业基础实训条件薄弱。针对电气工程专业基础课程体系并基于相关技术技能养成规律，与塔那那利佛大学电气工程专业开展数次研讨，依据马达加斯加塔那那利佛大学理工学院的教学基础和实际需求，并逐步达成专业基础实训室建设的共识。按照电气工程专业整体的规划，共建设中级维修电工实训室、高级维修电工实训室、液压与气动实训室、工程实践创新实训区，满足电气工程专业学生的专业基础实训需要。第一，配合电气工程专业《电机及其控制》《电气控制系统安装与调试》《维修电工技术》等课程的教学与实训，分别设置中级和高级维修电工实训考核装置，可开展电机电气控制技术、中高级维修电工的实训实操和技能培训。第二，结合所开设的《液压与气压传动技术》等课程的教学与实训需要，配置液压与气压传动综合实训系统，不仅可满足专业实训教学，还能开展技能考核以及职业技能竞赛。

在满足专业基础实训的基本要求后，结合高素质高技能人才培养逻辑，有必要建设塔那那利佛大学电气工程专业的专业实训室。经过认真分析调研，按照电气工程专业的特点，建设综合实训室包括现代电气控制实训室、自动生产线实训室、电气装置实训室，基本涵盖了从广度到深度的专业知识技能。第一，配置现代电气控制系统安装与调试实训考核装置，由于该实训包含电气控制元件、PLC、电机、传感器等多种典型电气工程技术模块，可设置综合性的实训项目以培养学生及职业能力提升所需的综合行动能力。第二，配置电气装置实训系统，结合该实训设备可应用于商业、家用以及工业用途等不同系统中，为学生构建起综合性技能应用场景，有利于提升受教育者的综合素质。同时，该实训设备还符合维修电工和电气安装技术人员的技能鉴定要求，所以也适合培养行业所需且对实际操作技能和工程施工能力有较高要求的专业技术技能人才。第三，配置自动生产线实训考核装备，该装备可进行自动生产线、气动系统、变频器、人机界面等综合实训项目。实训设备分单元模块化的构造，利于培养学生基于子系统的功能构建复杂系统的能力。

（2）汽车工程专业实训场

马达加斯加鲁班工坊汽车工程专业实训场建设是参照中马双方共同研讨的汽车工程专业教学标准和技能人才培养需求，紧密围绕汽车维修领域中构造认知、整车维护及故障诊断三大核心专业技能，开展专业实训场的设计、论证及建设工作。根据教学计划及各专业课程教学内容需求，实训场共分为整车认知区、维护检修区、总成部件拆装认知检测区、电控系统认知检测区等。各教学区域均可配合对应的教材、教学资源以满足塔那那利佛大学汽车工程专业的理论、实习及一体化教学等多种教学实际需求。为更好地营造专业教学氛围，实训场布置中英双语展板、看板和安全操作规程，体现了品牌特色和国赛标准，让塔那那利佛大学师生直观了解实训场地安全管理制度及设备安全操作规程等内容。为更好发挥实训设备设施最大效能，开展了与课程、设备、教材相匹配的双语教学资源建设，通过微课视频、3D 动画、教学软件等资源的应用，打造理实一体的汽车工程专业课程。汽车工程专业实训场的建设，为塔那那利佛大学在校生学习和未来开展社会培训提供优越的教学条件。

（3）信息技术专业实训室

依据塔那那利佛大学的教学基础和实际需求，主要从满足专业的基础技术技能培育需要来构建实训条件，以达到提高专业技能培养水平的目的。按照信息技术专业的特点，建设仿真实训室、网络技术实训室，基本满足从基础学习到专业技能知识的一体化学习。第一，配置仿真实训室。仿真实训室是信息技术、电气工程、机械工程等专业开展教学的必要教学设施，可用于专业基础课和专业课程的教学工作。学生可通过实际操作来提高对专业知识的认识和理解，也可促进学生对信息通信技术、编程、设计仿真、电气制图、系统模拟等专业知识的掌握程度，完善技能训练和能力培养过程。第二，配置网络技术实训室。该设备定位于培养中小型网络的构建和管理技术人员。实训内容包括网络基础知识，交换机和路由器原理、访问控制、eSight、SDN、VXLAN、NFV、PDIOI 等专业知识。通过学习，学生将对中小型网络有全面深入的了解，掌握中小型网络的通用技术，具备独立设计中小型网络的能力，并拥有能力搭建完整的中小型网络，将企业中所需的语音、无线、云、安全和存储全面地集成到网络之中，满足各种应用对网络的使用需求。

（4）数控加工技术实训室

马达加斯加鲁班工坊机械工程专业以数控加工技术为核心，兼顾普通机械加工技术。依据塔那那利佛大学机械学院机械工程专业人才培养需求，建成以数控铣床、数控车床、普通铣床、普通车床为主要实训设备的马达加斯加鲁班工坊数控加工技术实训室。实训室分两期建设，一期为场地基础建设和配套设施安装调试，二期为实训设备功能布局、安装调试。为体现环境建设国际化、实训场地企业化、课程教学理实化、实训课题项目化，并满足机械工程专业未来从业者学习需要的教学与实践环境，实训室建设了数控加工技术学习区、普通机械加工技术学习区和空中教室交流区等功能区域。同时，对实训室内侧墙进行改造，通过展板展示数控加工技术特点、设备操作规程、设备功能简介，充分体现数控加工技术的特点和优势。马达加斯加鲁班工坊数控加工技术实训室面向机械工程专业人才培养设置的教学功能区，配置教学培训所需的软硬件设施和资源，同时兼顾学生对机械加工技术的体验和认知，最大限度满足塔那那利佛大学机械学院机械工程专业学生日常教学需求和企业员工短期技术培训。实训室建设期间，塔那那利佛大学机械学院师生对数控加工技术实训室设备非常期待，主动学习实训室设备基本功能并参与配套设施安装和调试。

四、建设成效与创新点

（一）建设成效

1. 借助国际合作分享职教理念

鲁班工坊的建设为创建具有中国特色的职业教育国际化发展模式，为国家职教示范区升级版的启动建设，探索出了一条可复制、可借鉴、可推广的职业教育国际化道路。[①] 马达加斯加鲁班工坊的建成是天津职业教育开放发展的又一举措，使得我国优质职业教育资源在非洲大地上得到更加充分的共享。马达加斯加鲁班工坊通过培养具有国际视野、通晓国际规则的国际化技术技能人才和海外本土化技术技能人才，扎实职业理念根基。

2. 配合优质产能扎根市场

在响应国家"一带一路"倡议的背景下，在助力优质产能服务海外市场的需求下，马达加斯加鲁班工坊的建成是扩大与共建"一带一路"国家职业教育合作的又一现实案例。马达加斯加鲁班工坊依然传承了鲁班工坊建设的优良传统，不仅把先进的工艺流程、技术、教学理念、教学方法以及管理方法等引进教学内容，也与中铁十八局、华为、长城汽车等优质企业联合共建国际化人才培养基地。同时，马达加斯加鲁班工坊还主动发掘和服务当地企业现实需求，致力于培养国际化的技术技能人才以及服务于当地生产活动的人才。

3. 保障持续发展发挥长期作用

马达加斯加鲁班工坊建成后，不断完善相应的组织管理和服务保障机制，达成发展共识，确保马达加斯加鲁班工坊长期持续发展。如建立工作联动推进机制，加强马达加斯加鲁班工坊运行的研讨、交流、拓展、合作；[②] 形成双方师生互学、互访交流机制；明确双方的职责、任务及预期工作目标，进一步加大课程、教材和资源合作建设的力度；双方共同加强马达加斯加鲁班工坊的宣传、推广力度；总结凝练马达加斯加鲁班工坊的特点、特色等。

---

① 参见杨延：《天津职业教育海外输出模式探索》，《天津市教科院学报》，2016年第5期。
② 参见王兴东、薛利晨：《基于双边合作机制下的鲁班工坊运营管理模式分析——以印度、葡萄牙、马达加斯加鲁班工坊为例》，《天津商务职业学院学报》，2022年第10期。

（二）创新点

1. 设立空中课堂实现跨域交流

为保障马达加斯加鲁班工坊的教育质量，不仅在教学设计、课程设置、教材开发、师资培训等方面上给予全方位的质量保障，同时借助现代信息技术，在马达加斯加的鲁班工坊内设立空中课堂，实现跨区域与马达加斯加鲁班工坊的同步交流，保证马达加斯加鲁班工坊的高标准人才培养质量。鲁班工坊课程、教材和资源的建设为鲁班工坊开展学历职业教育和培训奠定雄厚基础。

2. 丰富运行内容扩大项目影响

在建设定位上除了教学功能以外，承接技能大赛也是鲁班工坊的重要功能。[1] 同样，马达加斯加鲁班工坊不仅是当地区域进行职业教育教学活动的场所，同时也是我国职业院校技能大赛的延伸场馆。以学历教育、职业培训、技能竞赛、技能评判、社会服务等功能集一身的马达加斯加鲁班工坊，成为塔那那利佛市乃至其周边地区培养和选拔优秀技术技能人才的场所。

五、未来规划

马达加斯加鲁班工坊基于我国优质职业教育经验，将塔那那利佛大学的电气工程、汽车工程、信息技术、机械工程专业引入鲁班工坊课程，完善了其专业设置体系并增强了相关专业的培养能力。利用鲁班工坊提供的人才培养方案、教材、课程资源和实训装备等，在塔那那利佛大学开展职业教育和技术技能培训，在提高当地的技术技能水平的同时，也助推了在马达加斯加中资企业的稳定发展。未来，还需在以下方面继续推进马达加斯加鲁班工坊的内涵建设和运行成效。

（一）深化双方合作完善综合服务

除了国际化的专业教学体系，马达加斯加鲁班工坊的发展还需要有服务体系的支持。一是师资水平的有效保障是鲁班工坊顺利开始运行的关键。马达加斯加鲁班工坊在建设之初，采取马达加斯加教师先行来国内集中培训的方式，以完成鲁班工坊的教师培训工作。未来，也需考虑国内教师直接到马达加斯加鲁班工坊任教，教师层面的充分研讨才是提高实际培养能力的核心。二是项目教材的再开

---

[1] 参见吕景泉、杨延、芮福宏、杨荣敏、于兰平：《"鲁班工坊"——职业教育国际化发展的新支点》，《中国职业技术教育》，2017年第1期。

发是适配当地人才培养需求的重要手段。马达加斯加鲁班工坊的工程实践创新项目教材是以天津高职院校的教学水平和学生能力水平为依据开发的，尽管结合了当地的实际需求，但只有在实际的应用过程中才能发现较为隐蔽的适应性问题。未来，马达加斯加鲁班工坊的专业教师还需与天津高职学院教师协同合作，从马达加斯加职业教育的学生、教师、思维习惯、工作方式乃至国情的实际出发对原有教材进行二次适应性改进，以此为载体有效保障鲁班工坊作用的发挥。

（二）构建贯通培养尝试跨国实践

纵向贯通式人才培养是我国现代职业教育体系高质量发展的关键内容，不仅符合人才成长成才的一般规律，也是对复杂多变的外部环境如科技革命、产业升级等的有力回应。在马达加斯加鲁班工坊持续运行中，还可积极探索构建"中高本硕"贯通的国际化职业教育人才培养体系，将对马达加斯加的职业教育体系产生有益影响。未来，借助鲁班工坊的平台以搭建国内外技术技能人才培养交流与合作平台，开发职业院校教师、学生海外实践拓展项目，使鲁班工坊成为天津职业院校提升师生国际化水平的重要基地乃至学历上升通道。

（三）拓展规模内涵探索多种模式

鲁班工坊是我国职业教育的国际化品牌，是我国职业院校实施海外办学和开展国际合作办学的独特形式。其中，扩大建设规模是马达加斯加鲁班工坊未来发展的重要任务。[①]《天津市人民政府关于加快发展现代职业教育的意见》明确提出，要鼓励有条件的学校积极拓展海外职业教育市场。但相对于规模的扩大，质量内涵建设也是未来发展的必然方向，甚至将引领数量规模的扩大。面向未来，马达加斯加鲁班工坊的运行内容还将包括职业教育的学历培养与提升就业能力的技术技能培训、职教师资的培养培训与企业人员的技能培育、初等教育的认知参观与高等教育的通识养成、国际交流合作的平台与校企交流合作的渠道、技能评比与人才选拔、资历认定与资格鉴定等多项内容。

[①] 参见吕景泉、杨延、芮福宏、杨荣敏、于兰平：《"鲁班工坊"——职业教育国际化发展的新支点》，《中国职业技术教育》，2017年第1期。

第四章 埃塞俄比亚鲁班工坊建设与发展报告

埃塞俄比亚鲁班工坊位于非盟总部所在地——埃塞首都亚的斯亚贝巴，由天津职业技术师范大学与埃塞俄比亚技术大学共同建立，于 2021 年 4 月 28 日揭牌启运。项目定位于人工智能领域，对接埃塞俄比亚技术大学的制造技术、电子与通信技术、电气与控制技术 3 个本科专业和电气与控制技术 1 个研究生专业，提供学位教育与技术培训，被非盟总部确立为面向整个非洲国家的高素质技术技能人才培训中心，并与东非职教一体化（EASTRIP）世行项目中心签署协议，为东非国家培养高水平职教师资和提供技能鉴定。在拓展分中心建设中，埃塞俄比亚鲁班工坊采用"三企三校 六方携手"建设模式，由天津职业技术师范大学、天津铁道职业技术学院、埃塞俄比亚联邦职业技术培训学院、中土埃塞俄比亚工程有限公司、埃塞俄比亚—吉布提标准轨距铁路公司和天津电力机车有限公司合作共建铁道专业。

第一节 埃塞俄比亚的社会经济与教育情况概述

一、社会经济

埃塞俄比亚联邦民主共和国（The Federal Democratic Republic of Ethiopia，以下简称埃塞俄比亚），位于红海西南的东非高原上，是非洲东北部的内陆国，东与吉布提、索马里毗邻，西同苏丹、南苏丹交界，南与肯尼亚接壤，北接厄立特里亚。领土面积 110.36 万平方千米。境内以山地高原为主，大部属埃塞俄比亚高原，占全国面积的 2/3，东非大裂谷纵贯全境，平均海拔近 3000 米，有"非洲屋脊"之称。

埃塞俄比亚是非盟总部、联合国非洲经贸委员会等多个国际组织所在地，被誉为"非洲政治中心"。人口 1.12 亿，是非洲人口第二大国。全国有 80 多个民族，包括奥罗莫族、阿姆哈拉族、提格雷族、索马里族、锡达莫族等。居民信奉的主要宗教有埃塞俄比亚正教、伊斯兰教、新教及原始宗教等。阿姆哈拉语为联邦工作语言，通用英语，主要民族语言有奥罗莫语、提格雷语等。

近年来，随着基础设施建设的不断改善，埃塞俄比亚现已成为世界上增长最快的经济体之一。2020 年，经济增长率达 8.3%。根据国际货币基金组织统计，埃塞俄比亚已超越肯尼亚成为东非第一大经济体。

二、教育

埃塞俄比亚的教育体系分为幼儿教育、初等教育、中等教育、高等教育 4 个层次，全国实行 10 年义务教育制，包括小学 8 年、初中 2 年。共有小学 2.1 万所，在校生超过 1400 万人，教师约 21.6 万人。综合性大学 33 所。适龄儿童入学率达 90%，中学和大学入学率分别为 40.5% 和 17%。成年男性识字率为 63%，女性为 47%。

21 世纪初以来，为满足国家由农牧业向工业化转型对应用技术人才的需求，埃塞俄比亚政府高度重视能力建设和发展本国职业教育。埃塞俄比亚职业学校招生以接受过中等教育的初中毕业生为主，有"10+1""10+2""10+3"三种不同学制。职业资格共分五个等级，每年由国家职业技能考核中心组织、举办专门的职业技术资格考试，为考核合格者颁发 1 级至 5 级职业资格证书。

第二节 中国与埃塞俄比亚经济教育合作情况

一、经济合作

1970 年 11 月 24 日，中国与埃塞俄比亚签署《中华人民共和国和埃塞俄比亚建交联合公报》，正式建立外交关系，两国签有贸易、经济技术合作等协定。近年来，两国关系呈现健康、持续发展势头。2017 年，两国建立全面战略伙伴关系。2018 年 9 月，两国共同签署《中华人民共和国政府和埃塞俄比亚联邦民主共和国政府关于共同推进丝绸之路经济带和 21 世纪海上丝绸之路建设的谅解备忘录》。2019 年 4 月，两国共同签署《中华人民共和国政府与埃塞俄比亚联邦民主共和国政府关于共同推进"一带一路"建设的合作规划》。中埃关系在政治互信、共建"一带一路"和国际事务合作三个方面走在中非关系的前列，成为南南合作和中非合作的典范。①

作为东非门户，埃塞俄比亚是"21世纪海上丝绸之路"必经之地，也是我国在非洲选择的第一批"一带一路"产能合作的先行先试国家。中国是埃塞俄比亚第一大贸易伙伴、第一大投资来源国和第一大工程承包方。超过1500家中国企业在埃塞俄比亚投资，注册资本11亿美元。2019年，两国进出口额达26.67亿美元，中国对埃塞俄比亚直接投资流量1.49亿美元。截至2020年10月，中国对埃塞俄比亚直接投资存量约27.17亿美元。2021年，双边贸易额26.57亿美元，同比增长3.3%，其中中方出口额22.9亿美元，进口额3.67亿美元。

中国广泛参与埃塞俄比亚的基础设施建设发展，在埃塞俄比亚制造业、能源、农业等领域积极发挥作用。迄今，中国已为埃塞俄比亚建成了公路、铁路、轻轨、医院、学校、工业园、发电站和供水工程等30个成套项目。其中，亚吉铁路连接埃塞俄比亚和吉布提，全长750千米，21个车站。其中，近700千米、17个车站，位于埃塞俄比亚境内，是中国企业在海外建设的第一条全产业链"走出去"的铁路，中非共建"一带一路"标志性项目，在非洲具有重要地位。

埃塞俄比亚首都亚的斯亚贝巴轻轨项目是撒哈拉以南非洲第一条现代化的城市轻轨，正线全长31.025千米，由中铁二院和中铁二局组成的中铁联合体共同建设完成，深圳地铁、中铁股份参与运营维护管理。该项目为埃塞俄比亚创造了1.3万个就业岗位，产生了对轻轨人才的大量需求。

二、教育合作

1988年6月，中国与埃塞俄比亚签订《中华人民共和国政府和埃塞俄比亚人民民主共和国政府文化协定》，两国开展了多维度深层教育文化交流。2003年，中国政府启动对外援建第一所职业院校项目——埃塞-中国职业技术学院（现埃塞俄比亚技术大学）建设，踏出中国职业教育走出国门的第一步。20年来，两国以院校合作项目为平台，建立起职业教育领域常态化交流机制。埃塞俄比亚各部委定期选派专家代表到中国参加教育、文化项目研修，选派骨干教师留学中国提升技术技能。中国教育部在高校设立教育援外基地，举办职业院校校长论坛，派遣中国技术专家长驻埃塞俄比亚开展一线教学。以中国职业教育援助等为主体的人文项目在埃塞俄比亚官方和民间受到普遍尊重和支持。

---

① 参见中国驻埃塞俄比亚使馆经商参处：《2019—2020年埃塞俄比亚承包工程市场国别综述》，《国际工程与劳务》，2021年第3期。

第三节　项目建设与发展

一、双方合作学校

埃塞俄比亚鲁班工坊由天津职业技术师范大学与埃塞俄比亚技术大学（现埃塞俄比亚联邦职业技术培训学院）合作建立，在拓展分中心建设中采用"三企三校 六方携手"建设模式，由天津职业技术师范大学、天津铁道职业技术学院、埃塞俄比亚联邦职业技术培训学院、中土埃塞俄比亚工程有限公司、埃塞俄比亚—吉布提标准轨距铁路公司和天津电力机车有限公司合作共建新增专业。

（一）天津职业技术师范大学

天津职业技术师范大学是中国最早建立的以培养职业教育师资为主要任务的普通本科师范院校，设有教育学、工学、理学、管理学、经济学、文学、艺术学7个学科门类，从事高职、本科、硕士研究生、博士研究生层次的教育教学，被誉为"中国培养职教师资的摇篮"。作为教育部首批"教育援外基地"和首批"中非高校20+20合作计划"项目院校，学校与包括埃塞俄比亚在内的海外院校开展了长期教育合作，选派长短期教师和技术专家600余人次赴坦桑尼亚、埃及、埃塞俄比亚等国家任教，境外受益学生超过50000人；培养埃塞俄比亚长短期来华留学生600余人；援助埃塞俄比亚建立了埃中职业技术学院，并发展成为东非著名的职业技术师范大学。学校与埃塞俄比亚亚的斯亚贝巴大学、马克雷大学、巴哈达尔大学、阿瓦萨大学、阿斯大学等10余所高校已建立长期教育合作关系。

（二）天津铁道职业技术学院

天津铁道职业技术学院始建于1951年，是一所行业特色鲜明、国际交流广泛的公办高等职业院校，面向国内外铁路、城市轨道行业培养高素质技术技能人才，隶属于天津市人力资源和社会保障局，是天津市职业教育创优赋能建设项目立项建设单位。2001年起，先后为坦桑尼亚、赞比亚、埃塞俄比亚、吉布提等国家培训铁路员工1100余名，累计招收留学生285名。2017年以来，学院确定了"建国际品牌，树国内名牌"的发展思路，以鲁班工坊为切入点，大力推动国际化办学进程，积极拓展与共建"一带一路"国家的职业教育合作，服务"走出去"企业和落地国经济发展。[①]

---

① 参见祖晓东、杨晓丹、马妍妍：《鲁班工坊涉外师资培训的形式、问题及对策》《高等职业教育》（天津职业大学学报），2021年第4期。

（三）埃塞俄比亚技术大学

埃塞俄比亚技术大学位于埃塞俄比亚亚的斯亚贝巴耶卡区，由中国政府2003年援建，占地11.4万平方米，建筑面积约3万平方米，是埃塞俄比亚第一所高等级的职业技术院校。该校2007年启动办学，校名为埃塞-中国职业技术学院（Ethiopia-China Polytechnic College），从事第五等级的职业教育，培养高技能人才，由亚的斯亚贝巴市政府主管；2011年，该校更名为埃塞俄比亚联邦职业教育与培训学院（Ethiopian Federal Technical and Vocational Education and Training Institute），从事本科及研究生教育，培养职教师资，由埃塞俄比亚教育部主管；2021年，该校更名为埃塞俄比亚技术大学（Ethiopian Technical University），由埃塞俄比亚教育部主管；2022年，埃塞俄比亚进行行政改革，该校转隶为劳动与技能部主管，并更名为埃塞俄比亚联邦职业技术培训学院（Ethiopian Federal Technical and Vocational Training Institute），培养本科和研究生层次的职教师资和高技能人才。目前，该校已成为拥有本科、研究生培养能力的埃塞俄比亚职业教育领域最高等级学历认证机构，是埃塞俄比亚唯一有资质对在职的职业教育师资进行本科及硕士学历认证的部门。学校在埃塞俄比亚下设15所卫星分校，开设的专业涵盖了埃塞俄比亚职业技术标准的所有领域，致力于面向东非国家培养职教师资和技术技能人才。

二、合作企业

（一）中铁建中国土木工程集团有限公司

中铁建中国土木工程集团有限公司（以下简称"中国土木"）是中国最早进入国际市场的企业之一，2003年并入中国铁道建筑总公司。目前，已发展成为拥有中国铁路工程施工总承包特级资质的大型国有企业，连续19年入选全球最大250家国际承包商百强行列。[1] 自20世纪60年代坦赞铁路至今，已在全球110个国家和地区设有常驻机构或开展相关业务。中土埃塞俄比亚工程有限公司隶属于中国土木工程集团有限公司，成立于2012年，总部设在埃塞俄比亚首都亚的斯亚贝巴，拥有当地一级总包商资质，是亚吉铁路（米埃索—达瓦利—吉布提段）的承建单位，承揽实施了埃塞俄比亚阿瓦萨工业园、孔博查工业园、阿达玛工业园、德雷达瓦工业园、巴赫达尔工业园、保利协鑫油气田道理及营地、吉布提多哈雷港口、吉布提市政公路、索马里博萨索机场等一系列工程项目，

---

[1] 参见中国土木工程集团有限公司：《疫情下，在海外的中土人》，《国际人才交流》，2020年第7期。

初步形成了"以铁路为特色，工业园、机场、港口、公路、供水等多领域协调发展"的1+N承包工程业务格局，先后四次被埃塞俄比亚总理授予"杰出贡献奖"。

（二）埃塞俄比亚－吉布提标准轨距铁路公司

埃塞俄比亚－吉布提标准轨距铁路公司（EDR）于2017年4月成立，根据埃塞俄比亚商法进行管理，与各铁路公司达成全面收购协议后，于2018年1月1日开始运营和维护铁路，主要从事亚吉铁路线路运营和维护以及货运和客运服务。

（三）天津电力机车有限公司

天津电力机车有限公司成立于2010年，由中国中车股份有限公司（原中国北车）、北京铁路局、天津临港投资控股有限公司共同投资建设，中国中车股份有限公司相对控股，公司位于天津滨海新区临港经济区。主要承担和谐型大功率交流电力机车检修任务，同时兼具机车新造的能力。公司拥有适用于机车新造和检修的关键设备近千台套，其中世界先进设备百余台套。

三、项目建设

（一）发展定位与建设思路

1. 发展定位

埃塞俄比亚鲁班工坊是中埃两国以培养职教师资为共同己任的、高校联手打造的中非教育合作平台，致力于面向东非国家培养高水平职教师资，面向整个非洲国家培养高端技术技能人才，在与非洲分享技术技能人才培养方案的同时，也与东非国家分享职教师资培养的中国方案，拓展鲁班工坊办学内涵，服务"非洲2063愿景"和"中非合作2035愿景"。

2. 建设思路

埃塞俄比亚鲁班工坊由天津职业技术师范大学与埃塞俄比亚技术大学共同建设，立足东非，面向整个非洲，在人工智能领域开展高水平职业教育师资和高端技术技能人才的学历教育和技术技能培训。项目建设计划分三年完成，第一年建设人工智能方向的4个实训室，完成场地改建、基础设施建设任务，设备设施运输并安装到位，并完成首批专业标准、教材资源开发和本土师资培训任务，第二、三年主要对项目进行持续后续支持，完善内涵建设。结合埃塞俄比亚合作方发展需求，埃塞俄比亚鲁班工坊制定分中心拓展建设计划。天津职业技术师范大学联合天津铁道职业技术学院与在埃相关中资企业共同启动鲁班工坊分中心项目，在原有的建设基础上，增设铁道类专业，建设铁道类技术人才培养基地。

（二）重点建设内容

1. 总体建设

埃塞俄比亚鲁班工坊选址于埃塞俄比亚技术大学校园机电楼，占地总面积为 830 平方米，包括多媒体教学区、教学研讨区、工业控制区、传感器区、工业机器人区、机电一体化区、办公室和库房，可同时容纳 96 人进行教学，可为 48 人开展职业技能鉴定考核。埃塞俄比亚鲁班工坊应用 EPIP 教学模式开展教育教学活动，在教学装备的配置上，由具备国际合作经验的优秀专家组按照世界先进、行业领先、兼顾实际和训练等标准充分论证后确定选型，主要教学设备包括传感器检测与应用训练装置控制设备、工业控制实训装置控制设备、模块化机电一体化训练装置控制检测和执行设备、工业机器人工程应用平台控制设备等，设备设施和配套软硬件等均达到国内乃至全球一流水平。

2. 合作专业

埃塞俄比亚鲁班工坊参建双方合作院校科学谋划、精心调研，多次专题研讨、互访考察，共同组建了具有丰富教学和科研经验的专家团队，积极推动工坊建设。[①] 双方将鲁班工坊定位于人工智能领域，对接埃塞俄比亚技术大学的制造技术、电子与通信技术、电气与控制技术 3 个本科专业和电气与控制技术 1 个研究生专业，具体内容涉及工业传感器技术、机电一体化技术、工业控制技术、机器人技术四大领域。项目设计以中方合作院校现有特色和重点学科专业方向以及埃塞俄比亚技术大学优势专业发展需求为基础，契合埃塞俄比亚"2025 年成为非洲的制造业中心"的产业发展目标和"着重于轻工制造业"的经济产业发展需求。

3. 师资队伍建设

中方合作院校组建由国家级、天津市级技能大师牵头组成鲁班工坊专家培训团队和常驻埃塞俄比亚教学一线的中方技术教师共同执教，对埃塞俄比亚技术大学鲁班工坊十余名骨干教师进行了多期 EPIP 标准化进阶式培训，采用线上线下相结合和线下集中培训等方式，按照 EPIP 教学模式就相关专业及设备的实践教学和技术应用向埃塞俄比亚教师进行了讲授，并现场指导其进行技能操作。

2020 年 11 月，天津职业技术师范大学组建线上线下鲁班工坊专家培训团队，

---

① 参见刘海培、闫虎民、郝立果、钟平：《基于工程实践创新项目（EPIP）的职业技能训练课程建设——以埃塞俄比亚鲁班工坊为例》，《职业教育研究》，2022 年第 10 期。

通过互联网远程指导与埃塞俄比亚鲁班工坊现场指导相结合的方式对埃塞俄比亚技术大学4名教师开始第一阶段的培训。

2021年3月起，鲁班工坊专家培训团队对埃塞俄比亚技术大学选派至中国的7名鲁班工坊教师进行了100学时的EPIP标准化进阶式鲁班工坊骨干教师培训，这7名留学生回国后将担任鲁班工坊教师。培训分电气信息和机械电气两个方向，既讲授理论知识、技术应用和操作，又讲授EPIP教学模式及应用方法。培训内容涵盖鲁班工坊项目相关的PLC基础、传感器信号处理、性能检测和故障排查等。

此外，鲁班工坊专家培训团队常驻埃塞俄比亚的中方技术教师，应用鲁班工坊设备设施，为埃塞俄比亚合作院校本土教师、埃塞俄比亚全国选拔职业教育教师以及东非一体化培训项目选派的东非地区职业教育教师，开展了四期鲁班工坊实地培训。

4. 专业标准与教学资源

埃塞俄比亚鲁班工坊项目的建设目标是提升该校人工智能领域人才培养的能力，为埃塞俄比亚的教育、社会、经济发展等提供人力和技术支持。天津职业技术师范大学组织专业团队，遵循EPIP教学模式，以培养人工智能领域高技能人才为目标，将鲁班工坊课程标准与合作院校相关本科专业标准相融合，完成了电气-电子技术、电子与信息通信、机械制造3套国际化专业教学标准手册。同时，对接当地产业发展需求和国际化标准，采用模块化课程教学标准和可视化技术标准规范，开发了《传感器技术》《工业控制技术》《机电一体化技术》《工业机器人技术》4套双语教材。

（三）项目推进历程

1. 合作筹备期

2019年7月，天津职业技术师范大学对接埃塞俄比亚技术大学，共同承接埃塞俄比亚鲁班工坊项目建设任务。为推动鲁班工坊项目建设，天津职业技术师范大学成立鲁班工坊项目领导小组和工作专班，制定和实施鲁班工坊建设规划，埃塞俄比亚鲁班工坊项目建设前期筹备工作正式启动。中埃两校就鲁班工坊项目建设筹备工作，进行了多轮洽谈。

2019年10月14日，埃塞俄比亚议会常务委员会主席、埃塞俄比亚职业技术教育与培训学院常务副校长率代表团来华访问，与天津职业技术师范大学就鲁班工坊合作项目进行磋商。访问期间，代表团一行参观了天津职业技术师范大学工程训练中心，详细了解实训设备及实训课程开展情况，观摩了大学生的实训课程。

此外，代表团还参观了鲁班工坊建设体验馆，详细了解了鲁班工坊的缘起、内涵、建设历程、合作模式及发展情况。天津职业技术师范大学与埃塞俄比亚代表团就在埃塞俄比亚共建鲁班工坊事宜达成多项共识，涉及鲁班工坊建设内容、功能定位、场地、双方职责与义务、设备及运输、组织机构、建设时间表以及合作备忘录内容等。双方合作院校代表就鲁班工坊项目洽谈的合作共识签署会谈纪要。

2019年10月23日，天津职业技术师范大学代表团赴埃塞俄比亚实地考察，代表团与埃塞俄比亚技术大学就鲁班工坊项目定位、执行经费、场地改造方案、配套设施、双方职责、项目组成员、师资培训、日常管理、设备购置、建设时间表等议题进行了详细磋商，并实地确定了鲁班工坊项目场地。10月25日，两校共同签署合作建设鲁班工坊谅解备忘录。

2. 启动建设期

2019年10月底，埃塞俄比亚鲁班工坊项目正式启动。天津职业技术师范大学依托非盟研究中心、世界技能大赛研究中心和工程实训中心组建了具有丰富教学和科研经验的鲁班工坊专家团队，全力推动鲁班工坊项目建设。按照EPIP教学模式，在与埃塞俄比亚合作院校负责团队充分沟通和实地考察的基础上，专家团队为鲁班工坊选型配备了世界先进、行业领先、兼顾实际和训练等标准的教学装备，并对埃塞俄比亚骨干教师实施师资标准化进阶培训，开发国际化专业教学标准、双语教材、课程教学方案以及配套的专业培训视频资料。2019年12月，天津职业技术师范大学派出专家团队赴埃塞俄比亚确定工坊设备及场地改造方案。2020年3月，埃塞俄比亚鲁班工坊改造装修设计图纸、工坊项目教学设备及办公家具采购等工作先后完成。2020年10月，埃方根据中方场地装修要求制定施工方案，实施场地改造和装修。2020年11月起，鲁班工坊专家培训团队开展鲁班工坊本土教师培训。2021年4月，鲁班工坊设备完成清关，从吉布提运往埃方合作学校，中方技术教师团队协助设备安装、调试运行。2021年4月28日，埃塞俄比亚鲁班工坊"云揭牌"暨启运仪式通过互联网云端技术在天津职业技术师范大学和埃塞俄比亚技术大学同步举行。中埃两国合作院校师生代表、两国各界代表80余人通过互联网共同见证埃塞俄比亚鲁班工坊揭牌启动运营。双方会场通过视频共同回顾了埃塞俄比亚鲁班工坊建设历程。在"云见证"下，交接了鲁班工坊国际化专业教学标准、双语教材及课程教学方案。

埃塞俄比亚鲁班工坊一期建设完成后，埃塞俄比亚高教部、职业教育司对项目高水准的建设质量给予高度评价。埃塞俄比亚驻中国使馆向天津职业技术师范大学和埃塞俄比亚鲁班工坊专家团队签发感谢信，对助力埃塞俄比亚职业技术教育发展的中方合作院校给予高度赞扬。

3. 运营发展期

埃塞俄比亚鲁班工坊正式启运后，将专业教育活动嵌入埃塞俄比亚合作院校本科和研究生教育体系，由中国国家级技能大师牵头的教学团队和在埃塞俄比亚境内中方常驻的专业教师协同执教，利用"云端"技术和"空中课堂"，开展线上线下多种模式教学活动。启运以来，受东非职教一体化（EASTRIP）世行项目、埃塞俄比亚政府、合作院校等委托对教师、学员进行了专业培训。中方对埃塞俄比亚合作院校选派来华的博士、硕士留学生进行了连续三期基于EPIP教学模式的进阶式骨干教师专业课程培训。中埃两国合作院校深入开展EPIP教学模式的实践合作。

2022年，埃塞俄比亚鲁班工坊顺利执行二期建设任务，强化资源建设，开发自动化类新专业教学资源，先后开展了空中课堂建设、埃塞俄比亚鲁班工坊周年系列庆祝活动、参与世界职业技术教育发展大会等工作。2021年6月，埃塞俄比亚鲁班工坊被非盟总部确立为面向整个非洲的高素质技术技能人才培训中心。2021年12月，天津职业技术师范大学强化了鲁班工坊国家发展研究中心建设，致力于鲁班工坊国际运行、标准研制、教学指导、内涵拓展等研究。2022年4月，埃塞俄比亚鲁班工坊与东非职教一体化世行项目中心签署战略合作框架协议，正式启动战略合作，为埃塞俄比亚、肯尼亚、坦桑尼亚、乌干达等东非四国（一期）16所重点职业技术教育与培训学院提供师资培训，为东非国家培养高水平职教师资。2022年4月，埃塞俄比亚合作院校申请挂牌成立非洲第一家EPIP应用推广机构——埃塞俄比亚EPIP教学研究中心，充分发挥地缘优势，助力非洲职业技术教育发展。2022年4月，双方合作院校举行埃塞俄比亚EPIP教学研究中心云揭牌活动暨中非（埃）工业机器人技术友谊赛启动仪式。2022年6月，双方合作院校参与承办第五届EPIP国际教育联盟年会。来自中国、泰国、埃塞俄比亚、葡萄牙等国家专家代表分别做了交流发言和EPIP应用的经验分享。埃塞俄比亚鲁班工坊骨干教师在会上做了《基于EPIP教学模式的鲁班工坊培训》主旨发言。EPIP国际教育联盟理事单位，专家学者，有关研究机构、职业院校，相关企业和海外合作伙伴等50多个单位的200余名专家学者在线参会。2022年6月，首届中非（埃塞）大学生工业机器人技术应用友谊赛成功举办。两校组建中埃两国相关领域专家团队，利用埃塞俄比亚鲁班工坊的工业机器人平台和空中课堂设施平台，首次成功在中埃两地开展实时洲际竞赛活动。

2022年8月，世界职业院校技能大赛期间，埃塞俄比亚鲁班工坊骨干教师率领国际留学生团队参加机电一体化和工业机器人两个赛项，并率队参加世界职业教育发展大会技能大赛展区展演，埃塞俄比亚驻华大使及驻华使馆代表到场参观并鼓励埃塞俄比亚留学生在华刻苦努力学习先进技能，学成归国报效国家。2022年8月，世界职业教育发展大会主论坛上，埃塞俄比亚劳动与技能部部长发言称赞天津职业技术师范大学建设的埃塞俄比亚鲁班工坊作为一个卓越技术中心为当地提供高端技术技能培训，帮助当地大学生满足全球新兴市场的技能要求，做出突出贡献。埃塞俄比亚驻华大使到场参会，参观埃塞俄比亚鲁班工坊展，并在媒体专访中表示职业教育最重要的就是师资力量。

2022年8月，世界职业教育发展大会平行论坛——"一带一路"合作与鲁班工坊建设发展论坛上，埃塞俄比亚鲁班工坊合作院校校长（现埃塞俄比亚劳动与技能部国务部长）作了《EPIP在埃塞俄比亚鲁班工坊的应用》的主题演讲。2022年8月，世界职业教育发展大会平行论坛——中非职业教育合作与发展论坛上，天津职业技术师范大学副校长作了《"一带一路"与"非洲2063愿景"对接，职业技能人才培养互鉴共享的机制建设》的主题演讲。2022年8月，中方合作院校承办世界职业教育发展大会平行论坛——全球职业教育青年教师发展论坛。天津职业技术师范大学博士研究生、埃塞俄比亚鲁班工坊骨干教师作了《工程实践创新项目教学模式在职业教育领域的实施与应用》的发言。2022年8月18日，在首届世界职业技术教育发展大会召开之际，"鲁班工坊研究：溯源·要义·标准·策略"等系列研究丛书发布会在首届世界职业技术教育发展大会发布大厅举行。同期发布的还有中英双语版《工程实践创新项目：模式·学理·话语·应用》《鲁班工坊：品牌·内涵·布局·目标》。这是近年来天津职业教育实践探索、理论研究、经验总结、模式推广的汇集性成果发布，也成为世界职业技术教育发展大会举行的第一批成果发布会。[1] 2022年8月，世界职业教育发展大会埃塞俄比亚鲁班工坊展区集中展示了学校与埃塞俄比亚技术大学在国际高端技术技能人才培养和高水平职教师资培养领域的共建成果，展示了埃塞俄比亚鲁班工坊启运一年来在国际职业教育师资培养、国际职业教育推广研究、世界级技能大赛等方面的建设成就。

---

[1] 参见《中国日报》天津记者站：《"鲁班工坊研究系列丛书"发布会暨国别鲁班工坊、国别职业教育研究丛书签约仪式在世界职业技术教育发展大会发布厅举行》，《职业教育研究》，2022年第9期。

2022年11月，埃塞俄比亚鲁班工坊分中心建设工作启动。中埃合作院校联合天津铁道职业技术学院与中埃相关企业建立工作渠道，在埃塞俄比亚启动鲁班工坊分中心项目，计划在原有基础上增设两个铁道类专业，建设铁道类技术人才培养基地，建设非洲办学专业规模最大的鲁班工坊。2022年12月，鲁班工坊国际发展研究中非（埃）国际论坛启动仪式成功举办，埃塞俄比亚鲁班工坊教师及学员代表等200余人线上参会。

四、成效与创新点

（一）建设成效

1. EPIP教学模式应用与推广

中埃两国合作院校深入开展EPIP教学模式的实践合作。埃塞俄比亚鲁班工坊遵循EPIP教学模式配置了世界先进、行业领先、兼顾实际和训练等标准的教学设备及设施，开发了基于EPIP的线上线下多种教学资源，开展应用EPIP教学模式的标准化进阶式骨干师资培训和以本科、硕士研究生和博士研究生为主体的教育教学活动。

在鲁班工坊启运一周年之际，双方院校合作在埃塞俄比亚设立了非洲第一个EPIP应用与推广机构——埃塞俄比亚EPIP教学研究中心，开展EPIP教学模式在非洲职业教育中的应用推广，与非洲分享中国职业教育的优秀成果。该机构被写入《中国职业教育发展报告（2012—2022）》白皮书，给境外合作伙伴带去先进的教学模式、优质的教学装备。

2. 中国职业教育模式在埃塞俄比亚的本土化应用

依托双方院校多年的合作积淀，双方合作院校将埃塞俄比亚鲁班工坊打造成为中非职业技术教育分享教学模式、专业标准、技术装备、教学资源的互联共享平台，定位于人工智能领域，对接埃塞俄比亚合作院校机械制造、电子与信息通信、电气自动化等本科与研究生专业，聚焦工业传感器、机电一体化、工业控制、工业机器人等技术方向，遵循EPIP教学模式，配置世界先进、行业领先、兼顾实际和训练等标准的教学设备及设施，开发了基于EPIP教学模式的线上线下多种教学资源、配套教材、课程方案和专业标准，开展应用EPIP教学模式的标准化进阶式骨干师资培训和以本科、硕士研究生和博士研究生为主的教育教学活动。

3. "教训研赛"培养体系的国际化实践

埃塞俄比亚鲁班工坊的建设过程也是职教师资培养"教训研赛"体系的国际化实践过程。

教。在中埃两校的共同支持下，埃塞俄比亚鲁班工坊将专业课程嵌入埃塞俄比亚合作院校本科、研究生培养体系，对接合作院校制造技术、电子与通信技术、电气与控制技术4个本科和研究生专业，服务本、硕学历教育。两校专家团队共同完成了对接埃塞俄比亚技术大学的机械制造、电子与信息通信、电气－电子技术专业的3套国际化专业教学标准手册，开发了《传感器技术》《工业控制技术》《机电一体化技术》《工业机器人技术》4套双语专业教材，以及对应的专业课程教学方案。[①]

训。中方合作院校组建由中国国家级技能大师牵头的教学团队和在埃塞俄比亚境内常驻的中方专业教师协同执教，利用"云端"技术和"空中课堂"开展线上线下多种模式教学实训活动，先后开展了鲁班工坊EPIP标准化进阶式来华骨干教师培训、东非职教一体化（EASTRIP）世行项目培训、埃塞俄比亚全国选拔教师培训、埃塞俄比亚合作院校师资培训等职业技术培训，面向东非地区职院院校开设各级各类课程600余学时，培训本土教师、学员逾350人次。2022年6月，经中外双方的共同努力，依托埃塞鲁班工坊高端技能认证培训平台，埃塞俄比亚、坦桑尼亚、肯尼亚三国教育部、世界银行联合成立的"东非职教一体化（EASTRIP）世行项目中心"自动化高级师资培训正式启动。培训结束考核通过后，颁发由埃塞鲁班工坊、世界银行、埃塞职业技术培训学院联合认证的证书。埃塞俄比亚劳动与技能部在召集各主要用工企业的大会上表示劳动与技能部以及EASTRIP认证体系下的受训者应享有优先聘用权。

研。鲁班工坊双方合作院校以东非职教一体化EASTRIP世行项目中心、鲁班工坊国际发展研究中心、埃塞俄比亚EPIP教学研究中心为支撑，开展教学科研国际合作，出版鲁班工坊国际发展研究系列专著3本，发表中英文论文17篇，天津社科年会优秀论文2篇。"模式创立、标准研制、资源开发、师资培养——鲁班工坊的创新实践"获2022年天津市职业教育教学成果奖特等奖。"基于EPIP的鲁班工坊教育援外合作能力建设研究"申报和执行中非高校20+20合作计划，服务非洲"2063年愿景"和"中非合作2035远景"。

---

① 参见张磊、吕景泉、翟风杰：《鲁班工坊核心要义的致用之道：认知、行动与策略——以埃塞俄比亚鲁班工坊为例》，《职业教育研究》，2021年第9期。

赛。双方合作院校依托鲁班工坊平台，共同探索组织两国选手相互参加对方赛事的合作机制，发挥埃塞俄比亚鲁班工坊在国际技能赛事和技能开发方面的作用。2021年9月，埃塞俄比亚鲁班工坊骨干教师团队在接受EPIP标准化进阶式培训后，参加2021世界机器人大赛锦标赛，取得了一金两银两铜的优异成绩，实现了埃塞俄比亚在世界级技能比赛中的获奖突破。2022年，中非（埃）大学生工业机器人技术应用"云竞赛"成功举办，埃塞俄比亚鲁班工坊骨干教师与中国专家共同执裁，中埃两国院校大学生同场"云竞技"，取得圆满成功。2022年8月，在世界职业院校技能大赛上，埃塞俄比亚鲁班工坊骨干教师率领国际留学生团队参加机电一体化和工业机器人两个赛项，并率队参加世界职业教育发展大会技能大赛展区展演，埃塞俄比亚驻华大使及驻华使馆代表到场参观并鼓励埃塞俄比亚留学生在华刻苦努力学习先进技能报效国家。

4. 国际合作成效

埃塞俄比亚鲁班工坊的建设运营，得到了两国各级政府和教育机构的高度认可。2022年8月，埃塞俄比亚劳动与技能部部长在世界职业技术教育发展大会主论坛上赞誉鲁班工坊为当地提供高端技术技能培训，并强烈希望扩大在埃塞俄比亚设立的鲁班工坊规模，使其能覆盖到埃塞俄比亚的各个地区，辐射东非和整个非洲。埃塞俄比亚技术大学校长（现埃塞俄比亚劳动与技能部国务部长）在大会平行论坛上就两校基于鲁班工坊、EPIP教学研究中心等方面的平台开展师资培养、技术培训、竞赛、教学等方面的工作和未来计划作了介绍。埃塞俄比亚驻华使馆大使特参加了大会，并在会后就鲁班工坊等事项向国内提交了工作报告，建议埃塞俄比亚政府部门大力开展与中方的职业教育合作。

埃塞俄比亚鲁班工坊启运以来，先后接待联合国妇女署，非盟总部代表团，世界银行代表，EASTRIP项目代表，中国驻非盟使团代表，坦桑尼亚、肯尼亚、埃塞俄比亚高校联合考察团，索马里文化和高等教育部代表团，埃塞俄比亚各部委部长代表团，埃塞俄比亚各高校代表、学员代表以及社会团体等50余批次，近千人次实地参观。All Africa、《埃塞俄比亚先驱报》、埃塞俄比亚通讯社、埃塞俄比亚多家广播电视台、《人民日报》、新华社、央视央广等多国主流媒体对工坊进行了专题连续报道。

5. 教研合作成果

依托教育部"中非高校20+20合作计划"，埃塞俄比亚鲁班工坊的双方合作院校建立了10余年的合作关系。结合培养职业教育师资的共同办学特色，两校合建的埃塞俄比亚鲁班工坊为整个非洲地区打造了人工智能领域最先进的职业教育平台，得到了非盟总部和东非各国的高度关注。非盟总部人力资源开发委员会将其列为面向整个非洲的技术技能人才培训中心。

埃塞俄比亚鲁班工坊对接东非职教一体化项目世行项目，面向东非职业技术院校教师开展培训和职业技能鉴定工作。合作双方还借助"科技成果转化中心"开展职业教育科技成果的研发与转化，与东非各国开展合作交流。

此外，中方合作院校挂牌成立鲁班工坊国际发展研究中心，埃塞俄比亚合作院校挂牌成立埃塞俄比亚 EPIP 教学研究中心。两校结合鲁班工坊的实际运营，共同探索鲁班工坊和 EPIP 教学模式的内涵建设和可持续发展，充分发挥地缘优势，将埃塞俄比亚鲁班工坊打造成为非洲鲁班工坊的标杆项目，助力非洲职业技术教育发展。

2022 年，双方合作院校以东非职教一体化项目中心、鲁班工坊国际发展研究中心、埃塞俄比亚 EPIP 教学研究中心、科技成果转化中心、非盟研究中心、世界技能大赛中国（天津）研究中心为支撑，共同开展教学科研合作，取得显著成效、成果。依托鲁班工坊项目建设平台出版专著 3 本，即《鲁班工坊：品牌·内涵·布局·目标（中英文双语版）》《工程实践创新项目：模式·学理·话语·应用（中英文双语版）》《鲁班工坊研究：溯源·要义·标准·策略》，发表中英文论文 17 篇，天津社科年会优秀论文 2 篇。"模式创立、标准研制、资源开发、师资培养——鲁班工坊的创新实践"获 2022 年天津市职业教育教学成果奖特等奖。"基于 EPIP 的鲁班工坊教育援外合作能力建设研究"申报和执行中非高校 20+20 合作计划，积极落实"中非合作论坛"行动计划，服务非洲"2063 年愿景"和"中非合作 2035 远景"。

（二）创新点

1. 面向整个非洲国家培养高素质技术技能人才

埃塞俄比亚鲁班工坊为合作国打造了首个工业 4.0 标准的职业技术教育领域培养培训平台。配备了基于 EPIP 教学模式世界先进、行业领先、兼顾实际和训练等标准的教学设备及设施、教学模式、专业教学标准、配套课程标准、教材等立体化授课资源。鲁班工坊揭牌起运后，陆续开发了基于 EPIP 教学模式的线上线下多种教学资源，在中埃两地同时开展应用 EPIP 教学模式的标准化进阶式骨干师资培训和以本科、硕士研究生和博士研究生为主体的教育教学活动，为埃塞俄比亚的产业、经济发展等提供人力和技术支持。依托非盟总部人力资源开发委员会在工坊设立的非洲技术技能人才培训中心，面向整个非洲国家培养高素质技术技能人才。

2. 面向东非国家培养高水平职教师资

埃塞俄比亚工坊致力于打造非洲鲁班工坊师资培训基地，完善非洲鲁班工坊的建设体系，提升埃塞俄比亚教育教学及技术培训水平，培养高素质师资，促进地区经济发展。基于合作框架，埃塞俄比亚鲁班工坊面向东非职业技术院校教师，与东非职教一体化世行项目中心合作开展人工智能领域职业技术培训和技能考核鉴定工作，构建东非职业技术教育资源共享网络，建设非洲职业教育师资培训基地。自项目建设启动以来，埃塞俄比亚鲁班工坊服务埃塞俄比亚本科、研究生学历教育，并先后开展鲁班工坊 EPIP 标准化进阶式来华骨干教师培训，东非职教一体化世行项目培训、埃塞俄比亚全国选拔教师培训、埃塞俄比亚合作院校师资培训等各类技术培训。

3. 强化埃塞俄比亚本土化师资培养

埃塞俄比亚鲁班工坊遵循"本土师资培养先行"核心要义，双方合作院校发挥职教师资培养的共同优势，将本土师资能力建设作为运营发展的重要内容加以实施。一方面，埃塞方合作院校选派人员到中方院校攻读博士和硕士学位，并请求中方将 EPIP 标准化进阶式培训模块纳入培养过程中，为鲁班工坊培养骨干教师。这些教师在 EPIP 教学环境中快速成长，已经能够参加世界技能竞赛专项赛等各类专业技能竞赛并取得优异成绩，能够给中外学生讲授 EPIP 项目教学课程，能够执裁双方举办的技能竞赛，以及在世界职业技术教育发展大会平行论坛等各类学术活动中做专题发言，涌现出许多优秀的本土教师代表。另一方面，双方还合作在埃塞俄比亚当地开展教师培训培养，通过服务 3 个本科专业和 1 个研究生专业为当地培养职教师资，通过各类形式在当地组织开展对鲁班工坊项目师资的专业培训。目前，鲁班工坊在当地的教学已基本由当地教师承担，中方人员主要对外方的专业和授课进行指导。

五、未来规划

（一）埃塞俄比亚鲁班工坊铁院中心建设

埃塞俄比亚亚吉铁路项目以及撒哈拉以南非洲第一条现代化的城市轻轨——亚的斯亚贝巴轻轨项目，均由中国工程公司承建，对铁道类高端技术技能人才培养提出了新的需求。应埃塞俄比亚方要求，天津职业技术师范大学联合天津铁道职业技术学院与亚吉铁路和亚的斯轻轨项目主要承建单位——中土轨道交通运营公司、中土埃塞俄比亚工程有限公司、中铁二院工程集团有限公司以及亚吉铁路能建总监建立工作渠道，在埃塞俄比亚启动鲁班工坊分中心项目，计划在原有培养智能制造人才基础上，增设两个铁道类专业，建设铁道类技术人才培养基地，建设非洲办学专业规模最大的鲁班工坊。此次，中外校企实力联合，强强联手，援建薄弱专业，填补合作空白，服务合作国经济社会发展，服务埃塞俄比亚轨道交通、亚吉铁路乃至非洲轨道交通类建设与运营，提升非洲职教师资水平。

（二）EPIP 认证试验

继续推动中埃两国合作院校深入开展 EPIP 教学模式推广与应用合作。建设 EPIP 研究与推广中心，建设东非职教师资培养 EPIP 认证试验中心，联合葡萄牙自动化与人工智能类专业 EPIP 认证试验中心和泰国综合实训课程 EPIP 认证试验中心深入开展 EPIP 认证试验工作，与世界分享职业教育教学模式、话语体系和创新成果。

（三）项目建设推进

结合 2023 年鲁班工坊三期建设项目，结合"教训研赛"培养体系的国际化实践需求，新增购置设备投入鲁班工坊培训。探索完善鲁班工坊空中课堂建设与应用，开展空中课堂二期建设。推进 EPIP 教学模式的推广应用与研究工作，建设 EPIP 教学应用成果展示中心。与埃塞俄比亚合作院校共同开展鲁班工坊信息化建设，开发鲁班工坊数据库等相关教学辅助资源。继续开展 EPIP 标准化进阶式培训，开发相关课程资源、出版课程教材及申报相关知识产权。举办国际赛项、学术研讨会等多种形式的合作地区、国家、院校交流活动，为东非国家培养高素质职教师资，为非洲培养高水平技术技能人才。

从天津原创到国家项目，从技能培训到学历教育，埃塞俄比亚鲁班工坊致力于完善非洲鲁班工坊建设体系，打造非洲鲁班工坊师资培训基地。双方合作院校共同秉承师资培养的使命，携手合作，计划将现有校际合作框架下的留学生教育重点向鲁班工坊骨干师资培养倾斜，招收合作院校在职教师来华攻读硕士、博士学位。埃塞俄比亚鲁班工坊将发挥教育公共产品属性作用，为非洲地区鲁班工坊师资培训提供平台，为"中非命运共同体"和非洲"2063 年愿景"建设做出贡献。

第五章 摩洛哥鲁班工坊建设与发展报告

摩洛哥鲁班工坊由天津商务职业学院与阿伊 阿萨尼 1 应用技术学院合作共建，建设专业为跨境电子商务专业，坐落于美丽的卡萨布兰卡市阿伊 阿萨尼 1 应用技术学院校园内。摩洛哥鲁班工坊于 2021 年 12 月 3 日举行"云揭牌"仪式揭牌启运，是天津市在海外建成的第 20 个鲁班工坊。摩洛哥鲁班工坊以"鲁班工坊"品牌为依托，为摩洛哥跨境电商领域培养技术技能人才，为促进两国人文交往、经贸往来、多元合作提供更加广阔的平台。摩洛哥鲁班工坊的建成是落实习近平重要指示、服务"一带一路"建设、推动优质职业教育"走出去"的重要举措，标志着中摩跨境电商合作、教育合作掀开新篇章。

第一节 摩洛哥的社会经济与教育情况概述

一、社会经济情况概述

摩洛哥位于非洲西北端，东部与阿尔及利亚接壤，南部为撒哈拉沙漠，西临大西洋，北隔直布罗陀海峡与西班牙相望，是连接地中海和大西洋、欧洲和非洲的枢纽，具有连接欧亚非的区位优势，是丝绸之路的重要枢纽。官方语言为阿拉伯语和柏柏尔语，通用语言为法语，北部地区部分人群使用西班牙语。

摩洛哥经济主要为第三产业经济，中等收入水平，是非洲第五、北非第三大经济体。由于其得天独厚的地理优势，摩洛哥的农业、渔业、采掘和半加工业均蓬勃发展，非洲第一大港口摩洛哥丹吉尔地中海港，已成为中国投资者布局摩洛哥的重要目的地之一。摩洛哥全国共设 12 个大区，62 个省和 13 个省级市，1538 个市镇。拉巴特自 1912 年以来一直是摩洛哥的政治首都。卡萨布兰卡是摩洛哥的第一大城市，也是主要的港口和非洲重要的金融中心，拥有全国 1/3 的工业企业，

55%的生产企业，60%的手工业企业，电力消费占全国的35%。被誉为摩洛哥经济首都的卡萨布兰卡，人口总量也位居榜首，2021年卡萨布兰卡人口351万，约为首都拉巴特的6倍。[1]

摩洛哥奉行不结盟、灵活、务实、多元的外交政策，注重对外关系的均衡发展，是联合国、世界贸易组织、世界银行、国际货币基金组织等主要国际机构，以及阿拉伯联盟、非洲联盟、马格里布联盟等重要地区组织的成员。中国提出"一带一路"倡议后，摩洛哥积极参与。2017年，中摩共同签署《中华人民共和国政府与摩洛哥王国政府关于共同推进丝绸之路经济带和21世纪海上丝绸之路的谅解备忘录》，两国在各方面的交流迅速升温。

二、教育情况概述

摩洛哥政府把教育作为国家发展的根基，坚持教育优先发展战略，由中央政府统一管理，下设国民教育、高等教育、干部培训及科研部来管理各级各类教育，其每年教育预算支出约占国家预算总支出的1/4。摩洛哥的教育和培训制度分为正式教育制度和非正式教育制度。正式教育体制即现代教育和传统教育两种形式，包括学前教育、初等教育、中等教育和高等教育以及职业技术教育。非正式教育包括扫盲教育等。

摩洛哥高等教育体系包括公立高等教育和私立高等教育，其中摩洛哥公立学校处于高等教育主导地位。为了促进公共高等教育与私立高等教育的共同发展，摩洛哥政府鼓励公立高校和私立高校在师资、设备、图书资料和信息等方面的合作与共享。

摩洛哥的职业教育体系包括夜校、学习班、交替式培训和合同式培训等多种培训形式。其中，交替式培训是指学校需要至少保证学生有一半的时间在企业里实习，企业付给实习学生低于本行业最低工资的实习补贴，且按规定，企业要按平均10名长期在编工人接纳1名实习生的比例接纳学生；合同式培训是培训学校同企业签订培训合同，企业择优录用实习学生。这两种培训为职业学院节省了购置实习设备的开支，并为学生进入劳务市场作好充分的准备。

摩洛哥一直在推动职业教育的变革和发展，在全球化和知识经济时代的影响下，摩洛哥职业教育逐渐迈向国际化，教学语言从单一语言制向多语言制发展，学习西欧的教育体制模式，加强了职业教育的国际合作与交流。

---

[1] 参见中华人民共和国驻摩洛哥王国大使馆经济商务处：《摩洛哥概况》（截至2022年6月），中华人民共和国商务部，http://ma.mofcom.gov.cn/article/ddgk/202207/20220703336778.shtml。

第二节　中国与摩洛哥两国经济教育合作情况

一、中国与摩洛哥两国经济合作情况

中国与摩洛哥于1958年11月1日建交。建交以来，两国关系持续、健康发展。近年来，两国政治友好不断加深，多领域交流合作不断密切。

根据福布斯杂志公布的"2019年最佳营商环境国家"排名，摩洛哥在全球161个经济体中排名第62位，是北非地区营商环境最佳的国家。世界银行《2020年全球营商环境报告》(*Doing Business 2020*)显示，摩洛哥营商环境在全球190个经济体中排名第53位；在北非地区居首位，在中东北非地区位居阿联酋和巴林之后，排名第三位；在非洲排在毛里求斯和卢旺达之后，位列第三。[①] 由此可见，摩洛哥营商环境较好，适合中资企业向外拓展投资。

1958年，中摩签订了第一个政府间贸易协定。1975年3月，两国政府签订了《关于将记账贸易改为现汇支付的协定书》。1995年3月，双方签署了新的《经济和贸易协定》及《投资保护协定》。双方已签署的协议还有《海运协定》《民航协定》等。2002年8月，双方签署了《避免双重征税协定》(2006年8月开始生效)。两国第六次经济、贸易和技术混委会于2018年2月在拉巴特举行。[②] 2022年，两国政府签订《关于共同推进"一带一路"建设的合作规划》。摩洛哥成为北非地区首个与中国签署共建"一带一路"合作规划的国家。

摩洛哥政局稳定是经济呈增长态势的前提条件，同时其基础设施完善，贸易市场宽松，政府大力出台贸易自由化、投资激励政策和结构改革等措施，为中资企业提供了舒适的投资空间。随着中摩之间"一带一路"建设的不断深入，中资企业不断涌入摩洛哥当地市场，进行基础设施建设的同时发展当地经济，实现合作共赢。

二、中国与摩洛哥两国教育合作情况

随着中摩深入的合作发展，许多中摩高校开始寻求合作，开展了形式多样的教育领域交流合作。北京第二外国语学院与摩洛哥穆罕默德五世大学签署了合作协议，建立友好往来关系。2011年，"20+20"中非高校合作项目正式启动，以阿

[①②] 参见商务部国际贸易经济合作研究院、中国驻摩洛哥大使馆经济商务处、商务部对外投资和经济合作司：《对外投资合作国别(地区)指南》，中华人民共和国商务部，http://opendata.mofcom.gov.cn/front/data/detail?id=C5E1C2CA614F1C512980B497A98BE71C。

拉伯研究中心为依托，北京第二外国语学院每年举办"中摩文化教育交流合作研讨会"，通过中摩学术对话的形式，促进两国的人文交流，是中摩高校交流合作的重要平台。此外，上海外国语大学与摩洛哥哈桑二世大学联合举办了六次"丝路两端：中国与摩洛哥"国际学术系列研讨会，成为中摩两国学者保持长期学术交流的平台，并由此不断深化和拓展双方学术领域交流与合作。

与此同时，中国政府大力支持中国与世界各国在教育领域的合作与交流。2017年，由中国国家留学基金管理委员会与摩洛哥教育部联合举办的中国高等教育展首次亮相摩洛哥，吸引了众多摩洛哥学生前来参观、咨询。北京大学、华中科技大学、哈尔滨工程大学、天津大学等国内22所高校前来参展，向摩洛哥学生介绍了中国对外籍学生的招生政策和具体办法、各自学校的专业优势，吸引了大批摩洛哥学生来华留学。

第三节 项目建设与发展

一、中国与摩洛哥合作学校简介

（一）天津商务职业学院简介

天津商务职业学院是经天津市人民政府批准、国家教育部备案的全日制普通高等职业院校，始建于1955年。学校坚持以习近平新时代中国特色社会主义思想为指引，以办好人民满意的教育为宗旨，以立德树人为根本，秉承"厚德尚能 励学弘商"的校训，积累了丰富的办学经验，形成了鲜明的办学特色，成为系统培养现代服务业高技能人才的天津市首批高职示范校。迄今，已为国家培养了15万余名毕业生，很多已成为企业骨干，商界精英。

学校现有海河教育园校区、河东校区及河西校区三个校区，总占地面积50万平方米，建筑面积22万平方米。学校设有马克思主义学院、8个二级专业教学学院（国际贸易学院、应用外语学院、营销学院、会计学院、信息技术学院、旅游学院、广告学院、金融学院）和3个教学部（体育教学部、公共外语教学部、德育教学部）。学校现有全日制在校生逾万人，拥有一支德能兼备的教师队伍。

学校不断改革创新人才培养模式，形成了具有鲜明现代服务业特色的商科专业体系，积极推进产教融合、校企合作，建设了一批国内领先的实训实践基地，建成承载多专业、多岗位、全业务流程的综合实训平台，学生不出校门就能得到全方位的就业创业体验。

学校是教育部与天津市人民政府共建的"滨海新区技能型紧缺人才培养基地"，天津市服务外包人才培训基地，天津市"一带一路"建设境外安全保障基地，海河教育园区大学生创新创业商务服务基地，全国商业职业教育教学指导委员会、教育部职业院校外语类专业教学指导委员会副主任委员校，牵头组建天津市商务行业职业教育教学指导委员会，天津商务职业教育集团被认定为全国示范性职业教育集团（联盟）培育单位。学校是天津市"十一五""十二五"高水平示范校、"十三五"世界先进水平高职院校和"十四五"天津市高水平高职院校，获全国"黄炎培优秀学校奖"。

学校与摩洛哥阿伊 阿萨尼 1 应用技术学院合作建成摩洛哥鲁班工坊，先后与澳大利亚、英国、美国、丹麦、韩国、乌克兰、加拿大等国家的院校建立了友好合作关系，定期互派师生开展研修交流、教育合作、境外实习实训等活动。

（二）摩洛哥阿伊 阿萨尼 1 应用技术学院简介

阿伊 阿萨尼 1 应用技术学院创建于 1989 年，隶属于摩洛哥职业教育与发展办公室，位于摩洛哥最大的港口城市卡萨布兰卡，是一所知名的职业培训学校。2010 年至今，共 4 次获得摩洛哥国家教育质量奖鼓励奖，并于 2014 年正式获得该奖项，2021 年入选摩洛哥 "Excellence Way" 项目。主要开设贸易、电子商务、信息技术、企业管理等专业。阿伊 阿萨尼 1 应用技术学院旨在培养满足社会需求、企业需求的，富有竞争力的专业技术型人才，为企业提供合格的青年人才。

二、合作企业介绍

（一）天津津滨跨境电商商务有限公司

天津津滨跨境电商商务有限公司从事跨境电商全产业链综合服务。企业与天津商务职业学院共同为摩洛哥阿伊 阿萨尼 1 应用技术学院教师提供技能核心课程资源，共同开发国际化跨境电子商务专业教学标准，共同开发跨境电商综合实训指导教程。为中摩教师进行亚马逊平台培训 32 课时，提供 PPT、培训微课共 32 个，为 3 位摩洛哥教师颁发培训证书。

（二）天津卓众达科技有限公司

天津卓众达科技有限公司是天津市数字商务人才服务专委会主任单位，天津市产教融合企业。企业为摩洛哥鲁班工坊开发提供教学软件和教学平台，并提供师资培训 12 课时。天津商务职业学院聘任公司总经理为跨境电子商务专业产业带头人，共建高水平结构化教师教学创新团队。团队于 2021 年 4 月获评天津市职业院校跨境电商专业教师教学创新团队。

（三）杭州司腾网络技术有限公司

杭州司腾网络技术有限公司是阿里巴巴代运营品牌专业的网络运营服务商。企业与天津商务职业学院共同建设跨境电商数据运营 B2C "1+X" 证书培训微课和教材，进行速卖通平台师资培训 32 课时，5 位中方教师获得考评员资格，3 位摩洛哥专业教师获得培训证书。

三、项目建设情况

（一）发展定位与建设思路

摩洛哥鲁班工坊由天津商务职业学院与摩洛哥职业教育与促进就业办公室（OFPPT）、摩洛哥阿伊 阿萨尼 1 应用技术学院合作建设，建设专业为跨境电子商务专业。鲁班工坊坐落于摩洛哥卡萨布兰卡市阿伊 阿萨尼 1 应用技术学院校园内，截至目前，项目一期已经完成，建设面积达到 200 平方米；项目二期软装已结束，设备正在海关出关阶段；项目三期即将启动，建成后，总面积将达到 400 平方米。

摩洛哥鲁班工坊以云计算机房及空中课堂为载体，以体现"教、学、做"一体化职业教育理念的仿真实训软件为平台，建有跨境电商新媒体运营中心、跨境电商虚拟演播间、跨境电商直播间、跨境电商视觉营销实训室、跨境电商工作室等。

摩洛哥鲁班工坊严格遵循鲁班工坊的发展定位与核心要素，在具体实施过程中按照场地建设、实训装备、教师培训、专业标准、教材资源"五到位"要求，确保项目建设的标准化与规范化，最终形成了以云计算机房及空中课堂为载体，以立体化教育教学资源为依托，以接受过系统培训的摩洛哥教师为专业教育核心团队，融合新经济、新技术、新业态、新职业的发展需求，对摩洛哥青年进行跨境电商技能培训的建设方案。

摩洛哥鲁班工坊是天津市在海外建成的第 20 个鲁班工坊，不仅是中摩职业教育深入交流与深度合作的重大成果，也是推进两国人文交流、民心相通的重要载体。

（二）重点建设内容

1. 专业建设情况——跨境电子商务专业

结合摩洛哥跨境电子商务发展现状和摩洛哥阿伊 阿萨尼 1 应用技术学院人才

培养需求，摩洛哥鲁班工坊在阿伊 阿萨尼 1 应用技术学院电子商务和国际贸易专业基础上，与其合作共建跨境电子商务专业，制定了跨境电子商务专业课程体系、国际化教学标准。

天津商务职业学院依照教育部《高等职业学校跨境电子商务专业教学标准》，结合摩洛哥跨境电商行业企业人才需求情况开发编制了该专业国际化教学标准，设计专业人才培养方案，将当地急需的跨境电商岗位技能融入专业课程建设，建立了以跨境电商运营为核心的课程体系。

该项目以培养能适应跨境电商企业岗位工作、掌握最新跨境电子商务动手实操技能、了解跨境电商前沿发展方向的中高端技能人才为目标，以职业素养为基础，以专业技术培养为主线，采用 EPIP 教学模式，突出教学一体化，设计了以跨境电商网店运营、跨境电商视觉设计、跨境电商物流与通关、跨境电商新媒体运营、跨境电商多平台实践等为核心的课程体系，开展了远程跨境电子商务理论教学、实践教学和跨境电子商务实战软件等培训，并共同开发跨境电商国际化教学标准。此外，学校还将成熟的跨境电子商务课程及培训体系分享到摩洛哥，嵌入摩洛哥当地学历教育系列中。

2. 师资培训情况

天津商务职业学院为鲁班工坊专门设计了"跨境电商知识普及—跨境平台实践实训—跨境运营操练实战"的培训路径，有效提高了阿伊 阿萨尼 1 应用技术学院现有师资水平。学校优选 6 名骨干教师和 6 名企业导师，采取模块化培训教学模式开展了四期专业师资培训，培训内容包括跨境电商理论、跨境电商流程、主流平台规则等。在 2022 年举办的首届世界职业院校技能大赛中，中摩两校师生携同参赛，最终斩获"学生专业赛项金牌"和"优秀指导教师奖项"。

3. 资源开发情况

学校跨境电子商务专业教学团队围绕师资培训课程的核心模块编写培训资料，包括跨境电商专业国际化教学标准 1 个，《跨境电商基础》《跨境电商网店运营》《跨境电商客户服务》《跨境电商物流》中法双语教材 8 本，中法双语《跨境电商实训指导书》1 本，中法双语微课视频 20 讲，中法双语动画视频 4 个。

4. 实训基地建设情况

摩洛哥鲁班工坊以跨境电商专业建设为方向，以整体、延续、专业、协同为规划原则，进行实训室内容与基础环境建设，以产品、技术、商务、运营、实战为主线设计实训功能。一期在鲁班工坊内建成实训室4间，分别为跨境电商运营实训室、跨境电商视觉营销实训室、跨境电商虚拟仿真实训室和跨境电商工作室，另建有"空中教室"1间。二期即将建成实训室3间，包括跨境电商新媒体运营中心、虚拟演播间、跨境电商直播间。

（1）空中课堂

摩洛哥鲁班工坊空中课堂建设面积50平方米，利用先进的网络信息技术和现代通信技术，通过zoom软件，以中法双语实时直播的方式，将视频、语音、课件、板书等信息进行共享，把课堂搬到网上，中摩师生进行实时交互。

（2）跨境电商虚拟仿真实训室

跨境电商虚拟仿真实训室建筑面积80平方米，通过安装跨境之星实训软件，模拟亚马逊、wish、速卖通等多平台跨境电商运营模式，摩洛哥师生可对跨境电商市场运营进行虚拟实训操练。

（3）跨境电商视觉营销实训室

跨境电商视觉营销实训室建筑面积18平方米，配备照相机、摄像机、静物台等摄影器材，主要用于电子商务网站图片、影像资料的采集。学生可以在实训室内完成静物、服装、人物形象及影像的采集，运用非线性编辑系统软件进行美化处理，通过实时、多轨道、多格式混编、合成、色键、字幕和时间线输出功能完成图片、视频、动画等制作。

（4）跨境电商运营实训室

跨境电商运营实训室建设面积为80平方米，在虚拟实训的基础上开展现代学徒制培养模式，引入企业项目，在企业导师和学校导师双导师的指导下进行跨境电商平台运营。

（5）跨境电商工作室

跨境电商工作室建设面积为18平方米，为摩方专业教师配置电脑、打印机、碎纸机等设备，主要功能为教师工作室。支持教师备课研讨，制定课程体系，研究教学策略与方法，改革课堂教学设计实施与评价，开发讲义、教材等教学资料。

（6）跨境电商新媒体运营中心

新媒体运营中心建设面积为76平方米，配置16个工位，实施项目教学，针对新媒体营销不同的运营岗位职责开展各类推广活动。鲁班工坊学生对引进的企业项目进行社会化媒体营销，通过不同媒介进行策划和推广工作；开发建立多种社会化媒体渠道推广，定期对营销和推广效果进行跟踪反馈；定期跟进社交媒体营销发展趋势，对社交网络典型用户进行洞察，完成社交网络营销规划；提升原创内容的吸引力，帮助合作项目实现网站整体宣传和品牌推广。

（7）跨境电商虚拟演播间

跨境电商虚拟演播间建设面积为 18 平方米，虚拟演播间以真三维虚拟演播室软件系统为技术支持开展虚拟仿真实践教学，鲁班工坊学生逐渐掌握摄像机跟踪技术、计算机虚拟场景设计、色键技术、灯光技术等，实现录制、抠像、字幕制作，完成连线场景和 3D 场景设计，运用到推广营销及展会营销，提升新技术运用水平。同时，鲁班工坊教师可以利用虚拟演播间录制制作微课等教学资源，提高老师信息化教学能力，提升教师数字化课程建设能力。

（8）跨境电商直播间

跨境电商直播间建设面积 18 平方米，配备直播摄像头、直播柔光灯套装、电容麦声卡套装、调音台、云台、主播台等多项直播设备。该实训室直播系统具备直播和回放的功能,旨在适应直播经济的发展需要,培养鲁班工坊学生的选品策略、文案策划、团队运营能力。

（三）项目建设历程

天津商务职业学院和阿伊 阿萨尼 1 应用技术学院密切配合，以最大限度服务摩洛哥青年掌握跨境电商技能，以建设高水平鲁班工坊为原则合作建设摩洛哥鲁班工坊。

1. 合作筹备期

天津商务职业学院根据学校专业特色和产业发展趋势，积极寻求在摩洛哥建设以跨境电商人才培养为主要目标的鲁班工坊。学校领导带领建设团队先后两次访问摩洛哥，在中国驻摩大使馆的帮助下，拜访了摩洛哥教育部职业教育司、数字发展署等教育行政部门，在摩洛哥政府有关部门的支持下，实地考察了部分摩方院校，深入遴选合作伙伴。在天津市教育委员会的支持下，在中国驻摩洛哥大使馆和摩洛哥职业培训部的鼎力帮助和支持下，2019 年 11 月 21 日，天津商务职业学院与摩洛哥国家职业培训部国际事务合作司、OFPPT 国际对外关系合作部三方共同签订了合作备忘录，就摩洛哥鲁班工坊建设场地选址、师资培训安排、教学资源建设等方面达成共识，并最终确定将阿伊 阿萨尼 1 应用技术学院作为鲁班工坊项目的合作机构。

2. 启动建设期

摩洛哥鲁班工坊严格按照场地、设备、标准、师资、教材"五到位"的要求，提前安排、同期规划，积极推进、妥善落实。2021年2月，学校教师与跨境电商企业专家组建师资培训团队，制作中法双语课件，借助交互翻译，采用"云培训"形式，为摩洛哥阿伊 阿萨尼1应用技术学院教师首次进行了48课时的远程培训，揭开了摩洛哥鲁班工坊师资队伍建设的序幕。同时，中摩双方院校在充分沟通和协商的基础上，共同开发中法双语《跨境电商实训指导教程》《跨境电商基础》《网店开设与运营》《跨境电商客户服务》等教材和配套教学资源。2021年5月，面对全球航运市场舱位紧张、运费上涨、航空通道熔断等困难，天津商务职业学院启动预案，由其在摩洛哥的建设伙伴进入现场开展施工，为保障摩洛哥鲁班工坊场地建设正常进行以及实训设备按时到位奠定基础。

2021年12月3日，摩洛哥鲁班工坊"云揭牌"暨启运仪式在天津商务职业学院和摩洛哥阿伊 阿萨尼1应用技术学院两个会场同步举行。成功揭牌之后，双方进行教材、国际化教学标准交付。央视新闻、央广网、中国之声、《天津日报》以及摩洛哥国家广播电视台、摩洛哥国家通讯社、摩洛哥皇家电视频道等多家中摩主流媒体对揭牌仪式进行了详细报道。

3. 运营发展期

中摩合作院校共同努力，利用互联网信息手段和多种途径持续推动摩洛哥鲁班工坊建设，并在教学资源建设、专业技能培训、教师线上交流互动等方面取得了丰硕成果。一是实训室建设升级，通过鲁班工坊的二期建设，基本构建起教学中心、虚拟仿真实训中心、项目运营实践中心，虚拟演播间不仅能够提高学生图片和视频制作水平，还能为教师提供录制微课及制作数字化教学资源的场地设备，提高教师信息化教学水平。二是丰富中法双语课程资源建设，建设中法双语微课视频20讲、中法双语动画视频4个，并且将所建课程资源提供上线服务，培养高素质技术技能人才。三是继续开展摩方师资专业培训，对于摩方师生开展三部分内容培训，分别为软件培训、平台培训和竞赛培训。针对跨境之星和速卖通软件进行4期培训，对亚马逊平台进行32课时培训，对首届世界职业院校技能大赛跨境电商赛项进行4期培训研讨。四是促进互学互鉴，中摩混合编队携手参赛，承办首届世界职业院校技能大赛跨境电商赛项并参赛，充分利用信息化、数字化手段，组织摩洛哥鲁班工坊师生共同参与首届世校赛备赛、竞赛，取得丰硕成果。五是顺利完成一期培训，正式开始二期招生。2022年，摩洛哥鲁班工坊已启动二期招生，目前已招收学生40人。

四、建设成效与创新点

（一）建设成效

1. 发挥职业教育作用，助力"一带一路"建设

摩洛哥鲁班工坊建设通过加大摩洛哥当地跨境电商平台建设与运营的宣传，让更多摩洛哥师生接触到了亚马逊、Jumia、eBay 等电商平台，喜爱上速卖通、敦煌网等中国跨境电商平台，有效提升了跨境电商行业在摩洛哥的影响力；另外，摩洛哥鲁班工坊有助于帮助摩洛哥青年发挥语言优势，辅以跨境电商专业技能的培训，更加符合当地跨境电商行业的人才需求，推动跨境电子商务行业发展。

摩洛哥职业教育与促进就业办公室非洲国家事务部部长德黑斯·巴塔什先生指出，摩洛哥鲁班工坊有力促进中摩职业教育深度交流，带动摩洛哥经济的新增长，提升摩洛哥中小企业的经济竞争力和摩洛哥青年的就业竞争力。

2. 中摩互通互鉴，促进了中摩职业教育的交流与合作

摩洛哥鲁班工坊搭建了中摩校际友好互访的桥梁。以摩洛哥鲁班工坊建设为契机，中摩双方互动、互访、交流、合作逐步走向深入。双方携手参加首届世界职业院校技能大赛跨境电商赛项并斩获金奖，展现出高超的专业技能水平和团队协作能力；中国驻摩洛哥大使、摩洛哥职业教育与就业发展办公室总主管视察摩洛哥鲁班工坊，对项目建设成果给予高度评价；中摩职业教育交流合作与"鲁班工坊"建设研讨会在津举办，为中摩两校乃至两国职业教育搭建了交流互鉴的平台，引起社会各界广泛关注，央广网、中国发展改革报、中国商报、新华社等媒体转发了相关信息。

3. 共建共享专业建设成果，跨境电商职业教育合作结硕果

通过摩洛哥鲁班工坊建设，阿伊阿萨尼 1 应用技术学院跨境电商专业得以迅猛发展。一是新型硬件设备的配备成为基本保障，构筑专业发展的硬核实力，建成的教学中心、实训中心和实践中心成为跨境电商培训学习的主要场所，并辐射服务阿伊阿萨尼 1 应用技术学院电子商务、国际贸易以及市场营销等专业的一体化教学；二是"跨境电商知识普及—跨境平台实践实训—跨境运营操练实战

三进阶"培训体系为提升摩洛哥师生的跨境电商技能、更新专业理念发挥积极作用，人才软实力提升持续提高专业竞争力；三是国际化教学资源开发成为专业发展的重要载体，通过跨境电商国际化教学标准的制定和双语核心教材的编写出版，形成了一整套国际化教学资源，弥补了摩洛哥阿伊阿萨尼 1 应用技术学院跨境电商专业教学资源的不足。鲁班工坊建设大幅度提升了摩洛哥阿伊阿萨尼 1 应用技术学院的专业知名度和社会服务能力。

（二）创新点

1. 制定国际化教学服务策略，提升跨境电商人才培养质量

中摩双方共同研究制定跨境电商专业人才培养方案，在课程培训体系中融入"渐进式教学培训"的设计理念，创新性地提出了"理论—实训—实战"的培训方式，通过"共建共享式课岗融合""仿真模拟式课赛融合"和"实践运营式课业融合"的教学体系的搭建，依托"教学、实训、实践、双创"四元实训中心，系统化、国际化教学方案的实施创新实现了"跨境电商知识普及—跨境平台实践实训—跨境运营操练实战"三阶段的飞跃，为摩洛哥当地培养了一批优秀的跨境电商青年人才。首届世界职业院校技能大赛跨境电商赛项金牌获得者伊士拉克·巴达乌女士高度肯定摩洛哥"鲁班工坊"对培训摩方青年跨境电商技术技能起到的关键作用。

2. 构建校企协同育人机制，促进跨境电商行业企业发展

天津商务职业学院联合跨境电商龙头企业为摩洛哥鲁班工坊开发教学软件平台，用于虚拟仿真训练。通过开发"跨境之星"教学平台，将亚马逊、wish、eBay、Jumia 等主流跨境电商平台运营的学习和模拟实践纳入其中，开展主流平台运营的实战训练。此外，学校积极推进与速卖通、亚马逊等平台合作，为鲁班工坊合作校师生提供实战项目运营，积累跨境电商实践经验。校企共建共享的开展加强了中摩跨境电商间的交流，促进中摩跨境电商的共同发展。

3. 培养德技并修国际化专业人才，提供跨境电商中国方案

摩洛哥鲁班工坊将国际标准与专业教学标准相融合，以建设跨境电商实训

中心、开发专业双语教学资源、设计任务驱动项目教学内容为手段，实现了"理论＋技能"双线培养的目标。同时，制定出口和进口跨境电商综合技能培养方案，全面提高了学生职业素养、核心技能以及团队协作和沟通能力。该项目不仅培养了更多具备国际化跨境电商运营、政策分析和精细营销能力的人才，而且为学生提供了更广泛的国际交流平台，为其未来就业和创新创业打下坚实基础。

五、未来规划

（一）发挥专业优势，优化资源建设

加强建设鲁班工坊国际频道，中摩校企共同建设课程资源、开发专业教材，培养更多适应摩洛哥国情、符合跨境行业企业需求的职业技能人才。继续开发跨境电商通识类课程、跨境平台实践实训课程、跨境运营操练实战教学资源，完成动画、视频、课件、微课等教学资源开发以及技能训练模块资源开发。举办各级各类中摩跨境电子商务专业交流比赛，通过竞赛加强中摩双方教师和学生之间的专业和学术交流，以赛代练、以赛促学，提高专业技能水平，增进两校学生间友谊，丰富鲁班工坊建设内涵。

（二）加强校企合作，拓宽产教融合

摩洛哥鲁班工坊预计将在未来建设中增强校企合作力度，在三期任务中筹划海外仓项目，完善跨境电子商务专业实训中心，打造教学中心—实训中心—实践中心—运营中心的多中心、多功能实训场地，为专业知识技能培训提供高品质实训条件。同时，联手天津本土知名企业紧密参与摩洛哥鲁班工坊课程资源建设、摩方师资培训、企业产品推广，以摩洛哥鲁班工坊为平台，搭建中摩两校和中摩企业之间沟通的桥梁。在鲁班工坊内建设商务谈判实训室，配备会议桌椅、交互大屏以及笔记本电脑等硬件设备，满足学生模拟进行商务谈判、会议管理、跨境电商选品等实训项目。

（三）增强交流互鉴，深化人文交流

鲁班工坊不仅是中国与世界各国人民分享职业技术技能的桥梁和纽带，也是习近平总书记多次在不同的重大外交场合就职业教育国际化发展与合作重要论述的具体实践，还是天津原创并率先推动实施的中外人文交流和职业教育国际合

作知名品牌。摩洛哥鲁班工坊将进一步挖掘双方合作潜力，采用线上线下相结合等多种方法，在专业师资培训、课程资源开发、硬件设施完善、技术技能培训等多个方面深化沟通与交流。未来，积极谋划摩洛哥师生来华开展现场的培训与交流，展现我国跨境电子商务行业发展前沿，展示中华优秀传统文化，开展形式多样、丰富多彩的人文交流，真正架设起中摩两校之间、企业之间、师生之间"民心相通"的桥梁。

第六章 卢旺达鲁班工坊建设与发展报告

2013年，金华职业技术学院与卢旺达教育部签署合作备忘录，内容涉及师资培训、人才培养，以及为金华职业技术学院选拔最好的高等教育合作伙伴等内容，拉开了学校与卢旺达职教合作的序幕。2014年7月，首批卢旺达政府委托培养学历留学生抵达金华职业技术学院留学。2017年7月，金华职业技术学院卢旺达穆桑泽国际学院正式挂牌，双方在职业技术教育与培训发展领域的合作新里程开启。2021年4月，合作研制的电气自动化技术与电子商务专业教学标准（6—7级）正式纳入卢旺达教育资格框架体系（REQF）。2022年3月，首批电子商务与电气自动化技术专业学生在卢旺达开学。截至目前，已经开展卢旺达重点产业及中资企业亟须领域技能培训10余期。2022年8月，卢旺达穆桑泽国际学院获批卢旺达鲁班工坊，标志着中国和卢旺达高职教育合作进入高质量发展阶段。未来，金华职业技术学院将继续围绕服务国家战略和国际产能合作，主动参与中非合作论坛行动计划，坚持"政校—校校—校企"协同育人，全力推进"13111"（一计划、三联盟、一工坊、一论坛、一中心）发展工程，持续深化中卢职教合作，服务中卢产能合作，促进中卢民心相通，助力中非命运共同体建设。

第一节 卢旺达的社会经济与教育情况概述

一、社会经济情况概述

卢旺达共和国，简称卢旺达，位于非洲中东部，属内陆国家，东邻坦桑尼亚，南接布隆迪，西接刚果（金），北连乌干达，面积26338平方千米，森林面积约62万公顷，境内有大小湖泊101个，河流861条。卢旺达平均海拔1600米，因为其境内多山，被称为"千山之国"。

卢旺达实行多党制和立法、行政、司法三权分立制度，基加利是其首都，主要经济中心城市为基加利（Kigali）、胡耶（Huye）、穆桑泽（Musanze）、基本戈（Kibungo）、鲁巴伍（Rubavu）。卢旺达是非洲为数不多的单一语言和单一文化的国家，卢旺达人口约1296万人，主要由胡图族（Hutu，约占人口的85%）、图西族（Tutsi，约占14%）和特瓦族（Twa，占1%左右）构成，1994年后，统一称为卢旺达人。其国民主要信仰天主教、基督教新教、伊斯兰教、哈巴教等。卢旺达官方语言为卢旺达语、英语、法语和斯瓦希里语，民族语言为卢旺达语。各政府机构及官方组织均以英语为主要外语，法语多在民间使用。

卢旺达人口密度约为每平方千米492人，属于第一级人口密集区，且第三产业较为发达。农业是国民经济的支柱产业，国内生产总值比重为26%，吸纳了卢旺达85%以上的就业人口。信息通信产业是其重要产业，致力于成为东非地区的信息产业中心区，截至2020年，卢旺达移动信号覆盖人口比例达到99%。会展旅游业是卢旺达首重发展的产业，2019年旅游业收入为5600万美元，提供了全国11.1%的工作岗位。卢旺达是世界人均用电量最少的国家之一，只能覆盖约60.9%的人口，2020年，卢旺达全国电力装机总容量235.6兆瓦，其中水力发电占45.17%，太阳能发电占15.9%。已开采的矿藏有锡、钨、铌等，其中尼亚卡班戈钨矿是非洲最大的钨矿之一，基伍湖天然气储量约600亿立方米，全国泥煤储量约135亿立方米。

卢旺达是非洲最安全的国家之一，也是目前撒哈拉以南非洲地区经济最开放、发展较快的国家之一。卢旺达实行开放的经济政策，是目前东非地区营商环境最好的国家之一，对水利、电力、通信等基础设施建设需求较大，未来发展有广阔的空间。据卢旺达财政部统计，2020年卢旺达货物出口额为14.09亿美元，同比增长13.7%；进口额为31.06亿美元，同比增长15%；贸易逆差为16.97亿美元，下降15.23%。其主要出口货物为茶叶、咖啡、生皮革、蔬菜、啤酒和麦粉加工产品，主要进口商品为水泥、精炼和非精炼棕榈油、植物油和服装。

二、教育情况概述

卢旺达现有高等院校38所，其中普通学院30所、理工学院8所。普通学校有卢旺达国立大学、高等农业和畜牧业学院等，其中卢旺达国立大学是卢旺达最大的综合性高等学校。理工学院按区域设置有IPRC Kigali、IPRC Kitabi、IPRC Tumba、IPRC Ngoma、IPRC Karongi、IPRC Musanze、IPRC Gishari、IPRC Huye。2020/2021年，高等院校共有注册学生88448人，其中普通学院75276人、理工学院13172人。

图 6-1　卢旺达 TVET 等级与普通教育的垂直与水平融通结构图
（图片来源：卢旺达职业技术教育与培训政策）

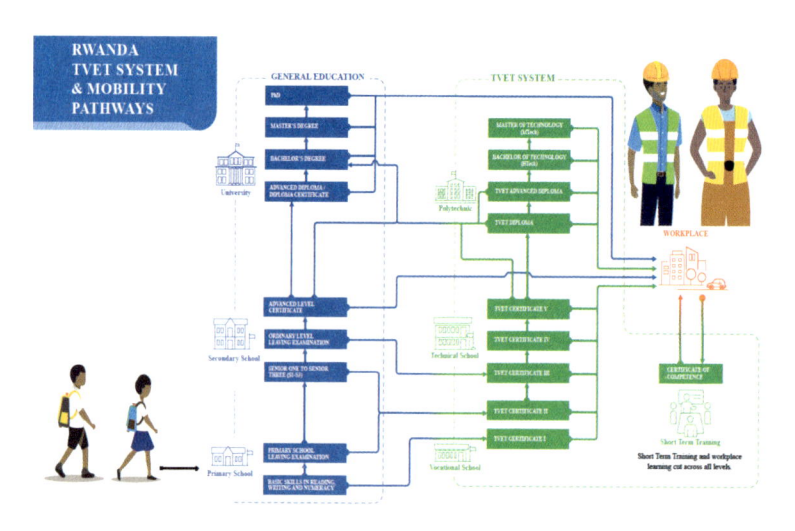

图 6-2　卢旺达 TVET 等级与流通路径图
[图片来源：卢旺达 TVET 委员会（RTB）项目与机会（2021）]

卢旺达建立了完整的教育体系，包括四个主要等级：学前、小学、中学和高等教育，在中学和高等教育期间有显著的 TVET 教育。其技术和职业教育培训体系包括普通教育、技术和职业教育培训（TVET，Technical and Vocational Education and Training）。技术和职业教育培训主要由职业培训（Vocational Training）、技术教育（Technical Education）和继续教育（Continuing TVET）三部分组成，[①] 纳入卢旺达国家 TVET 资格框架（RTQF，Rwanda TVET Qualifications Framework）。

TVET 等级水平和垂直方向的融通主要体现为普通教育和职业教育的分流，一共有三次，分别由三次统考作为主导，分流节点分别为小学毕业 P6 后、初中毕业 S3 后、高中或中专毕业 A2 后，其中第三次统考为职教和普教分别命题，以兼顾不同类别学生的学习科目。[②]

第二节　中国与卢旺达两国经济教育合作情况

一、中国与卢旺达两国经济合作情况

中国与卢旺达经贸合作发展顺利。中国是卢旺达主要贸易伙伴，贸易额位列非洲国家的第 43 位，是卢旺达五大进口来源地之一。据中国海关数据，2020 年中国与卢旺达贸易额为 3.2 亿美元，同比增长 6.9%，其中，中国对卢旺达出口 2.83 亿美元，同比增长 6.6%；从卢旺达进口 0.38 亿美元，同比增长 9.1%。中国对卢旺达出口商品主要类别为机电产品、音像设备及其零附件、轻纺产品等。中国从卢旺达进口商品主要类别为钽铌矿及精矿、钨矿砂及精矿等。

中国是卢旺达第一大工程承包方和主要投资来源地之一。2020 年，中国对卢旺达直接投资流量 2316 万美元，截至 2020 年底，中国对卢旺达直接投资存量 1.91 亿美元。约有 30 家中资企业进驻该国通信电子、建筑、基础设施、数字电视等领域，为当地提供修路、建筑、农田整治、工程咨询、通信、数字电视、手机装配等业务活动，已有中土公司、中地公司、北京建工集团、华山国际、河南国际、江西国际等国内知名建筑公司进入当地市场，目前在建的承包工程项目主要包括卢旺达 RUSUMO 水电站项目、基伍湖沿湖 66 千米公路项目、那巴龙格河二号水电站项目等。据中国商务部统计，2020 年中国企业在卢旺达新签项目合同 18 份，合同额达 5.74 亿美元，完成营业额 3.18 亿美元。累计派出各类劳务人员 455 人。

---

① 参见曹丽萍：《卢旺达职业教育发展现状、挑战与应对》，《职业教育研究》，2018 年第 7 期。
② 参见朱墨池、吴维昕、陈海荣：《〈悉尼协议〉视角下的卢旺达 TVET 政策浅析》，《职业教育研究》，2020 年第 3 期。

二、中国与卢旺达两国教育合作情况

"一带一路"倡议发起以来，中国同非洲国家保持了良好的教育国际交流合作关系。鲁班工坊、"未来非洲－中非职业教育合作计划"等的实施，有力推动了中非教育领域的合作发展。2005 年，卢旺达教育、科学、技术及科研部负责高等教育的国务秘书访华，与中方签署多项涉及教育等领域的文件，推动双方留学互访不断深入。金华职业技术学院与卢旺达理工学院及其下辖的穆桑泽职业技术学院建立了紧密合作关系，促进双方在人文、技能培训等方面的交流合作，实施卢旺达政府委托培养学历留学生项目、共建鲁班工坊等，推进中卢技术技能人才培养，促进中卢民心相通、共同发展。

近年来，越来越多的中资企业积极响应"一带一路"倡议，将产业链逐渐延伸到海外。不少中资企业走进卢旺达，招收本地员工，开展职业技能培训。或以企业为主体开办职业技术学院，或与金华职业技术学院合作推进职业教育与技能培训，为卢旺达培养培训产业工人。

第三节 项目建设与发展

一、中国与卢旺达合作学校简介

（一）金华职业技术学院

金华职业技术学院（以下简称"金职院"）创办于 1994 年，是国家示范校、国家优质校、浙江省重点校和国家"双高计划"A 档建设单位，入围全国高职"国际影响力、服务贡献、教学资源、育人成效、教学管理"等全部七个"50 强"，入选全国高职院校"服务贡献典型学校、资源建设优势学校、学生发展指数优秀院校、教师发展指数优秀院校"等全部四大榜单。

金职院已经形成有效对接信息网络经济、健康生物医药、先进装备制造及文教卫生、现代农业的 10 大专业群；拥有招生专业 58 个，全日制在校生 2 万余人。多年来，学校主动服务国家战略，坚持引进输出并举，不断深化国际交流与合作。学校入选世界职教院校联盟（WFCP）会员单位，连续 3 年蝉联浙江省高职院校国际化总体水平第一；与新西兰、美国、卢旺达等 39 个国家的百余所高校和教育机构建立长期合作关系，校际交往涵盖科研合作、师资培训、中外合作办学、学生交流等多方面。与新西兰怀卡托理工学院合作成立金职院怀卡托国际学院，在卢旺达设立金职院卢旺达穆桑泽国际学院，开展省部共建中德双元制人才培养试点项目；近年来累计培养 60 多个国家和地区的留学生 1000 多名。

（二）卢旺达理工学院

卢旺达理工学院于 2017 年成立，是负责全国实施技术培训与职业教育（TVET）的管理机构，下辖全国八所区域职业技术学院。卢旺达政府一直专注于一项旨在改变卢旺达的发展议程，与发展伙伴、私营部门、民间团体等合作，不断扩大 TVET 系统，卢旺达理工学院的设立是该倡议的一部分，其愿景是通过职业教育提供符合适用标准的优质教育，使受益人能够通过学习获得创造就业和在劳动力市场竞争所需的技能。

（三）穆桑泽职业技术学院

穆桑泽职业技术学院成立于 2015 年，隶属于卢旺达理工学院，是一所政府所属的高等职业教育学院，提供职业技术教育和培训。穆桑泽职业技术学院致力于在技术和职业教育与培训（TVET）及终身学习框架内，开发具有自主创业技能和专业精神的劳动力，是响应国家、区域和国际劳动力市场需求的有效贡献者，其使命是为所有人提供有效和高质量的各级 TVET 教育和培训，培养适应卢旺达社会经济发展并在区域和国际劳动力市场上有竞争力的 TVET 毕业生。

二、合作企业介绍

（一）义乌中国小商品城海外投资发展有限公司

浙江中国小商品城集团股份有限公司创建于 1993 年，是国有控股企业。近年来，集团响应"一带一路""互联网+"等国家倡议，围绕打造"世界小商品之都"，聚焦"数据+金融+贸易"发展方向，构建创新创意引领、进出口联动、线上线下融合、产业支撑有力、金融配套发达的全球商贸领先企业。[①] 义乌中国小商品城海外投资发展有限公司成立于 2019 年，隶属商城集团，全面负责集团海外业务板块。其业务主要覆盖非洲（含中东）、欧洲、东南亚"一带一路"沿线地区，以服务国际贸易便利化为宗旨，以厅、仓、分市场等多种形式谋划建设系列海外贸易服务枢纽站点，辐射站点周边经济贸易圈，形成海外贸易网，建设一站式进出口双向通道，助力义乌及浙江共建"一带一路"合作样板，拓展义乌市场进出口贸易纵深，助推走向国际化、未来化新格局。

---

① 参见《浙江中国小商品城集团股份有限公司》，《上海证券报》，https://paper.cnstock.com/html/2018-04/21/content_983030.htm。

（二）佰特丝路卢旺达有限公司

佰特丝路卢旺达有限公司（BETTER SILK ROAD RWANDA Ltd），由商城国际出资组建，成立于 2019 年 10 月。其主要承担义乌市场和商城集团在非洲卢旺达及周边国家的市场开拓使命，为义乌市场经营户和国内生产企业进军中东部非洲提供落地支撑和平台服务。首个落地项目——"eWTP 义乌全球创新中心卢旺达数字贸易枢纽"由商城集团、阿里巴巴和 DP World 三方联合打造，首期 2500 平方米保税海外仓于 2019 年 10 月 1 日正式投用；2020 年 8 月开设"带你到中国"卢旺达贸易服务中心，整合集聚超过 200 家国内、卢旺达及周边国家供应商、生产企业、贸易商及服务商，具备为卢旺达优质农副产品等特色商品进入中国市场提供咨询、商检、物流、清关、分销等一条龙服务能力。同时，也为义乌品牌小商品开拓中东非市场提供系统解决方案，引导小商品制造企业深度融入卢旺达国家发展进程，分阶段布局、兴建小商品产业园、专业批发市场等商贸项目，助推卢旺达打造中东非物流贸易集散中心。

（三）北京恒华伟业科技股份有限公司

北京恒华伟业科技股份有限公司于 2000 年创立，服务于智能电网、智慧能源、智慧水利、智慧交通等行业领域。公司致力于打造自主可控 BIM 平台和技术应用创新，构建了互为支撑的五大业务体系：以 BIM 平台及工具软件研发为核心，以电力、水利、交通设计业务为技术支撑，以行业信息化应用为载体，以大数据智能化发展为目标，以教育培训和认证为保障，为电力、水利、交通等行业信息化、数字化、智能化发展赋能。公司积极构建国内国际双向格局，紧跟"一带一路"国家倡议，设立海外办事处，将公司的产品及服务拓展至海外市场，在卢旺达基加利创办有恒华职业技术学院，主要开展无人机、BIM 等技能培训。

三、项目建设情况

（一）发展定位与建设思路

为积极响应国家"一带一路"倡议，金职院紧扣中非合作论坛行动计划，开展鲁班工坊建设，参与实施"未来非洲——中非职业教育合作计划"，服务中非命运共同体建设。学校主动对接卢旺达理工学院及其下辖的穆桑泽职业技术学院，高水平建设金华职业技术学院卢旺达穆桑泽国际学院，探索"政校—校校—校企"协同的职教"走出去"合作模式，创新开展"2+1"两地两段人才培养，培养卢方产业发展亟须的技能型人才，服务国际产能合作，促进人文交流和民心相通。

（二）重点建设内容

1. 以服务重点产业为目标，援建卢方亟须专业

2013年，卢旺达委托金职院培养学历留学生，选取卢方急需的旅游与酒店管理、通信网络与设备、汽车检测与维修4个专业，开展来华学历留学生培养。2017年，金职院卢旺达穆桑泽国际学院在卢旺达穆桑泽挂牌成立；学院成立之初，学校选派骨干教师赴卢援教，开展产业调研和劳动力市场需求调研。基于卢旺达和浙江省及金华市都将数字经济作为重点产业这一契合点，2019年双方选择电气自动化技术和电子商务两个专业开展共建，采用培养期内两年在卢旺达、一年在金华的"2+1"两地两段人才培养模式；2021年实现首批招生，现有在校生210名。

2. 以专业教学标准为引领，开发系列教学资源

以精准服务卢旺达产业发展与技能型人才培养为目标，围绕专业教学标准开发夯实专业内涵发展基石。2021年5月，双方共同研制的《电气自动化技术专业教学标准（6—7级）》《电子商务专业教学标准（6—7级）》被纳入卢旺达高等教育资格框架体系。以此又组建教学团队共同开发了《品牌设计》《电子商务运营和物流》《电气工程制图》等课程标准与系列化教学资源，开发了互联网营销师与钳工等职业资格证书标准，以及配套教材讲义、技能培训包、视频等。[①]

3. 携手"走出去"中资企业，建设多类型实训室

金职院根据共建专业的实践教学要求，先后携手汇川技术、浙江中国小商品城集团股份有限公司等企业，建设了电气自动化技术、华为ICT认证、直播电商、直播教学云平台、中文语言训练等实验实训室。此外，金职院专业团队与杭州电子科技大学合作，开发了基于远程实境实验平台的电路电工电子系列实训项目，解决卢旺达学生利用真实设备开展"做中学"实践教学改革难点，创新实践教学模式。

---

① 参见陈海荣：《政校企协同 推动中卢职教合作走深走实》，《中国教育报》，2022年6月28日。

表 6-1　学校多类型实训室清单

序号	实训室名称	合作企业/院校
1	电气自动化技术	深圳汇川技术股份有限公司
2	直播电商	浙江中国小商品城集团
3	华为 ICT 认证	华为卢旺达分公司
4	直播教学云平台	北京恒华伟业科技股份有限公司
5	农机维修	金华爱司伯机电科技有限公司
6	远程实境实验平台	杭州电子科技大学
7	虚拟仿真实验室	北京润尼尔公司

4. 坚持授人以渔的理念，夯实合作发展基石

建设一支教育理念先进、专业业务好、管理能力强的专业骨干教师团队是金职院卢旺达穆桑泽国际学院稳定发展的关键。为此，金职院每年在校内遴选优秀教师，经培训后派往卢旺达常驻，与卢旺达合作校团队共同开展专业建设和教学组织；同时双方开展定期或不定期的教师交流，接收合作校优秀教师来华中长期跟岗培养进修；此外，利用"畅学金职"课程学习平台开展一对一师资远程培训，不断提升合作校教师的实践能力与教学水平。

（三）项目建设历程

金华职业技术学院和卢旺达理工学院-穆桑泽职业技术学院紧密合作，以建设高水平鲁班工坊为目标，双方协同并进、合作共赢。

1. 合作筹备期

2013 年，金职院与卢旺达教育部签署合作备忘录，内容涉及师资培训、学历留学生培养，以及为金职院选拔最好的高等教育合作伙伴等内容，拉开了金职院与卢旺达职教合作的序幕。2014 年 7 月，首批卢旺达政府委托培养学历留学生来到金职院留学。截至目前，采用"1+3"同地两段人才培养模式共培养 4 届 99 人。先后有 21 人次斩获第十届"三菱电机杯"全国大学生电气与自动化大赛等国际级或国家级技能竞赛的奖项。毕业后回国学生已成为国家建设的有生力量，培养质量受到卢旺达政府的高度肯定。卢旺达前任驻华大使认为，选择金华职业技术学院作为合作伙伴是正确的。2016 年 12 月，学校与卢旺达教育部续签合作备忘录，明确金职院将与卢旺达穆桑泽职业技术学院在院校管理、师资派遣、人才培养等方面进行深度合作，先期在电子

信息、智能制造、电气自动化技术和电子商务4个专业领域开展合作，直到建立金职院卢旺达穆桑泽国际学院，着力培养语技兼修的本土技能型人才，服务卢旺达重点产业发展。

2. 启动建设期

2017年7月，金职院卢旺达穆桑泽国际学院在卢旺达穆桑泽正式挂牌，双方在职业技术教育与培训发展领域的合作新里程开启。2019年11月，卢旺达穆桑泽地区议会主席、穆桑泽职业技术学院校长及穆桑泽市市长一行专程访问金华职业技术学院，并参加首届中卢职业教育研讨会，双方就专业共建、共同开发专业课程标准、共建鲁班工坊等10项合作达成共识。2020年6月，《合作建设鲁班工坊与开展职业教育与培训工作的合作协议》正式签署，双方确定首期合作共建电气自动化技术与电子商务2个专业，合作研制专业课程教学标准、配套教材讲义、课程及资源、职业技能资格证书等；此外由卢旺达理工学院及其下辖穆桑泽职业技术学院遴选教师赴金华职业技术学院专业研修，为卢旺达鲁班工坊储备优质师资。2022年8月，金职院卢旺达穆桑泽国际学院入选首批鲁班工坊运营项目，卢旺达鲁班工坊正式启动运行。

3. 运营发展期

卢旺达鲁班工坊的建成标志着中卢两国在深化职教领域合作与人文交流、增进中卢友谊、促进民心相通方面又迈上了新台阶。自启运以来，合作研制的电气自动化技术与电子商务专业教学标准已被纳入卢旺达教育资格框架体系，"2+1"两地两段式培养的2个合作专业已经累计招收两届学生，开展重点产业亟须领域职业技能培训10余期，开发了系列化的配套双语课程、教材讲义、技能培训包等资源，同时也为卢方培养了一批专业教师。

2020年，疫情对穆桑泽职业技术学院教学产生重要影响。金职院专业教学团队充分利用信息化手段和数字校园基础，通过"畅学金职"课程资源平台开辟专用网络学习空间，开发虚拟仿真实训，为卢旺达师生提供教学服务；与杭州电子科技大学团队合作开发基于远程实境实验平台的电工、电子、电路实训项目，解决利用真实设备开展"做中学"实践教学难点；专门采购ZOOM账号用于线上教学与实训。此外，双方建立例会制度协调共建专业建设进度、开发教学资源、推进各项合作事宜，确保"可学、可研、可看"的卢旺达鲁班工坊高质量运行。

四、建设成效与创新点

（一）建设成效

1. 开发了一批标准和优质教学资源

电气自动化技术、电子商务 2 个专业 2 个级别（6—7 级）的专业教学标准通过卢旺达劳动力资源发展署与高等教育委员会认证，被纳入卢旺达教育资格框架体系。聚集 2 项专业教学标准，建成 Moodle 课程学习平台和"畅学金职"课程专用网络学习空间。此外，共同开发配套专业教学的双语教学资源，含课程 36 门、教材讲义 16 部、技能培训包 11 个等。

表 6-2　围绕标准开发的教学资源统计情况（部分）

序号	标准与资源	数量	备注
1	专业教学标准	2	两个专业的两个级别（6—7 级）
2	网络学习平台	2	Moodle（外）、畅学金职
3	调研报告	1	产业发展与人才需求调研
4	双语课程	36	《电子技术基础》等
5	双语教材讲义	16	《直播电商》《通用汉语》等
6	技能培训包	9	《电工实训》等

2. 培养了一批亟须人才和优质师资

围绕酒店管理、通信网络与设备、汽车检测与维修、物联网应用技术 4 个卢旺达亟须领域专业，采用"1+3"同地两段人才培养模式培养学历留学生 4 届共 99 人；电气自动化技术与电子商务 2 个境外办学专业采用"2+1"两地两段人才培养模式招收 2 届 210 人，为当地急需领域开展技能培训 9000 余人次。选派干部和教师赴卢为其培养专业优秀教师 9 人，采用线上结对式培训优秀教师 50 余人，培养了一批教学理念新、实践能力强、能胜任合作专业共建等任务的优质师资。

表6-3 培训卢方师资与培养卢方学生情况

类别	培养类型	数量	备注
师资	技术技能培训	9000余人次	"中文+ICT+PLC+电子商务+婺式中点"等
	培训专业建设负责人	3人	来校跟岗培训
	培训专业骨干教师	13人	每年选派干部教师赴卢
	培训管理干部与骨干教师	50人	线上培训与结对培训
学生	"1+3"训模式学历生	99人	酒店管理等4个专业
	"2+1"模式学历生	210人	电气自动化等2个专业

3. 入选了系列国家级对非合作平台

鉴于良好的建设成效，金职院先后入选"未来非洲-中非职业教育合作计划"首批试点院校，金职院卢旺达穆桑泽国际学院入选全国首批鲁班工坊运营项目。2019年起，全职院作为承办单位参与举办中国（浙江）中非文化合作交流周暨中非经贸论坛，机制化承办七大平行论坛之一——中非职业教育论坛，发起成立中非数字经济职业教育产教协作联盟；学校还先后加入全国鲁班工坊建设联盟、非洲国际中文教育联盟、中非（南）职业教育合作联盟等。

4. 得到了两国领导与媒体高度关注

卢旺达鲁班工坊办学实践得到了两国大使和政府官员每年的关心指导。2019年，中国人民对外友好协会、教育部国际合作与交流司鲁班工坊考察团、金华市政府考察团等先后到穆桑泽指导卢旺达鲁班工坊建设。2019年9月，在基加利举办金华职业技术学院与卢旺达职业教育合作成果展，卢旺达、浙江省等重要领导到场观展并给予高度肯定。《人民日报》及卢旺达《新时代报》等中外国家级主流媒体深度报道50余次。

（二）创新点

1. 政校企协同，打造职教"走出去"金职样本

聚焦政府"交钥匙工程"开展职业教育国际合作，得到了中卢两国政府的高度关注与支持。多年来，卢旺达历任驻华大使每年到校关心在校留学生，卢旺达

教育部、卢旺达理工学院与金职院的合作项目将辐射至卢旺达全国 8 所职业技术学院。中国驻卢大使到鲁班工坊现场指导，金华市政府为双方合作项目提供政策支持与经费资助；学校协同在卢中资企业共同建设实训室，培养本土技能型人才。"政校—校校—校企"协同"走出去"的职教国际合作模式，彰显了职业教育服务中非命运共同体的合作新范式。

2. 两地两段育训，创新境外育人模式

当前采用"2+1"两地两段人才培养模式，即 2 年在穆桑泽职业技术学院，1 年在金华职业技术学院。从初期单一的技能培训到育训结合及两地两段一体化教学实施，创新人才培养模式在机制上为卢旺达鲁班工坊长期健康发展打下坚实基础。

3. 专业标准引领，培养非洲急需人才

卢旺达鲁班工坊的建设，始终坚持服务卢旺达产业发展及技能型人才培养，服务国际产能合作；从人才需求调研出发，合作开发专业教学标准，以此来引领课程标准、实训标准、技术标准、师资标准、资格证书标准、评价标准等专业内涵建设，不断夯实鲁班工坊的建设成效，培养更多卢方产业发展急需人才。

五、未来规划

金华职业技术学院将紧紧围绕服务国家建设和国际产能合作，主动参与中非合作论坛行动计划，坚持"政校—校校—校企"协同育人，为卢旺达培养高素质技术技能人才。下一步将全力推进"13111"发展工程，即全力推进"未来非洲——中非职业教育合作计划"，助力非洲国家培养更多技术技能型人才；继续用好鲁班工坊联盟、中非数字经济职业教育产教协作联盟、非洲国际中文教育联盟三个联盟资源，高质量建设卢旺达鲁班工坊；机制化承办好中国（浙江）中非经贸论坛暨中非文化合作交流周之中非职业教育论坛，分享和借鉴职业教育走进非洲的办学经验；借助浙江师范大学非洲研究院和浙江省现代职教研究中心的研究资源，建好中非职业教育研究中心，围绕产业与职业教育的互动关系开展系列化学术研究，产出一批指导职业教育服务中非合作的理论成果和实践经验，推进卢旺达鲁班工坊高质量建设。

第七章 肯尼亚鲁班工坊建设与发展报告

肯尼亚鲁班工坊由陕西铁路工程职业技术学院（SXRI）积极响应"一带一路"建设，主动服务中国铁路"走出去"，与肯尼亚铁路培训学院（RTI）、中国路桥工程有限责任公司（CRBC）联合创建，前身是"陕西铁路工程职业技术学院肯尼亚铁路培训中心"，于2019年2月揭牌运行，2022年8月20日成为全国首批鲁班工坊运营项目，是非洲第一个具有铁路运输特色的鲁班工坊。肯尼亚鲁班工坊以"一个平台、一张名片、一座驿站"（即培育合作国本土化铁路人才的一个平台，共享中国职业教育方案的一张名片，共享中国铁路先进技术的一座驿站）为目标，以教师"走出去"为主、学生"请进来"为辅的教学方式，做好中国铁路技术的传播者和中国职教标准的共享者，主要开展肯尼亚铁路运输行业本土化技术技能人才培养。截至2022年12月，肯尼亚鲁班工坊累计培养人才836名，涉及桥隧工、信号工、通信工和列车员等岗位，有效解决了蒙内铁路运维人才供给难题，也较大提高了肯尼亚铁路培训学院的师资水平。该鲁班工坊将对增强肯尼亚乃至东非铁路建设与运营能力产生积极而深远的影响。

第一节 肯尼亚的社会经济与教育情况概述

一、社会经济概述

肯尼亚共和国（The Republic of Kenya）位于非洲东部，简称肯尼亚，赤道横贯中部，东非大裂谷纵贯南北。东邻索马里，南接坦桑尼亚，西连乌干达，北与埃塞俄比亚、南苏丹交界，东南濒临印度洋，海岸线长536千米。国土面积的18%为可耕地，其余主要适于畜牧业，国土面积582646平方千米，首都内罗毕，全国分为47个郡，人口4756.4万人（2019年人口普查结果）。全国共有44个民族，主要有基库尤族（17%）、卢希亚族（14%）、卡伦金族（11%）、卢奥族（10%）和康巴族（10%）等。斯瓦希里语为国语，和英语同为官方语言。

肯尼亚奉行和平、睦邻友好和不结盟的外交政策，同100多个国家建立了外交关系。肯尼亚积极参与地区和国际事务，大力推动地区政治、经济一体化，反对外来干涉，重视发展同西方及邻国的关系，注意同各国发展经济和贸易关系，开展全方位务实外交，强调外交为经济服务。肯尼亚是联合国、非洲联盟、不结盟运动、七十七国集团成员国，《洛美协定》签字国，也是东非政府间发展组织、东部和南部非洲共同市场、东非共同体和环印度洋地区合作联盟等次地区组织的成员。联合国四大总部之一、联合国环境规划署和联合国人类住区规划署总部设在肯尼亚首都内罗毕。

肯尼亚是撒哈拉以南非洲经济基础较好的国家之一。农业、服务业和工业是国民经济三大支柱，茶叶等农产品、旅游、侨汇是三大创汇来源。工业在东非地区相对发达，门类较齐全。

2008年肯尼亚政府启动"2030年远景规划"，提出优先发展旅游业、农业、制造业、批发零售业、业务流程外包（BPO）、金融服务业等重点产业，争取年均经济增速达到10%，到2030年将肯尼亚发展成为具有全球竞争力、民众享有高质量生活、环境优美、社会安定的新兴工业化中等收入国家。2010年以来，肯尼亚政府采取了一系列促进经济增长的政策，经济呈现较好发展势头。但贫困率和失业率仍然较高，均在40%上下。2015年肯尼亚出台《国家工业化发展规划》和《经济特区法》，大力加强基础设施建设，重视油气资源及地热、太阳能等新能源开发，积极推进工业化进程和经济转型。2017年肯尼亚政府提出粮食安全、住房保障、制造业发展、医疗保障"四大发展目标"。[①]

二、教育情况概述

肯尼亚政府重视发展教育事业，成人识字率近90%，在非洲国家中名列前茅。其教育体制分为正规和非正规教育两类，正规教育实行小学、中学、大学"8-4-4"学制，非正规教育包括成人教育和扫盲活动。

2020/2021财政年度，肯尼亚教育部的总支出增加8.9%，达到5062亿肯先令。2020/2021年度，经常开支增加7.1%，达到4812亿肯先令。2020年，肯尼亚学校总数90145所，公立学前学校29148所、私立小学9191所，公立小学23246所。公立师范院校30所，国家职业技术学院12所。2020年，小学入学和入学总人

---

① 参见《肯尼亚国家概况》，中国一带一路网，https://www.yidaiyilu.gov.cn/gbjg/gbgk/66280.htm。

数分别为1020万人和3520.4万人（其中176.89万人是女孩），入学率分别同比增长1%和8%。教师培训总人数为12276人，增长了10.5%。公立和私立大学的总入学人数从2019/2020学年报告的50.95万人增加7.3%，至2020/2021学年的54.67万人。

肯尼亚著名高等学府有内罗毕大学、莫伊大学、肯雅塔大学、埃格顿大学、肯雅塔农业技术大学和马塞诺大学等。公立大学每学年学费为12万肯先令（约合1500美元），其中学生负担5万肯先令（约合640美元），而私立大学学费从10万到13万肯先令不等。根据世界大学网站排名（Webometrics Ranking），内罗毕大学排名东非第一，非洲排名第11，全球排名第1019。[①]

肯尼亚的教育体系由多个层级构成，每个级别有对应的学校、不同的学历或资格证书等级，基本遵循了"纵向贯通"的框架原则。肯尼亚的初、中、高3级职业资格证书分别对应工匠、技工和技术员（技师）级别。但受教育者多集中在基础教育阶段，中学后进行高等教育继续深造的比例很小，职业教育的发展规模、层级明晰和融通贯通体制还需完善。

中肯两国职业教育以中方企业投资的大型基建工程项目为载体。目前，合作的场所大多选择在企业内部真实的生产操作环境下，少数会利用与肯尼亚合作的高等院校或培训组织机构的场地和实训设备进行。中国与肯尼亚的职业教育合作大多依托在肯尼亚的中资企业开展，合作还处于初级阶段，需进一步深化和升级。合作形式以项目化运作、短期技能培训为主，主要培训的对象是肯尼亚青年，开展基于工作岗位的师徒结对子、一对一或小班制的"传帮带"教学。培训过程中注重实用技能技术的传授，培训目的主要是服务于肯尼亚产业转型升级，因此这种短期培训使得技能学习缺乏延续性和拓展性。在合作领域，中肯职业教育培训内容较多围绕肯尼亚的主题经济领域推进，主要集中在农林牧渔业、农产品加工、医药卫环保及基建等方面的技术人才培养培训，这与肯尼亚本土的经济发展方向保持了一致性，但同时也是由于大型基建工程项目的需要，因此在其他领域如信息化技术、金融、科技创新等方面的职业培训数量和规模方面还需要继续深化。[②]

---

① 参见《2021对外投资合作国别（地区）指南——肯尼亚》，http://www.mofcom.gov.cn/dl/gbdqzn/upload/kenniya.pdf。
② 参见梁娈、谭起兵、陈霞玲：《中肯职教国际合作研究：背景、实践、问题及路径》，《职业技术教育》，2022年第18期。

三、铁路建设概述

肯尼亚铁路总长 2885 千米，其中约 600 千米为标准轨铁路（蒙内铁路约 480 千米，内马铁路约 120 千米），其余为米轨铁路。目前尚无高铁，主要城市也无地铁或城铁。米轨铁路在内罗毕市内有客运站点，可作为通勤工具使用。

长期以来，肯尼亚只有一条 100 多年前英国殖民时代修建的窄轨铁路，又名裂谷铁路。该铁路由蒙巴萨港经内罗毕通往乌干达首都坎帕拉，共有机车 83 辆，由于经营状况不佳，2017 年 4 月，肯尼亚铁路局正式终止了乌干达至肯尼亚米轨铁路的运营合同。

2017 年 5 月 31 日，蒙巴萨至内罗毕标准轨铁路（蒙内铁路）正式竣工通车，全长 485 千米，总投资 38 亿美元，由中国交通建设集团承建，蒙内铁路采用中国标准、中国技术、中国装备，是中肯产能合作的典范项目，具有标志性、突破性和示范性意义。截至 2022 年 11 月 20 日，蒙内铁路安全运行 2000 天，累计运送旅客 900 万人次，累计发送 2300 万吨货物。①

第二节 中国与肯尼亚两国经济教育合作情况

一、中国与肯尼亚两国经济合作情况

中国是肯尼亚重要的贸易伙伴、工程承包商和投资来源国，以及增长最快的海外游客来源国。肯尼亚连续数年成为吸引中国投资最多的非洲国家，在该国政府公布的 30 多个旗舰项目中，中肯合作项目占近半数。

2022 年 1 月至 7 月，中国对肯尼亚出口商品总值为 455333.03 万美元，相比 2021 年同期增长了 90925.03 万美元，同比增长约 25%；中国自肯尼亚进口商品总值为 15664.31 万美元。

二、中国与肯尼亚两国教育合作情况

在中非合作论坛和金砖国家框架下，中肯关系成为中非合作的典范。中国同非洲国家保持了良好的教育国际交流合作关系，签署了诸多教育交流合作协议，中非教育部长及大学校长论坛、中非高校"20+20"计划等活动和项目不断促进双方基础教育和高等教育等方面的合作；非洲来华留学生政府奖学金名额不断增加，推动双方留学互访不断深入。

---

① 参见《肯尼亚国家概况》，中国一带一路网，https://www.yidaiyilu.gov.cn/gbjg/gbgk/66280.htm。

2015—2022年1月至7月中国与肯尼亚进、出口商品总值

年份	出口商品总值（万美元）	进口商品总值（万美元）
2015年	591814	9877
2016年	558642	9713
2017年	503599	16692
2018年	519770	17396
2019年	499349	17911
2020年	541090	15100
2021年	773526	22658
2022年1月至7月	455333	15664

图7-1　2015—2022年1月至7月中国与肯尼亚进、出口商品总值

第三节　项目建设与发展

一、中国与肯尼亚合作学校简介

（一）陕西铁路工程职业技术学院

陕西铁路工程职业技术学院（下文简称"陕铁院"）创办于1973年，前身是铁道部渭南铁路工程学校，位于陕西省渭南市。学校建有临渭、高新两个校区，占地面积91.2万平方米，建筑面积40.9万平方米，学生规模1.9万余人。陕铁院于2002年划归陕西省人民政府，2003年改制升格为高职学院。

学校先后经历了教育部人才培养水平评估优秀、省级示范校、国家骨干院校、教育部创新发展行动计划、新校区建设等重大项目，现为中国特色高水平高职学校立项建设单位、国家优质高职学校、教育部首批"1+X"证书制度试点单位、首批国家级职业教育教师教学创新团队立项建设单位、首批全国高职诊改试点复核"有效"院校、教育部"百千万交流计划"中方项目院校。学校因铁路而建、倚铁路而长，坚持铁路特色办学，累计培养高素质技术技能人才7万余名，是我国铁路和城轨工程建设与管理人才培养的重要基地。

学校是鲁班工坊建设联盟、中国-东盟职教院校合作联盟成员单位，按照"开拓视野、引领发展、合作共赢、提升能力"的总体思路，构建了"盟·院·坊·圈"

国际化办学格局，不断提升国际合作水平，先后与德国、韩国等 10 个国家 22 所高校签订合作协议。作为"双高计划"建设院校，学校主动服务国家"一带一路"建设，完成教育部教育援外项目 1 个，面向肯尼亚、菲律宾、马来西亚等共建"一带一路"国家开展铁路技术培训，2 次入选全国高职院校"国际影响力 50 强"。

（二）肯尼亚铁路培训学院

肯尼亚铁路培训学院（Railway Training Institute，简称"RTI"）坐落于内罗毕市区，是肯尼亚铁路局直属的铁路专业人才培训机构，是东非地区办学历史最为悠久的教育机构之一，始建于 20 世纪 70 年代。学院是东非铁路人力资源开发中心，开设铁路运输、工程技术、商业管理、酒店管理和海洋工程类专业，人才培养质量、学术水平得到肯尼亚教育部、科学与技术部的高度认可。学院是肯尼亚技术大学体育协会（KETISA）会员单位，办学水平稳居协会前五，这为学院培养全面发展的人才奠定了基础。

学院以专业、创新、专注、诚信、团结、尊重为核心价值观，为肯尼亚物流运输、管理、商业等相关领域提供教育培训，为肯尼亚铁路系统提供人才培养，为肯尼亚工业领域提供咨询服务。学院目标是成为非洲一流的运输与物流培训中心。

在蒙内铁路建设期间，肯尼亚铁路局将 RTI 的升级改造作为蒙内铁路附属项目——内罗毕内部集装箱堆场（Internal Container Depot，"ICD"）的附属工程，因此该工程也成为蒙内铁路项目的组成部分。该工程包括新建单体 6 座，其中包括一座双层教学楼、一座现代化图书馆、一座实训工厂、一座配套的设备房等。

二、合作企业介绍——中国路桥工程有限公司

中国路桥工程有限责任公司（英文缩写 CRBC，下文简称"中国路桥"）的前身是交通部援外办公室，现为中国交通建设股份有限公司的全资子公司。从 1958 年开始走出国门，承担中国政府对外援助项目建设。1979 年正式组建公司，进入国际工程承包市场，是中国最早进入国际工程承包市场的四家大型国有企业之一，主要从事国内或国际道路、桥梁、港口、铁路、机场、隧道、水工、市政、疏浚等工程承包或兼具投资、实业、贸易、租赁、服务等业务。中国路桥在亚洲、非洲、欧洲、美洲 50 多个国家和地区设立了分支机构，形成了高效快捷的经营开发管理网络，是中国交通建设股份有限公司海外业务的重要载体、窗口和平台，承建了多个具有地区和国际影响力的标志性建筑，荣获了多项国内、国际大奖。CRBC 作为国际工程承包界的知名品牌，享誉世界。

近年来，中国路桥积极响应国家"走出去"号召，创新进取，培育核心竞争力，以 EPC 等高端方式承揽了塔乌公路、巴基斯坦喀喇昆仑公路改建工程，毛里塔尼亚友谊港改扩建工程，塞尔维亚泽蒙—博尔察大桥、肯尼亚蒙巴萨—内罗毕铁路等著名项目。[①]

三、项目建设情况

（一）发展定位与建设思路

肯尼亚鲁班工坊由陕铁院与肯尼亚铁路培训学院、中国路桥蒙内铁路运营公司共同建设运营，主教学场地位于肯尼亚铁路培训学院，实习实训场地位于蒙内铁路运营公司，总占地面积约 3100 平方米。肯尼亚鲁班工坊是陕铁院积极响应国家"一带一路"建设，以肯尼亚蒙内铁路、内马铁路等铁路建设与运营为契机，解决中国铁路企业"走出去"过程中面临的本土化人才不足的难题，服务中国铁路"走出去"，做中国铁路技术的传播者。

肯尼亚鲁班工坊充分发挥我国铁路技术技能人才培养高地优势，校企合作开发双语铁路技术技能人才培养标准，共享中国职业教育标准及资源，做中国职业教育的共享者。

肯尼亚鲁班工坊紧紧围绕肯尼亚乃至东非铁路建设与运营需要，根据肯尼亚及东非国家教育特点和现有条件实施定制化和系统化设计，目前建设有铁道工程技术、铁道信号自动控制、供电技术、铁道通信与信息化技术和铁道交通运营管理 5 个专业。每个专业均采取"三阶两融一贯通"的人才培养模式，设置"职业认知、专业技术、综合应用"三个模块，三阶递进；在培养过程中，专业理论知识与专业技能训练相融合，职业习惯养成与岗位技能培训相融合；根据岗位需求，从而共享优秀的职业教育成果。

（二）重点建设内容

1. 专业建设

（1）铁道工程技术专业

依据肯尼亚蒙内铁路、内马铁路等东非铁路工务岗位需求，通过理论培训与实践操作，培养熟悉铁路岗位工作特点，具有吃苦耐劳、爱岗敬业、遵章守纪、严谨守时等良好的职业道德和敬业精神，具备铁路工务维护岗位（铁路线路工、

---

① 参见中国路桥工程有限责任公司网站，https://www.crbc.com/site/crbc/gsjj/index.html。

铁路桥路工）所需的基本知识和基本技能，具备从事铁路路基、桥梁、轨道养护与维修等专业能力，掌握铁路线路、桥涵、路基的基本构造，掌握铁路工务养护维修的基本知识和基本技能，能够熟练使用轨距尺、支矩尺、探伤仪等常用检查设备，能够分析和判别铁路轨道的轨道状态、铁路桥涵结构状态、铁路路基结构状态，能够理解铁路线桥路病害产生的原理；掌握常用铁路线路、桥涵和路基检查的基本要求和铁路线路、桥路作业安全要求；掌握铁路线路、桥路的组成，常规的铁路桥涵和路基设备检修试验方法，掌握铁路桥涵和路基常规维修的技能；掌握现场作业的人身安全和行车安全的基本知识等，能够从事铁路工程设备日常保养、病害维修等工作的本土化技术技能人才。

（2）铁道信号自动控制专业

蒙内铁路、内马铁路等完全采用中国铁路标准、技术、设备，根据信号工岗位要求，通过理论授课和实操训练，使学生掌握与职业能力要求相适应的基础知识和信号设备基本结构、技术条件、施工工艺、维护标准等专业技术知识，具备从事信号设备安装、调试、日常养护、常见故障处理及检修、管理等工作的职业能力，具有资料查阅、获取并判断信息、制订工作计划、运用多种知识和技能分析和解决问题、主动学习和终身学习等能力，具备良好的职业道德、敬业精神、适应能力、人际交往和沟通、团队协作和组织协调等能力，适应铁路运输一线需要的高素质本土化技术技能人才。

（3）供电技术专业

蒙内铁路、内马铁路等线路为非电气化铁路，依据铁路建设运行的电力需求，以打造"一专多能、一职多能、一岗多能"的维护管理团队为原则，培养能熟练掌握铁路电力安全工作、电力管理、电力设计及施工等相关法律、法规和规章制度，电力线路及变配电设备安装、测试运行、检修、维护与保养等基础知识，具有电力线路巡视、变配电设备巡视、电力设备突发事件应急处理能力和电力设备安装、测试技能技巧，拥有严格执行工作程序、工作规范、工艺标准，爱岗敬业、认真负责、刻苦学习、任劳任怨的职业素质，适应铁路交通运输行业的生产、服务和管理第一线需要的本土化技术技能人才。

（4）通信与信息化技术专业

依据肯尼亚蒙内铁路、内马铁路等东非铁路通信工岗位需求，通过理论授课和实操训练，使学员掌握铁路通信设备基本结构、工作原理、技术条件、维护标准、施工工艺等专业技术基础知识，具备从事铁路通信设备安装、调试、维护、故障处理及检修、管理、施工、技术改造等专业能力，具备获取信息、严格执行工作规范和安全操作规程、基本的生产组织和技术管理等方法和能力，具备良好的职业道德、敬业精神、吃苦奉献、人际交流和沟通、团队协作和组织协调等社会能力，能适应铁道通信设备维护与建设一线需要的本土化技术技能人才。

（5）铁道交通运营管理专业

依据肯尼亚蒙内铁路、内马铁路等东非铁路行车岗位、货运岗位、客运岗位需求，通过理论授课和实操训练，掌握铁路行车、货运、客运等知识，具备铁路行车、货运组织、客运服务的能力，具有分析、解决铁道交通运营管理问题的能力，具备良好的职业道德和职业素养，适应铁路运输企业旅客运输组织、货物运输组织等岗位一线需要的本土化技术技能人才。

2. 师资培养

培养外方教师队伍。从肯尼亚铁路培训学院选拔专业水平高的教师，通过跟班学习、现场锻炼和中国培训3种途径，培养了一支由12名教师组成的授课团队。

打造双语教师队伍。陕铁院制定了《双语能力教师认定管理办法》《双语课程建设管理办法》《双语教师培养方案》等制度，推进双语教师培养。学校联合西安外国语大学、西南交通大学，组建双语能力提升强化班，提升学校专任教师双语教学能力，助力涉外培训。通过校内口语筑基、西安外国语大学双语能力提升、西南交通大学工程英语应用强化三个阶段培养，经过涉外工程项目和双语课程实践，学校打造了一支高水平教师队伍，并固化形成了学校"三方协作，三段培养"的双语教师培养模式。

聘任企业兼职教师。从蒙内铁路运营公司聘任了40名技术专家担任兼职教师，指导学生实践训练。

3. 资源开发

从肯尼亚产业人才岗位需求出发，校—企—校（陕铁院、中国路桥、肯尼亚铁路培训学院）三方联合制订了铁道工程技术、铁道信号自动控制等5个专业教学标准，铁路桥梁施工与维护、铁路轨道施工与维护、数据通信网络组建与维护等22门核心课程标准，线路工、桥隧工、通信工等8个岗位教学标准，开发了《铁路工程技术》《铁路信号自动控制技术》《铁路通信技术》等5本双语教材（讲义），逐渐形成了集教学标准、培训教材、教学资源于一体的双语资源包，获得校企校三方认可，并在海外铁路培训中心推广使用。另外，学校联合西安铁路职业技术学院、昆明铁道职业技术学院等铁路类高职院校完成了蒙内铁路线路工、机车司机等岗位本土化人才培养。开发的双语资源包被蒙内铁路、中老铁路采用，实现了向共建"一带一路"国家共享中国职业教育资源。

4. 实训基地建设

肯尼亚鲁班工坊建设和运营秉持公平合作、开放包容、互学互鉴、互利共赢的精神，按照因地制宜、优质优先、强能重技、产教融合的原则，在中国路桥工程有限公司的支持下，以肯尼亚及东非铁路网建设人才需求为导向，以陕西铁路工程职业技术学院优质资源为支撑，以建立技术技能人才培养培训国际化机构为载体，以国际化专业教学标准为依据，以工程实践创新项目教学模式为主导，以培养熟悉中国技术、中国标准的本土化技术技能人才为目标，建设了较为完善的实训基地。

鲁班工坊校内实训场地建设。在肯尼亚铁路培训学院（肯尼亚鲁班工坊所在地）建设集铁道工程技术、铁道信号自动控制、铁道通信与信息化技术、供电技术、铁道交通运营5个专业的基础实训基地，建设面积2100平方米。基地配有铁路线路、铁路桥隧、铁道信号、铁道通信等系统挂图30余幅，设备、仪器仪表等100余套，能够满足单项设备操作与维护项目和仪器仪表等操作与使用项目需求。

蒙内铁路运营公司实训中心建设。学校与中国路桥蒙内铁路运营公司校企深度融合，充分发挥双方优势，在蒙内铁路运营公司建设综合实训中心，实训中心包含铁道工程技术实训工区，铁道信号实训工区（含铁道信号焊配线实训室、转辙机维护实训室、移频自动闭塞实训室、列车运行控制实训室、信号设备维护实训室等），铁道通信实训工区（含综合网络实训室、线路工程及综合布线实训室、GSM-R实训室等），供电技术实训工区（含供配电实训室），铁道交通运营实训工区（含铁路客运综合实训室、铁路货运综合实训室等）。

陕铁院校内虚拟实训资源建设。学校按照铁路线路、桥梁、隧道、站场的结构组成，模拟施工工艺、工作流程及关键操作环节，建成理念先进、设施一流、全国领先的"全真实体+虚拟仿真"铁路智慧建造虚拟仿真实训基地，并成功入选职业教育示范性虚拟仿真实训基地。按照铁道信号系统原理、结构和设备选型等，建成了铁路信号虚拟实训基地（含转辙机维护、自动闭塞、列车自动控制等）；按照铁道通信系统原理、结构及设备选型等，建成了铁路通信虚拟实训基地（含铁路数据通信网络组建与维护、铁路专网维护、铁路移动通信网络建设与维护等）；按照供配电系统原理、结构和设备特点，建成了供电系统虚拟仿真实训基地，满足学生在海外同步学习和技能实训的需求。

（三）项目建设历程

陕铁院与中国路桥、肯尼亚铁路培训学院密切合作，创新校企校合作模式，共同建设高水平鲁班工坊。

1. 合作筹备期

2016年9月，陕铁院选派首批教师共10余人赴肯尼亚对蒙内铁路本土学员进行培训，包含线路工、桥隧工、信号工、通信工、电工5个工种。肯尼亚蒙内铁路于2017年5月正式通车，陕铁院与中国路桥、肯尼亚铁路培训学院沟通，提出在肯尼亚建设鲁班工坊的设想；2018年5月，中国路桥工程有限责任公司到校考察，与学校签署了蒙内铁路培训协议，大力支持设立肯尼亚鲁班工坊；2018年9月，肯尼亚铁路培训学院派员到校，全面了解学校办学综合实力，双方就鲁班工坊建设内容及要求进行了深入对接，随后双方签署了"陕西铁路工程职业技术学院-肯尼亚铁路培训学院"合作方案暨框架式协议，在中国建立"肯尼亚铁路培训学院实践教学基地"，在肯尼亚建立肯尼亚鲁班工坊，签字仪式在陕铁院举行，确立了双方合作建立肯尼亚鲁班工坊的共同意愿，校企校三方合作初步形成。

2. 启动建设期

2019年2月，肯尼亚铁路培训中心（肯尼亚鲁班工坊）正式揭牌，陕铁院与中国路桥、肯尼亚铁路培训学院共同商讨了肯尼亚铁路培训中心（肯尼亚鲁班工坊）建设方案，包含专业设置、教学模式、实训场地建设等。2019年7月，陕铁院选派专家团队赴肯尼亚进行教学场地建设和实训设备安装调试，并对肯尼亚铁路培训学院教师进行了为期2个月的技术培训。

3. 运营发展期

肯尼亚鲁班工坊成为中肯两国人文交流的一个重要窗口，办学目标定位为"一个平台、一张名片、一座驿站"。2020年疫情发生前，学校采用教师"走出去"为主、学生"请进来"为辅的方式。在疫情常态化防控背景下，依托学校主持建设的8个国家、省级教学资源库和国家级"全真实体+虚拟仿真"铁路智慧建造虚拟仿真实训基地，创新形成了"三方联动，五双实施"的高职海外办学教学实施模式。利用新模式，线上完成了卢旺达高铁工程BIM技术培训、中土尼日利亚有限公司铁道机车运用技术培训、中土吉布提公司铁道机车运用技术培训3个海外培训项目，肯尼亚鲁班工坊成功辐射卢旺达、尼日利亚及吉布提等国家。

四、建设成效与创新点

（一）建设成效

1. 培养高素质技术技能人才

基于"三方联动，五双实施"的教学模式，学校开拓本土化人才培养项目 6 个，共培养铁路技能人才 869 名，就业率达 100%，其中，10% 的毕业生走上管理岗位。合作企业高度赞扬海外办学人才培养质量，为海外办学提供了 650 余万元的培养经费，达成了在共建"一带一路"国家继续合作的意向。肯尼亚铁路培训学院等外方院校对任课教师的工作态度和教学方法赞不绝口："感谢陕铁院提供了一流的技术，培养了卓越的铁路技术技能人才。"毕业生 TITUS 说："我已经被提拔为工电部部长助理，感谢你们的培养，使我熟练掌握了世界一流的铁路技术，有机会我一定到中国进一步学习。"

2. 分享中国职业教育标准

校企校三方制定的 8 个中英双语资源包在本项目实践后逐步完善，通过了全国铁道行指委铁道工程专指委认定，在老挝、肯尼亚、卢旺达等共建"一带一路"国家推广。

3. 擦亮海外办学中国品牌

肯尼亚鲁班工坊办学事迹先后被《中国教育报》《肯尼亚民族日报》等 40 余家中外媒体报道，入选"锻造大国工匠 奠基中国制造——新中国 70 年职业教育改革发展历程"案例。肯尼亚鲁班工坊助力陕铁院 2 次入选全国高职"国际影响力"50 强。

（二）创新点

1. 工坊筑台，打造中国铁路海外驿站

学校主动承担服务中国铁路"走出去"使命，将学校海外办学目标定位为"一个平台、一张名片、一座驿站"，做中国铁路技术的传播者和中国职业技术资源的共享者。一是做中国铁路技术的传播者。以服务中国铁路"走出去"为指导，解决蒙内铁路、亚吉铁路等海外铁路工程建设与运营期间本土化技术技能人才匮乏为目标，学校协同中国铁路"走出去"企业、外方高校共建鲁班工坊，传授中国铁路技术，为共建"一带一路"国家培养高素质技术技能人才。二是做中国职教资源的共享者。发挥学校国家"双高"计划人才培养高地优势，牵头开发具有中国特色的铁路技能人才培养方案，在共建"一带一路"国家推广应用，共享优

质教学资源，提升肯尼亚职业教育水平。

2. 制度赋能，构建合作共赢长效机制

将制度建设作为肯尼亚鲁班工坊有序建设与运行的保障，学校与中国路桥蒙内铁路运营公司、肯尼亚铁路培训学院达成合作协议，明确了三方责权利，形成了校企校合作共赢长效机制，构建了合作共同体，实现多方互利共赢，固化陕铁院鲁班工坊建设与运营模式。校企校三方共同参与鲁班工坊运营，中国路桥蒙内铁路运营公司提出岗位需求，提供培养经费，接纳合格毕业生；肯尼亚铁路培训学院根据岗位需求计划招收、管理学生，提供教学场地，共享中国一流水平的职教专业标准、课程标准及教学资源；学校负责制定培养方案，开发教学资源，开展人才培养，提升学校国际影响力。三方联动，密切合作，确保了人才培养质量。

3. 教学创新，共育本土技术技能人才

疫情发生前，肯尼亚鲁班工坊采用教师"走出去"为主、学生"请进来"为辅的教学方式。

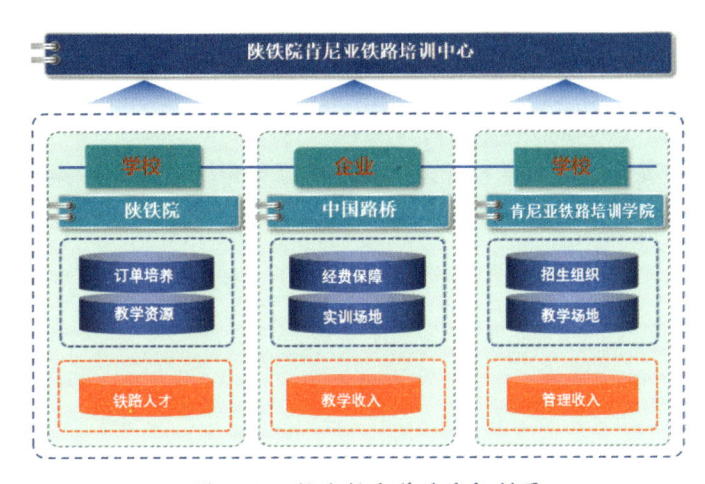

图 7-2 校企校合作共赢机制图

在疫情常态化防控背景下，依托学校主持建设的2个国家级、6个省级专业教学资源库，以及国家级"全真实体+虚拟仿真"铁路智慧建造虚拟仿真实训基地，以模块化课程为载体，创新形成了"三方联动、五双融合"的高职海外办学教学组织模式。"三方联动"指校企校在招生、教学、管理、就业等全过程密切配合，通力协作推进本土化铁路技术技能人才培养。"五双融合"是指学生具有学生和准员工"双重身份"，教学内容坚持理论知识与专业技能"双能并重"，教学方式坚持线上教学和线下指导"双线运行"，课程考核坚持过程考核与结果考核"双考结合"，知识传授坚持铁路技术和中国文化"双头共享"。利用现代信息手段，线上授课、线下指导、实训基地演练等方式提供24小时在线教学服务，解决了疫情常态化防控背景下海外办学过程中教学人员通行不便的难题，确保教学不停、标准不降、质量不减。

五、未来规划

（一）不断完善鲁班工坊建设与运营机制

肯尼亚鲁班工坊将依据肯尼亚乃至东非铁路建设运营岗位需求，以服务发展为中心，在逐步提高肯尼亚鲁班工坊基础设施水平的基础上，不断健全完善建设运营机制，探索鲁班工坊管理模式，保障肯尼亚鲁班工坊高质量建设和可持续发展。

（二）开发满足本土人才需求的双语教学资源

肯尼亚鲁班工坊将紧密对接职业技能培训、高等职业教育等人才培养目标，不断开发完善双语教学资源，为肯尼亚培养精通中国铁路标准的本土技术技能人才，为蒙内铁路的安全、有序、高效运营提供人才支撑。

（三）积极开展人员互访与学历教育

肯尼亚鲁班工坊将不断创新校企校合作模式，积极开展教师访学、学生交流，稳妥开展学历生教育，进一步丰富鲁班工坊人才培养范围，深化合作内涵，推动鲁班工坊健康发展。

第八章 塞尔维亚鲁班工坊建设与发展报告

塞尔维亚鲁班工坊由浙江旅游职业学院、塞尔维亚贝尔格莱德应用技术学院、泷鼎昇集团、杭州饮食服务集团有限公司共建，于 2019 年 7 月 24 日成立运营，是全球首个旅游和文化领域的鲁班工坊。结合塞尔维亚餐饮产业发展现状和人才培养需求，鲁班工坊重点开展中式烹饪，合作开发建设课程标准和教学资源，精准服务塞尔维亚中式餐饮人才培养和技能培训，同时为塞尔维亚当地中餐企业和中国企业提供菜品研发、餐饮管理运营等服务，助力中国烹饪技能推广，助力友华爱华的塞国青年烹饪人才培养，助力中塞文旅融合的创新研发。

第一节 塞尔维亚的社会经济与教育情况概述

一、塞尔维亚社会经济概述

塞尔维亚共和国位于欧洲东南部，地处巴尔干半岛核心位置，是欧洲和近东的重要联络点。塞尔维亚国土总面积 8.85 万平方千米，欧洲第二大河多瑙河的 1/5 流经其境内。塞尔维亚共有 30 个州，下辖 198 个区。首都贝尔格莱德市是全国的政治、经济、文化及科研中心，东南欧第四大城市。

塞尔维亚人口 718 万人。其居民以塞尔维亚人居多，余为克罗地亚人和黑山人。其官方语言为塞尔维亚语。其主要宗教为东正教。塞尔维亚是一个多民族的国家，83.3% 的人口是塞尔维亚族，其余有匈牙利族、波斯尼亚克族、罗姆族及斯洛伐克族等。塞尔维亚为议会共和制国家，实行三权分立的政治体制。政局总体保持稳定。

塞尔维亚经济以服务业为主，占国民生产总值的 63%。其主要矿产资源有褐煤、石油和天然气，耕地面积占国土面积的 55%，森林面积占国土面积的 29.1%，水力资源丰富。近年来，塞尔维亚积极实行经济改革，推进私有化，改善投资环境，经济实现增长。2021年国内生产总值为533.2亿欧元，人均国内生产总值为7697欧元，国内生产总值增长率为7.4%。

二、塞尔维亚教育情况概述

塞尔维亚教育体系是在20世纪五六十年代建立起来并逐步得到完善的教育体系。随着政权更迭，塞尔维亚教育部于2001年进行塞尔维亚高等教育改革，依照博洛尼亚进程建立现代高等教育体系。

（一）塞尔维亚高等教育体系

塞尔维亚高等教育实行三级学位制：学士学位、硕士学位、博士学位。本科生教育分为学术本科教育和职业本科教育，分别需修满180—240学分和180学分；硕士研究生教育分为学术型硕士教育、学术型专业教育、职业型专业教育三种，分别需修满60—120学分、60学分、60学分。其中，学生可在学术型硕士教育和学术型专业教育之间转换。学术本科教育修满学分后，可升为学术型硕士教育或学术型专业教育，职业本科教育修满学分后可直接升为职业型专业教育。博士研究生教育需修满180学分，学术型硕士教育修满学分后方可升为博士研究生教育。

从学制来看，塞尔维亚的高校实行两种学制，一是"4+1"模式（即本科4年、硕士1年），二是"3+2"模式（即本科3年、硕士2年），前者占多数。高等学校的招生工作根据学生在中学阶段的成绩和入学考试成绩择优录取，其中中学成绩占40%，入学考试成绩占60%。

表8-1 塞尔维亚公立与私立高等院校情况统计表

序号	1	2	3	4	5	6	7	8	9	10
公立大学院校	贝尔格莱德大学	诺维萨德大学	贝尔格莱德艺术大学	科拉古耶瓦茨大学	尼什大学	普里什蒂纳大学	新帕扎尔国立大学	国防大学	刑事警察大学	—
私立大学院校	辛吉杜努姆大学	美加特伦德大学	经济学院大学	埃杜孔斯大学	米特孔斯大学	联盟大学	尼古拉·特斯拉联盟大学	阿尔法BK大学	欧洲大学	新帕扎尔大学

从高校类型与规模看，塞尔维亚高等院校分为公立大学与私立大学两种，高校规模不断扩大。表8-1中所有院校层次都涵盖本硕博阶段。该国最著名的两所

公立大学是贝尔格莱德大学和诺维萨德大学。贝尔格莱德大学成立于 1863 年，历史悠久，目前有 33 个学院，8 个研究所。诺维萨德大学成立于 1960 年，目前有 13 个学院。塞尔维亚高等教育机构近年来扩大招生，现在校大学生约 26 万名，每年招收近 10 万名新生，其中本科生约占 58%，研究生约占 11%，其他类型的约占 31%。

（二）塞尔维亚职业教育体系

塞尔维亚具有良好的职业教育发展历史基础，在 20 世纪 50 年代，南斯拉夫社会主义时期职业教育迎来发展和繁荣，此阶段推出的"职业定向教育"曾吸引其他社会主义国家竞相学习。南斯拉夫解体后，2003 年塞尔维亚和黑山共和国以国家身份加入博洛尼亚进程（Bologna Process），成为欧洲高等教育区的正式成员。博洛尼亚进程也带动了塞尔维亚职业教育和成人教育的系统性重塑，逐步形成了由中等职业教育、高等职业教育、成人职业教育组成的职业教育体系。

1. 中等职业教育

塞尔维亚中等职业教育主要包括三年制学历教育和四年制学历教育，还包括 1 年的职业培训、2 年的工作教育、1—2 年的专业教育、1—2 年的工匠教育等形式。中等职业教育教学计划由国家统一制订，三年制中等职业教育课程包含 30% 的普通教育和至少 65% 的职业教育课程，四年制职业和艺术教育课程包含 40% 的普通教育和至少 55% 的职业教育。职业教育课程主要涵盖建筑、机械工程、农业、林业、健康、经济、餐饮和贸易等。课程类型有模块课程、必修课程、专业实践等。多样化的课程设置可以实现在普通教育和职业教育、理论学习和专业实践之间的平衡，在一个或多个工作领域的资格框架内实现横向和纵向的流动，进而实现中等教育与高等教育的衔接。2020 年，塞尔维亚四年制中等职业教育的覆盖率为 52.7%，三年制中等职业教育覆盖率为 11.9%。

2. 高等职业教育

塞尔维亚高等职业教育主要是本科阶段的职业教育和研究生阶段的职业性专业教育。塞尔维亚的高等职业教育机构主要包括大学内的学院、职业研究学院、四年制职业学院。大学是在一个或多个领域内开展科学研究、专业或艺术工作的独立高等教育机构，可以实现所有类型和学位的学习。大学内的学院是非独立机构，可以开展职业教育课程。高等教育机构在教育和艺术领域实现至少 5 个国家认可的职业研究课程，即可具备职业研究学院的地位。职业研究学院是可实现基础职业学习、硕士职业学习和专科职业学习的独立高等教育机构，如贝尔格莱德商业和艺术职业研究学院，可提供3年的基础职业研究和1年的硕士职业研究。[①] 四年制职业学院是指开展自然科学或数学、社会科学和人文科学、医学科学、工程和化学工程、艺术中一个或多个领域的基础职业课程和专业性职业课程的独立高等教育机构。

3. 成人职业教育

成人职业教育主要是提高职业发展的知识、技能和能力，为成年人提供个人职业发展和就业的专业支持。正规中等成人教育在高中实现，成人作为非全日制学生招收。成人通过持续一年或两年的专业教育，或者至少有两年特定专业工作经验的人，都可以获取国家资格框架4级水平的专业资格，完成专科教育后参加专科考试，可获得国家资格框架5级水平的专科考试合格证书。塞尔维亚将成人职业教育作为解决就业的重要途径，国家就业服务局每年都会组织额外的教育和培训计划。2020年，塞尔维亚成人培训参与率高于2018年的4%，但远低于欧盟11%的平均水平。[②]

第二节 中国与塞尔维亚两国经济教育合作情况

一、中国与塞尔维亚两国经济合作情况

中国与塞尔维亚友好交往源远流长，历久弥坚。1955年，南斯拉夫与中国建交。2009年，中塞宣布建立战略伙伴关系。2013年，中塞两国元首共同签署《中华人民共和国和塞尔维亚共和国关于深化战略伙伴关系的联合声明》。2016年，中塞两国宣布建立全面战略伙伴关系，塞尔维亚是中东欧地区第一个与我国建立全面战略伙伴关系的国家，中塞关系再上新台阶。2017年，中塞全面免签协定正式生效，塞尔维亚成为首个对华全面免签的欧洲国家，中国成为塞尔维亚第三大入境国。

近几年，在"一带一路"建设和"中国-中东欧国家合作"框架下，中塞两国经贸合作蓬勃开展，在经贸合作、基础建设、文化旅游、人文交流等领域合作

---

① BEOGRADSKA AKADEMIJA POSLOVNIH I UMETNIČKIH STRUKOVNIH STUDIJA [EB/OL].[2022-01-08]. https://www.bpa.edu.rs/sr-latn-rs/o-akademiji.

② Strategiju razvoja obrazovanja odraslih u Republici Srbiji [EB/OL].[2022-01-10].http://atina.org.rs/sites/default/files/strategija_razvoja_obrazovanja_odraslih.pdf.

不断取得新突破。两国贸易额正逐年快速增长。2020年,两国贸易克服疫情影响逆势上涨,双边贸易额达21.2亿美元,创历史新高,中国成为塞尔维亚第三大贸易伙伴、第二大进口来源国。

塞尔维亚是我国在中东欧地区建设基础设施项目最多的国家。我国企业承建的公路、电站、铁路改造升级等基础设施项目正稳步推进,为塞尔维亚的经济社会发展贡献力量。得益于良好的双边关系和塞尔维亚不断改善的营商环境,越来越多的中资企业赴塞尔维亚开展投资业务。展望未来,中塞经贸关系蕴藏着巨大的发展潜力和广阔的合作空间。

二、中国与塞尔维亚两国教育合作情况

随着经济领域合作的不断深入,中塞两国在教育领域,尤其是高等教育领域的交流与合作也获得重要进展。

中塞双方高度重视定期举行的中国-中东欧国家教育政策对话,这为双方全面推进教育合作、发掘教育合作新领域提供了有利条件。2017年9月,第五届中国-中东欧国家教育政策对话和中国-中东欧国家高校联合会第四次会议在塞尔维亚诺维萨德举行,塞尔维亚诺维萨德大学被确定为联合会中东欧方第二届秘书处。中国-中东欧国家高校联合会构建了成员大学间共享信息与资源的重要平台,在推动中国和中东欧国家教育交流与合作方面发挥了重要作用。在联合会的指导和支持下,中国-中东欧国家艺术院校联盟、音乐院校联盟、旅游院校联盟、体育院校联盟、高校图书馆联盟等相继成立。这些联盟旨在聚焦彼此特色专业和优势学科,开展合作办学、联合培养和科研合作。

同时,中塞两国教育合作项目不断增加。2018年10月,中塞高等教育研讨会和留学中国高等教育展在塞尔维亚举行,活动全面介绍了中国大学情况,进一步促进了中塞高校学生的双向流动。2021年12月,中塞两国教育主管部门签署《中塞高等教育学历学位互认协议》和《2021—2025中塞教育合作计划》两个重要基础性协议,为双方教育领域交流合作走深走实奠定坚实基础。2022年5月,中塞高等教育合作研讨会暨"塞尔维亚月"主题活动在线举行,推动了中塞高校加入工学学科共同体。这一系列活动拓宽了中塞两国的合作广度,推进务实合作走向深入,实现了更有效的双向互动。

第三节　项目建设与发展

一、中国与塞尔维亚合作学校简介

（一）浙江旅游职业学院

浙江旅游职业学院是由文化和旅游部与浙江省人民政府共建的一所公办高等旅游院校。学校坐落于中国历史文化名城、风景旅游胜地——杭州，占地72万平方米，总建筑面积约27万平方米。学校致力于培养有社会之责任、敬业之精神、博爱之胸怀、国际之视野的旅游英才，努力建设成国内一流、国际知名、中国特色、世界水平的旅游高等职业院校。学校是中国特色高水平高职学校和专业建设单位，连续多年荣获全国高职院校"服务贡献50强""国际影响力50强""育人成效50强"，获评中国职业教育最高奖——全国黄炎培职业教育"优秀学校奖"。

学校设有酒店管理学院、旅行服务与管理学院、旅游规划与设计学院、厨艺学院等13个教学单位，开设了导游、酒店管理与数字化运营、智慧景区开发与管理、中式烹饪工艺等30个旅游类专业，其中建有国家高水平专业群1个，国家骨干重点建设专业8个，世界旅游组织旅游教育质量认证专业11个，全国职业院校旅游类示范专业点2个。学校拥有全日制在校学生数13000余名，教职员工700余人。

学校是首批浙江省国际化特色高校、浙江省第一批具有招收外国留学生资格的高职院校、全国首批"中美高素质技能型、应用型人才联合培养百千万交流计划"项目院校，设有非独立法人中外合作办学机构——中澳国际酒店管理学院。学校积极响应"一带一路"建设，先后设立中俄旅游学院、中塞旅游学院、中意厨艺学院3个境外办学机构，均成功入选浙江省高校首批"一带一路'丝路学院'"，中塞旅游学院入选全国首批鲁班工坊运营项目。学校与联合国世界旅游组织、世界旅游联盟、世界职业院校与技术大学联盟、世界厨师联合会等国际组织建立了合作交流关系，是浙港职业教育联盟理事长单位。学校与瑞士洛桑酒店管理学院、澳大利亚威廉·安格理斯学院、英国谢菲尔德哈勒姆大学、意大利ALMA国际餐饮学院、俄罗斯国立旅游与服务大学、韩国顺天乡大学等18个国家和地区的40多所高校建立长期稳定的合作关系，并与美国迪斯尼公司、阿联酋迪拜豪华酒店集团、意大利歌诗达邮轮集团、日本温泉饭店等80余家全球顶尖旅游企业建立紧密型合作关系。

（二）塞尔维亚贝尔格莱德应用技术学院

塞尔维亚贝尔格莱德应用技术学院由塞尔维亚健康科学学院、旅游学院、酒店管理学院3所知名的职业导向型学院组成，是一所聚焦旅游、酒店管理和健康科学领域设立专业的公办高等职业院校，现有190名教职员工，约6000名学生。

贝尔格莱德应用技术学院致力于为塞尔维亚共和国发展提供优质的职业教育，为医疗、旅游和酒店领域的工作人员创造职业进一步发展的机会，主要从事旅游管理、旅游管理和导游，厨艺、餐饮管理和酒店管理，健康科学等专业领域的教育和培训。学校通过不断提高员工的能力，为学生创造获取知识和技能的条件，使他们在塞尔维亚，乃至欧洲和全球劳动力市场中具有竞争力。学校致力于提升创造力，加快教育创新，鼓励支持学生和员工的创新举措和想法，以提升学校发展潜力和国际地位。

学校坚持开放合作传统，持续推进国际化建设，不断融入区域、欧洲和世界，与世界各地的高等教育机构建立了友好合作关系，在医学、旅游和酒店领域被公认为知名的职业导向高校。该校作为本科及欧盟"伊拉斯谟加"项目院校，在欧洲范围内有坚实合作基础和丰富的国际合作经验，为中塞旅游学院在多个领域取得的合作成果提供坚定支持。

二、合作企业介绍

（一）塞方合作企业：泷鼎昇集团

泷鼎昇集团由旅居塞尔维亚的多位华侨联合创立，致力于塞尔维亚基础设施、社会保障和旅游产业的投资与建设。集团旗下经营的泷鼎昇酒店坐落于中国文化中心大厦，是一家彰显中国传统文化的四星级酒店。文化中心的2—3层是酒店中餐厅，为宴会和推介会等开放式活动提供定制餐饮服务，代表着塞尔维亚境内中餐经营的最高水准，是贝尔格莱德乃至塞尔维亚境内最具代表性的旗舰中餐门户。作为塞尔维亚浙江商会的一员，泷鼎昇集团承接了中国国际贸易促进委员会浙江省委员会、中国国际商会浙江商会驻塞尔维亚联络处相关工作，积极组织并参加其他各类华商团体的交流和互助活动，不断扩大华商、浙商在塞尔维亚，乃至东欧地区的文化和经济影响力。

泷鼎昇选择加入塞尔维亚鲁班工坊的主要有三个原因：一是以泷鼎昇酒店中餐厅为代表的华人餐饮企业面临人力资源短缺的问题，尤其受疫情影响，留塞工作的华人大幅减少，雇佣本地人要付出较大的语言和技能培训成本。二是塞尔维亚中餐厅经营的菜肴呈现品种单一、缺乏创新的特点，自1997年以来，旅居塞尔维亚的华人日益增加，虽然中餐厅的数量不少，但是从菜肴的种类到烹饪方式，甚至是菜品单价，几乎没有发生变化。三是赴塞旅游的中国游客逐渐增多，到2019年，中国已成为塞尔维亚入境旅游第一大客源国。面对大量国人的涌入，在塞的中餐厅已无法满足中国游客对中餐品质的要求。基于以上原因，泷鼎昇作为在塞华人中餐企业的代表，希望借助鲁班工坊项目，帮助塞尔维亚的中餐企业提升菜肴品质、从业人员综合能力和经营服务水平。

泷鼎昇作为鲁班工坊的塞方企业，将为鲁班工坊的建设提供以下三个方面的支持：一是借助华人商会和其他华人力量，扩大受益面，让更多在塞甚至在欧洲其他国家的华人餐饮企业，能参与鲁班工坊的技能培训和指导项目。二是为鲁班工坊各项工作的推进和开展提供场地、设备和人力支持，泷鼎昇酒店能全面覆盖住宿、会议和培训等各种需求。三是作为鲁班工坊人员培训和产品研发的实践基地，泷鼎昇酒店中餐厅设有功能齐全、设备先进的中式厨房，能给参与培训的从业人员提供实践锻炼的平台。同时，创新研发的菜肴可以借助泷鼎昇酒店中餐厅率先投入餐饮市场并第一时间获取反馈信息。

（二）中方合作企业：杭州饮食服务集团

杭州饮食服务集团有限公司（简称"饮服集团"）是一家经营生产中式餐饮和食品，投资西式快餐，发展电子商务，研究传播饮食文化的专业餐饮公司，主要从事餐饮业、食品加工、照相等行业的经营管理。公司资产优良，实力雄厚，拥有近百名国家、省市级烹饪大师、服务大师等管理及专业技术人才。公司下属有中国杭帮菜博物馆、知味观、杭州酒家、天香楼、奎元馆等多家国内知名企业。知味观、奎元馆、杭州酒家等企业被国家商务部授予中华老字号和"中国十大品牌餐饮企业""中国驰名商标"等荣誉称号。饮服集团先后荣获全国和谐商业企业、杭州市服务企业100强、杭州市突出贡献企业等荣誉称号。

近年来，饮服集团通过参加国内海外展会和线上渠道寻找意向客户，拓展海外市场。在海外经营方面，饮服集团面临的主要困境有：一是因含肉等产品出口限制，企业在海外市场销售的品类仅限于青团、粽子、月饼、糕点等素食类产品。二是在海外市场销售方面，因运输路途遥远、周期长，海外客户对临保产品较为排斥，大部分客户希望保质期能延长至9个月，再次限制了出口产品的种类。目前，集团旗下产品销往美国、加拿大、澳大利亚，以及东南亚、欧洲等国家，部分国家年销售额100万以上，但因疫情、经济、政治、海运费和到港周期影响，销售额有所下滑。集团希望借助鲁班工坊，能实现技能分享，能有效利用塞尔维亚当地资源还原地方菜肴，避免因物流周期长造成的弊端。

饮服集团能参与到鲁班工坊的具体事项有以下三个方面：一是人才支持，集团现有浙江省非物质文化遗产传承人2名，浙江工匠1名，杭州工匠4名，杭州市首席技师5名。现有高技能人才274名，其中高级技师40名，技师33名，高级工201名，可派出优秀技术人才参与鲁班工坊人才培养项目。二是技术支持，集团现有浙江省技能大师工作室2个，杭州市技能大师工作室7个，具备强大的技术研发能力，可参与鲁班工坊技术研发项目。三是产品和服务支持，集团每年研发各类菜点新品300余个，具有很强的迭代创新能力；作为杭州市厨艺表演队的主要表演队员输出单位，频繁参与国家、省市区各类美食交流及比赛活动。

三、项目建设情况

（一）发展定位与建设思路

塞尔维亚鲁班工坊由浙江旅游职业学院与贝尔格莱德应用技术学院于2019年7月共同成立，坐落在塞尔维亚首都贝尔格莱德，这是中塞两国在旅游教育领域的首个合作平台。该项目旨在响应国家加快和扩大新时代教育对外开放号召，积极践行服务"一带一路"建设需求，立足将其打造成为中塞两国旅游教育、人文交流和文化传播的重要载体。

塞尔维亚鲁班工坊以传授"中式烹饪技能"为主要特色，助力塞国青年烹饪人才培养，助力中塞文旅融合的创新研发；打造"三个中心"：一是技能培训中心，二是实训中心，三是研究中心；通过开展专业对接、职业培训，建立国际跨境"产教融合、校企合作"的技能人才创业培养基地，致力于为塞尔维亚培养精通中式烹饪的本土化技能人才，在共享优秀旅游职业教育成果的同时，积极推动中塞文化旅游融通、民心共通。

（二）重点建设内容

1. 专业建设

结合塞尔维亚餐饮产业发展现状和人才培养需求，发挥浙江旅游职业学院在中式烹饪教育方面的专业优势，塞尔维亚鲁班工坊以人才培养目标为出发点，以职业素养为基础，以专业技术培养为主线，重点开展"中式烹饪"技能培训。依据中式烹调师认证要求，面向在塞尔维亚的高级酒店、中餐厅等相关岗位所需职业技能，采用线上线下混合式教育模式，开发了中餐饮食文化、中餐冷菜、中餐热菜、中点工艺四门核心课程，精准服务塞尔维亚餐饮人才培养和技能培训，助推中餐烹饪职业教育"走出去"。

2. 师资培训

师资队伍是鲁班工坊顺利运行的重要保障。为确保中塞旅游学院揭牌后的正常教学和有序运行。一方面，浙江旅游职业学院成立境外合作办学机构工作领导小组，研究出台《境外合作办学机构中方院长和教师管理办法》，明确中方院长和教师的选拔与派遣、任期与待遇、管理与考核，为鲁班工坊办学的可持续发展保驾护航。另一方面，浙江旅游职业学院选拔优秀骨干师资团队进行授课，以中国烹饪大师为引领，以大师工作室为载体，烹饪专业实力过硬，并围绕中国旅游职教理念、专业技能、线上教学等，为鲁班工坊优选的骨干教师制定了个性化的培训课程，通过培训，使得授课教师熟练掌握了线上教学要点，具备了讲授专业核心课程的基本能力。与此同时，中塞双方院校师资也定期开展线上交流，就塞尔维亚鲁班工坊建设方案、人才培养方案等开展讨论、认证，进一步巩固和丰富"一带一路"办学成果。

3. 资源开发

为满足烹饪技能培训教学需求，塞尔维亚鲁班工坊构建基于线上线下混合式教学的双语课程，编写《中餐饮食文化》《中餐冷菜制作》《中餐热菜制作》《中式点心制作》四本新形态理实一体化教材，开发具有塞尔维亚特色的数字化培训教学资源包，内含 400 分钟教学资源，50 个课件。完成国内外教学平台上线，确保教学活动、师生交流即时性和有效性，在疫情期间为职业技能教学搭建中餐烹饪"空中课堂"。此外，联合杭州知味观餐饮有限公司和贝尔格莱德中塞文化交流中心泷鼎昇酒店联合开发符合塞方教学和行业要求的烹饪专业标准 1 个、核心课程标准 4 门和烹饪岗位标准 6 个，加快培养本土化烹饪人才，助力打造中国职教国际品牌。

（三）项目建设历程

1. 校际访问，开启两校友好关系新篇章

2018 年 12 月，贝尔格莱德酒店管理学院院长一行访问浙江旅游职业学院，双方就"一带一路"背景下开展中塞旅游教育合作达成了初步意向，同意在贝尔格莱德共建"中塞旅游学院"。

2019 年上半年，贝尔格莱德酒店管理学院、贝尔格莱德旅游学院、贝尔格莱

德医疗健康学院 3 所学院合并为贝尔格莱德应用技术学院。合并后专业设置更加契合，为双方进一步合作提供了更为广阔的空间和平台。

2019 年 7 月 21 日至 25 日，浙江旅游职业学院派出由国际教育学院院长、厨艺学院院长和厨艺学院教授组成的教育代表团赴贝尔格莱德应用技术学院考察访问。期间，他们拜访塞尔维亚教育部，向塞尔维亚教育部副部长汇报了两校合作的具体计划，并在其见证下签订两校合作协议。塞尔维亚教育部、中国驻塞尔维亚大使馆及当地媒体，中国一带一路网、浙江省文化和旅游厅官网及《浙江教育报》等媒体对中塞旅游学院的成立进行了报道。

2. 亮点纷呈，塞尔维亚鲁班工坊合作顺利推进

2019 年 11 月，在两校积极配合和大力推进下，由浙江旅游职业学院选派的中塞旅游学院首任院长和教师赴塞尔维亚开展工作。塞尔维亚鲁班工坊首批共招收 40 名塞尔维亚学生，并于 11 月 20 日举办开班仪式。塞尔维亚高等教育委员会副主席、贝尔格莱德应用技术学院代理校长、贝尔格莱德酒店管理学院院长及中塞旅游学院师生参加了开班仪式。

2019 年 12 月，浙江旅游职业学院厨艺学院 10 位学生赴塞尔维亚开展为期 1 个月的交换学习，贝尔格莱德应用技术学院专门为学生开设了塞尔维亚历史、地理、文化等专题讲座。在专业课方面，塞方为中国学生设计了一周 12 课时的烹饪实训课，让学生在最短时间内深入了解和学习塞尔维亚烹饪技法。让人感动的是，塞方两位退休的资深教授在得知中国学生到来后，主动回校为他们教授传统塞尔维亚烹饪技法。

12 月 16 日至 22 日，塞尔维亚鲁班工坊在贝尔格莱德举办了第一届中国美食文化周。中国学生向塞尔维亚师生展示了极具江南风味的中国传统菜肴，并开展了剪纸展示、书法体验、食品雕刻等互动环节，让塞尔维亚师生近距离感受和体验中华文化的内涵和魅力。主题为"美丽浙江·中国关知味杭州"的美食展将中国美食文化周活动推上了高潮。中方学生负责烹制、塞方学生提供服务，为塞尔维亚的好朋友们准备了一桌高质量的中国传统宴席，既让塞尔维亚师生品尝了地道的"中国味道"，又展现了中国高超的烹饪技艺，彰显了中国烹饪文化的博大精深，为中塞两国"一带一路"的旅游合作和交流增添新亮点。

3. 联合抗疫，诠释两国钢铁般情谊

2020 年疫情发生后，浙江旅游职业学院积极联络塞尔维亚政府和塞尔维亚驻华使馆，向合作院校捐赠防疫物资。塞尔维亚总理办公室回复邮件感谢学校慷慨

捐赠："我们代表塞尔维亚政府再次对你们在我们抗击疫情时提供的援助表示最诚挚的谢意，你们无私的帮助正体现了中塞两国钢铁般的友谊，将会被两国人民所铭记。"2021年3月，浙江旅游职业学院收到由塞尔维亚政府财政部部长兼中国 – 中东欧"17+1"合作机制塞尔维亚政府协调人亲笔签发的感谢信。感谢信原件现已被世界旅游博物馆收藏。

4. 教学不断，实现特色办学新突破

疫情期间，塞尔维亚受到严重影响，贝尔格莱德应用技术学院也被迫关闭了一段时间。浙江旅游职业学院充分利用信息化手段，通过线上会议和空中课堂，与塞方就中塞旅游学院的后续办学设想和未来工作布局等议题进行交流与协调，并制定时间表、路线图，确保塞尔维亚鲁班工坊高质量可持续发展。在双方校长的大力支持下，2020年11月，浙江省文化和旅游发展研究院塞尔维亚研究中心正式成立。研究中心采取双主任制，由浙江旅游职业学院校长和塞尔维亚贝尔格莱德应用技术学院校长兼任，研究人员由两校选派教授及向社会聘请专家学者组成。2022年3月和10月，塞尔维亚鲁班工坊中塞旅游学院分别召开春季班和秋季班开班仪式，中国驻塞尔维亚使馆教育官员出席。学院继续围绕"中式烹饪技能"的教学特色，依托互联网平台开展职业技能课程。

四、建设成效与创新点

（一）建设成效

1. 探索"线上+线下"双线教学模式，实现国际旅游职业人才培育新提升

塞尔维亚鲁班工坊中塞旅游学院以中式烹饪技能培训为特色，实施的"线上+线下"双线教学模式既满足了个性化学习需求，又提升了学习者的综合素质和就业能力，深受塞方学生欢迎。三年来，塞尔维亚鲁班工坊累计招收塞尔维亚学生109名，烹饪技能培训切实提高了学生的技能水平，也为当地酒店、餐厅输送了一批高素质的烹饪专业技能型复合人才，积极服务塞尔维亚旅游餐饮行业发展需求。与此同时，也增进了中塞双方在政府、企业、院校等领域间的相互理解，助力国家间人文交流和民心相通。其中2022春季班学生参加"汉语桥"塞尔维亚赛区决赛获三等奖，成为该校第一位获得"汉语桥"奖项的学生。

2. 共建共享教学资源研究成果，拓宽国际旅游职业教育合作新渠道

职业教育的数字化转型是大势所趋，国际职业教育合作更需主动谋划职业教

育数字化发展策略。因此，在教学层面，塞尔维亚鲁班工坊中塞旅游学院结合塞方培训需求，编写《中餐饮食文化》《中餐冷菜制作》《中餐热菜制作》《中式点心制作》四本新形态理实一体化教材，开发具有塞尔维亚特色的数字化培训教学资源包；并整合中塞两国企业资源，开发符合塞方餐饮行业需求的烹饪专业标准 1 个、核心课程标准 4 门和烹饪岗位标准 6 个。

在科学研究方面，塞尔维亚鲁班工坊依托塞尔维亚研究中心，定期开展线上研讨会，2021—2022 年研究中心重点就"塞尔维亚饮食文化"开展调研，研究成员通过查阅外文书籍、专程拜访文化研究领域的专家学者和旅塞华侨，从多个角度呈现巴尔干地区的饮食文化历史。首个标志性研究成果《塞尔维亚饮食文化》科普书籍完成编写。该书系统介绍了塞尔维亚饮食史、食材、菜肴、小吃、节庆饮食，以期将塞尔维亚饮食文化介绍给更多中国读者。除此之外，借助塞尔维亚鲁班工坊的平台，浙江旅游职业学院积极组织教师参加国际化会议，进而提升中国旅游职业教育在国际的影响力和话语权。

3. 总结凝练办学经验做法，展现中国旅游职业教育新形象

塞尔维亚鲁班工坊中塞旅游学院一直得到两国媒体的高度关注，塞尔维亚教育部、中国驻塞大使馆及当地媒体，多次宣传推广中塞旅游学院办学成果。相关办学经验做法也受到《中国教育报》《中国旅游报》《浙江教育报》，以及人民网、中新网、中国教育网、中国教育在线、浙江省人民政府、浙江新闻、浙江"一带一路"网等媒体报道。境外办学机构成果获浙江省教学成果奖高职教育类特等奖，并在金砖国家职业教育联盟大会、中俄职业教育交流与合作研讨会、2020 中国职业教育服务"一带一路"建设论坛等多个全国性、区域性会议上应邀分享，全方位展现了中国旅游职业教育的魅力，为推广中国特色职业教育模式贡献力量。

（二）创新点

1. 坚持特色化引领发展，推动"中国烹饪"走向世界

塞尔维亚鲁班工坊依托国家级烹饪大师工作室，将中国饮食文化、职业素养等与职业能力相结合，注重国际化中餐烹饪课程开发，已经完成了百余个中式菜肴双语教学视频的制作，安排大师讲座、烹饪实操、餐饮企业参观等方式，开展符合塞尔维亚国情和市场需求的职业技能培训，创新培养全球通用的中式烹饪人才。同时通过校地、校企、校际合作，以技术研发、教育培训、人才交

流为主要手段，实现资源共享、民心互通，共同推动海外中餐业转型升级，在推动共建"一带一路"高质量发展的征程中，让世界爱上"中国味道"。

2. 注重产教深度融合，打造国际校政企命运共同体

塞尔维亚鲁班工坊强化"重技强能"，积极发挥海外烹饪行业企业的重要引领作用，实现产业、行业、企业、职业和专业的"五业联动"。通过"校政企合作"模式，加强塞尔维亚鲁班工坊与在塞中资餐饮企业的合作，既为当地学生定岗实习和就业工作访企拓岗，也为"走出去"的中资餐饮企业提供员工技能培训，助力海外中餐业发展提质增效，更好服务两国经济社会发展。

塞方政府部门也高度重视塞尔维亚鲁班工坊的建设，塞尔维亚教育部副部长听取具体合作方案并多次出席中塞旅游学院活动，高度赞扬中塞旅游学院于两国教育和旅游领域合作的重要意义。塞尔维亚高等教育委员会副主席参加开班典礼、美食节等重要活动。中国驻塞尔维亚大使馆教育参赞一直关心指导两校的合作和中塞旅游学院的发展，在两校合作交流、中塞旅游学院日常活动方面均给予了大力支持。

3. 推进餐饮文化互通互鉴，诠释"中国服务"核心内涵

一方面，以塞尔维亚鲁班工坊为平台，搭建人文交流桥梁，开展一系列形式新颖、内容丰富、喜闻乐见的中国文化活动，如2019年在塞举办的"美丽浙江·知味杭州"美食展，塞尔维亚教育部副部长等领导亲临展会，活动辐射千余人，既展示了当代中国良好形象，又促进了"一带一路"人文交流；又比如2020年疫情期间，浙旅院通过塞尔维亚鲁班工坊中塞旅游学院积极向塞方捐赠抗疫物资，次年收到了塞尔维亚总理办公室的感谢电子邮件及塞尔维亚财政部部长签署的抗疫物资捐赠感谢信，在传递中国携手并进、共同发展的国际合作理念的同时，也让中塞钢铁般的友谊在青年一代继续传承。

另一方面，以中式烹饪技能培训为载体，彰显开拓创新、精益求精的中国工匠精神，如塞尔维亚鲁班工坊教师团队拍摄的"欢乐春节"线上项目《牛气冲天——国际友人的中国年味》视频被多国中国文化中心公众号转载，《浙江美食工作坊——中国传统节日点心》系列教学片被中国驻外领事馆采纳并在海外推送，真正用餐饮文化讲好中国故事，借力旅游职业教育打造"一带一路"国家传播的新窗口。

五、未来规划

"志合者，不以山海为远。"中塞两国间深厚牢固的传统友谊和两国人民间的特殊友好情谊是塞尔维亚鲁班工坊不断向前发展的坚实基础和不竭动力。中塞两校在合作共建上的相互理解、彼此支持和广泛共识，则是塞尔维亚鲁班工坊发展的柱石，也是支持两校在高水平上进一步深化合作的重要条件。未来，中塞双方将珍视两校友谊，继续推进双方合作，共谱中塞教育与友谊的新篇章。

（一）坚持标准引领，协助中资餐饮企业"出海"

塞尔维亚鲁班工坊将加强对塞尔维亚餐饮行业的调研，重点研究市场需求、行业法规政策等，提高中外需求融合度，为中资餐饮企业"走出去"出谋划策。联合海外中资企业与国内证书评价组织，筹备开发1+X海外烹饪证书，促进学业证书和职业技能证书衔接，推动实现学分互认，进一步提升我国烹饪技能标准的国际适应性。同时以质量为根本，以培训为载体，以专业为特色，依托塞尔维亚教育主管部门、在塞中资企业、塞尔维亚职业院校等，继续深化校政企协同育人的"生态圈"建设。

（二）重视科技赋能，创新高质量教学合作模式

塞尔维亚鲁班工坊将充分依托移动互联、大数据、云计算、人工智能等新技术，发挥现代科技优势，探索设立融合线上线下的联合实训室、智慧教室等，实现远程连线、云端授课。尝试推行"国际学徒制"，并开展相关课程设计、开发相应教育资源、构建考核评价体系。同时，继续深化合作领域，创新合作模式，丰富合作内容，积极推进教师访学、学生交流、留学生招生等工作的落实，扩大鲁班工坊影响力，共同打造中塞两国人文交流的"金名片"。

（三）健全保障机制，确保鲁班工坊可持续发展

加强顶层设计，有效发挥学校境外合作办学机构工作领导小组作用，统筹国内资源；定期与塞方召开鲁班工坊建设工作例会，推动教学和研究项目实施，完善成果分享机制。加大经费保障力度，积极研究探索拓宽资金渠道，吸引海内外企业和其他社会力量为鲁班工坊注入资金支持，保证鲁班工坊良性运转。汲取其他兄弟单位国际交流与合作项目建设的优秀经验，寻求合作共赢，加强宣传推广，努力将塞尔维亚鲁班工坊打造成欧洲鲁班工坊的标杆和典范。

第九章 加蓬鲁班工坊建设与发展报告

为服务"一带一路"建设和国际产能合作，服务职业教育国际交流发展，成都航空职业技术学院联合中航国际成套设备有限公司、加蓬恩考克国际职业教育和培训中心共建加蓬鲁班工坊。加蓬鲁班工坊是新时代中非职业教育合作的典范与缩影，以本土需求与职业教育发展规律为依据，依托校企校三方资源联动，推动构建现代化教育治理体系；以标准化师资培养培训、立体化（国际化）教学资源建设、多元化国际合作交流为抓手，建成机械工程（机械加工和自动化）、汽车维修工程、电气工程等学科专业。加蓬鲁班工坊致力于培养一批高素质本土技术技能人才，建成一批高质量国际化教育资源，打造一个校企协同职教合作典范，搭建一个中非职教合作平台，做好"投资于人、援助于人、惠及于人，校企携手共助'一带一路'建设"的中加职教深度合作。

第一节 加蓬的社会经济与教育情况概述

一、社会经济情况概述

加蓬地处非洲中西部，国土面积26.8万平方千米，海岸线长约800千米。加蓬全国共有9个省，下辖48个州、27个专区、150个区、737个镇，首都利伯维尔是全国的政治、文化中心。法语是其官方语言。[1] 2021年，加蓬总人口约为234.1万人，[2] 64岁以下人口约占95.2%，85%人口生活在城市。全国共40多个民族。

加蓬自然资源丰富，享有"资源宝库"和"绿金之国"的美誉，森林覆盖率

---

[1] 参见商务部国际贸易经济合作研究院：《2020对外投资合作国别（地区）指南——加蓬》，中国商务部官网，https://www.yidaiyilu.gov.cn/zchj/zcfg/163909.htm。

[2] 参见世界银行官网，https://data.worldbank.org/country/gabon。

高达85%，可开采面积达国土面积的76%，是非洲石油、锰矿砂和木材生产大国，拥有丰富钾矿、铁矿磷酸盐、黄金、重晶石、镍、铬、锌等矿藏资源。加蓬经济高度依赖石油等资源产品出口，深受国际能源和原材料市场价格影响，经济增长速度低于非洲平均发展水平，"过去15年，加蓬农业在国内生产总值占比持续低于5%，2019年国内生产总值中，工业与服务业在国内生产总值占比分别为51.1%、44.2%"[①]。为摆脱对石油经济的过度依赖，实现经济多元化发展，加蓬总统提出建设"新兴加蓬"的战略口号，确立"绿色加蓬"（可持续开发森林等资源），"工业加蓬"（促进资源加工电力供给）和"服务业加蓬"（提供金融、电信、科研和旅游等高附加值产品）三大目标，力争2025年成为新兴国家。

2016年总统获得连任后，政府着手进行经济结构调整，开展大规模经济建设，积极兴建基础设施，实现了经济较快发展。2021年国内生产总值约202.2亿美元，人均国内生产总值8635.2美元，是非洲法语国家中经济发展水平较高的国家。

二、教育情况概述

加蓬宪法规定："人人享有受教育权，提倡免费教育，免费教育至少涵盖小学教育，人人必须接受小学教育，广泛发展职业技术教育，高中教育注重因材施教、公开公平。"加蓬教育制度与法国相似，由学前教育、小学、中学和高等教育组成，公立小学实行免费教育，大中学生享受国家助学金，加蓬教育部负责从学前教育至高中教育，高等教育和创新技术部负责大学和职业教育。

加蓬具有较为完备的教育体系，2至5岁为学前教育，6至16岁为义务教育，小学学制6年，初中学制3年。高中学制3至4年，高中教育分为普通高中和职业技术高中，毕业获高中文凭（Baccalauréat）或职业技术高中文凭（Baccalauréat Technique），普通高中学制4年，职业技术高中学制3至4年。职业技术中学的学生可以在毕业后直接进入就业市场，也可以参加高考从而进入工程师类大学。加蓬职业教育有其独特的体系，以培养适用于就业市场所需要的劳动力为目的，主要分为"公共职业培训中心""私立职业教育学院""私立职业教育学校""厂中校"等，培训主要面向15岁以上的学生和成人。

大学学制分为三个学段，各学段颁发同等水平的国家文凭，第一学段为2年，考试合格获普通大学教育文凭；第二学段为2年，其中第一年学习结束考试合格

---

① See Dadja Tabo，Developing the Agriculture Sector in Gabon,https://bsc.cid.harvard.edu/2022/01/12/developing-the-agriculture-sector-in-gabon/.

获学士文凭，第二年学习结束考试合格获硕士文凭。工学、地理学等学科前两学段学制为5年。第三学段学制为3至6年，综合管理、外交等学科由国家行政学院（The Ecole nationaled'Administration）提供博士研究教育，科学学科由马苏库科学与技术大学授予的博士学位。医学博士学制长达6年，毕业后仍需进行3年专科博士后研究学习。加蓬目前有两所综合性大学，即国立奥马尔邦戈大学和马苏库科学与技术大学。

表9-1 加蓬教育体系情况

教育阶段	学校/水平	年龄（岁）	学制(年)	文凭
学前教育	幼儿园	2至5	3	—
小学教育	小学	6至11	6	取得初等学业证书(Certificatd'EtudesprimairesCertificatd'Etudesprimaires élémentaires,CEPE)
中学教育	初中（第一学段）	11至15	3	第一阶段学业证书（Brevet d'Etudes, BEPC）
	高级中学（第二学段）	15至18	4	取得中学毕业文凭（Baccalauréat）
	中等职业技术教育（职业高中）	15至19	3至4	取得优秀技术员证书(Brevet de Technicien)或技术中学毕业证书(Baccalauréat Technique)
高等教育	第一学段		2	取得普通大学教育文凭（Diplômed'Etudesuniversitairesgénérales, DEUG）
	第二学段		1至2	第一年结业取得学士学位(Licence)，第二年结业取得硕士学位（Maîtrise）
	第三学段		3至6	取得博士学位

数据来源：Scholaro Database。

加蓬科技教育水平相对落后，教育投入比例较低，近年师资罢工现象时有发生，成年男女文盲率分别为26.3%和46.7%，教育骨干师资和有限科研队伍主要依赖国外机构培训。《缩减贫困和战略增长文档》指出，加蓬92%的适龄学生都选择接受普通教育，8%的学生在进行职业技术教育培训。"新兴加蓬"战略将就业与职业培训放在优先发展地位，承诺为青年人提供高质量的教育和培训，帮助青年人提高生活水平，从而提高国家的整体实力。近几年，加蓬不断深化职业培训教育体系改革，加强宣传教育，使人们意识到职业技术教育的重要性。

第二节 中国与加蓬两国经济教育合作情况

一、中国与加蓬两国经济合作情况

中国和加蓬于1974年建交，双方签署《中华人民共和国政府和加蓬政府经济技术和贸易协定》，至此中国企业对加蓬投资得到长足的发展。2020年12月，中方同非洲联盟签署共同推进"一带一路"合作规划，（即《中华人民共和国政府与非洲联盟关于共同推进"一带一路"建设的合作规划》，进一步推动"一带一路"建设与非盟《2063年议程》对接。2021年1月，非洲大陆自由贸易区正式启动，非洲国家将以统一大市场的新形式参与全球经济发展。根据中国商务部数据显示，2021年我国与加蓬双边贸易额30.2亿美元。其中，中方出口额4.4亿美元，同比增长5%，进口额25.8亿美元。

从对外投资而言，加蓬吸纳的外国投资主要来自中国、摩洛哥、法国等。投资领域为石油、采矿等传统行业及基础设施、木材、金融服务、食品加工业等新型行业。其中，在加蓬投资石油的中国公司有中国石化，锰矿开采加工领域的中国公司主要有中国华州矿业（加蓬）工贸公司。截至2020年，加蓬与140多个国家（地区）有贸易往来，其主要出口目的地为中国、新加坡、韩国、荷兰等，主要进口来源地为法国、中国、比利时、多哥等。[①] 根据加方统计，中国连续8年保持加蓬第一大贸易伙伴地位，近年来也成为加蓬第一大出口目的地和第三大进口来源地。中国进口主要商品为原油、木材和锰矿，出口商品主要为各类工业制成品。

2020年中国企业在加蓬新签承包工程合同17份，新签合同额7.99亿美元，完成营业额0.68亿美元，累计派出各类劳务人员370人，年末在加蓬劳务人员

---

① 参见商务部国际贸易经济合作研究院：《2020对外投资合作国别（地区）指南——加蓬》，中国商务部官网，https://www.yidaiyilu.gov.cn/zchj/zcfg/163909.htm。

844人。其中，承担的大型工程项目的中方企业有中国航空技术国际控股有限公司、中国水电建设集团国际工程有限公司、中建加蓬有限责任公司、中交一公局，项目主要覆盖职业教育、学校设施修建扩建修复、供水管网改造、信息技术通信中心和公共工程等。

二、中国与加蓬教育合作情况

为加强两国友好合作，促进与发展双方在教育等领域的深入交流，中国和加蓬于1984年签署《中华人民共和国政府和加蓬共和国政府文化协定》，并于2017—2020年执行该计划，进一步发展两国在文化、教育、科学、体育、出版和新闻广播等方面的国际交流和合作。[①] 多年来，中加两国在教育国际合作与交流的项目主要有教师互派、研究人员和专家互访、学生交流学习。其中，两国根据需要相互提供奖学金名额，两国高等院校之间建立直接的校际联系和合作，两国教育机构交换教科书及其他教育方面的图书、资料等。此外，双方同意相互翻译、出版对方的优秀文学艺术作品，交换文化艺术方面的书刊和资料。

在"新兴加蓬"的发展规划中，发展人力资源占据了重要地位。发展人力资源要通过为所有人提供高质量的教育做起，以此提高整个社会的教育水平。为了实现加蓬国家战略，加蓬需要更多受过职业和技术技能培训的产业工人，以支持其工业化。在此背景下，中国和加蓬开展多维度、立体化教育合作，以中非命运共同体为核心，推进中国和加蓬企业国际产能合作，服务职业教育国际交流发展，培养适应当地经济社会需求的技术技能人才。

第三节 项目建设与发展

一、中国与加蓬合作学校简介

（一）成都航空职业技术学院

成都航空职业技术学院（Chengdu Aeronautic Polytechnic，简称"成都航院"）创建于1965年，前身是"三线建设"时期航空工业布局西南地区的德胜中级技术学校，曾隶属于原第三机械工业部、航空（航天）工业部，现为四川省人民政府举办、

[①] 参见《中华人民共和国政府和加蓬共和国政府文件协定2017—2020年执行计划》，中华人民共和国外交部，1617353013351.pdf (mfa.gov.cn)。

教育厅直属的公办全日制普通高等学校。学校是全国首批高职院校（1998年）、首批国家示范性高职院校（2006年）、国家"双高计划"建设单位（2019年），是国家高技能人才培训基地、航空工业高技能人才培训基地、中国航发高技能人才培育基地、教育部职业院校校长培训基地、四川省职教师资培训基地。

学校地处成都经济技术开发区（国家级）和世界级汽车产业城的龙泉驿区，占地近86.6万平方米（含新都航空产教园区），教学、科研仪器设备等固定资产总值约3亿元，藏书逾百万册，现有在校生1.4万人。学校下设航空装备制造产业学院、信息工程学院、建筑工程学院、管理学院、汽车工程学院、无人机产业学院、航空维修工程学院、民航运输学院等9个二级学院，开办30余个专业。其中，建有国家示范院校重点专业6个、国家"双高计划"重点建设专业5个、国家骨干专业4个、省"双高计划"重点建设专业8个。

学校以"服务航空、服务区域经济"为宗旨，坚持开放共融的全球化办学理念，与世界23个国家（地区）的62所高校和教育机构建立长期稳定合作关系，搭建师生海外交流合作平台13个，引进世赛国际首席专家、EASA航空维修国际标准，主持或参与制定全球行业标准5项。随着"一带一路"建设深入推进，学校始终坚持"共育非洲技术技能人才、助力非洲工业化发展"的宗旨，聚焦人才培养、技术互通、民心相通，多举措、多维度，构建中非职业教育合作的新内涵。2021年，建立非洲加蓬分校，担任未来非洲计划中非职业教育联合会执行秘书处，参与中非应用型人才联合培养，为塞内加尔培养高素质技术技能人才。

（二）加蓬恩考克国际职业与培训中心

恩考克国际职业教育和培训中心（简称"恩考克职教中心"）位于加蓬首都利伯维尔恩考克工业区，隶属加蓬国家劳动、就业和青年培训部，由中国提供优惠买方信贷建成。2018年2月22日，恩考克职教中心校区修建动工，2021年2月正式落成，总占地面积为16.8万平方米，总建筑面积为23112.8平方米，分4个区域共32栋单体建筑物组成，配备教学楼、行政楼、实验楼、工作坊、剧院、机库、医务室、餐厅、学生宿舍、教师宿舍，可容纳1000多名学生，可提供11门课程培训，顺利毕业可颁发职业能力证书（Certificatsd'aptitude professionnelle）和高级技工证书（Brevet de technicien supérieur）。2021年4月9日，恩考克职教中心正式开门办学。

恩考克职教中心目前是中部非洲地区建设水准最高且唯一符合国际标准的大型现代化职业技术学校，承担着开创加蓬新型现代职业教育的国家责任，是加蓬职业教育体系改革重大建设项目。

二、合作企业介绍

中航国际成套设备有限公司（简称"中航国际成套"）隶属于中国航空工业集团（简称"航空工业"），是中国航空技术国际控股有限公司（简称"中航国际"）的全资子公司，主要从事海外职业教育、环境与能源、公共基础设施三大业务领域。依托航空工业 200 多家工厂、30 多所设计院和研究所的强大技术支持，凭借中航国际遍布 60 个国家和地区的海外机构，以及 100 多个国家和地区的客户关系，中航国际成套已成为中国航空工业集团和中航国际海外市场开拓的主窗口、主渠道和主力军之一。

在"成为具有前瞻性、引领性、受尊重的国际化公共事业服务商"愿景的引领下，中航国际成套致力于在海外职业教育、环境与能源、公共基础设施建设等公共事业领域提供整体解决方案与增值服务，针对不同国家和地区的客户需求和教育发展规律，在共建"一带一路"国家策划并量身定制教育解决方案，从顶层规划、基础设施建设、培训及服务、运营管理支持、智慧教育等软硬件内容，形成"一揽子解决方案"。当前，中航国际成套携手国内职业院校合作，升级改造非洲大中专院校 177 所，其中包括肯尼亚 154 所、加纳 23 所，新建非洲职业院校 12 所，其中包括加蓬 3 所、科特迪瓦 7 所、乌干达 2 所，建成项目每年可培训 20000 余名师生，接受高级技能培训的学生就业率达 80%。

三、项目建设情况

（一）发展定位与建设思路

1. 发展定位

加蓬鲁班工坊由成都航空职业技术学院、中航国际成套和非洲加蓬灯塔型职业学校恩考克职教中心三方共建，位于加蓬首都利伯维尔市区以东 27 千米的恩考克经济特区。

为服务中国与加蓬企业国际产能合作和职业教育国际交流发展，培养适应当地经济社会发展需要的技术技能人才，加蓬鲁班工坊以服务国家南南合作和"一带一路"建设为导向，以"培养实用型技术技能人才、助力加蓬产业多元发展、深化中加教育交流合作"为目标，以校企校三方资源联动为依托，以标准化师资培养培训、立体化（国际化）教学资源建设、现代化教育治理推进、多元化国际合作交流为抓手，满足加蓬院校对机械工程（机械加工和自动化）、汽车维修工程、电气工程等学科的一体化发展需求，以及加蓬经济社会发展和中国开放政策的需要，为加蓬中资企业和加蓬共和国培养一批具有创新精神、崇尚技能、服务社会、本领过硬的高素质技术技能人才，形成集工匠培养、创新实践、产教融合于一体的职业教育和技能培训高地，推动"新兴加蓬国家"规划实施，为中非命运共同体建设做出积极贡献。

2. 建设思路

紧密围绕加蓬当地经济发展与社会需求，与同根同源的航空产业头部企业中航国际成套和恩考克职教中心建立战略合作关系，制订并实施"三阶计划"，稳步推进加蓬鲁班工坊项目建设：第一阶段针对加蓬急需产业领域实施师资培训、专业建设，耕耘本土化人才培育沃土，帮助将非洲人口优势转化为人口红利；第二阶段对加蓬恩考克职教中心实施辅助运营管理，构建学校治理体系与技术服务体制机制，孕育办学内生动力；第三阶段适时建成加蓬鲁班工坊，拓展合作内容，提升育人质量，形成中非职业教育高质量发展的典范,科学谋划了项目初创建设与战略发展的方向。

（二）重点建设内容

1. 专业建设

（1）机械加工专业

加蓬目前尚无工业化水平较高的装备制造型企业，主要工业机械设备等均需进口。恩考克职教中心机械加工专业的实验实训设备根据规划要求，领先于国家相关产业机械加工设备水平。根据加蓬特别是学校所在首都利伯维尔周边经济和相关产业发展现状，项目组成员调研企业相关岗位技能要求，结合业主方诉求，规划专业建设目标，确定专业人才培养目标。

调研结果显示，成都航空职业技术学院落实机械加工专业当地相关就业岗位主要有"机床操作工群（包括车床操作工、铣床操作、钳工）、机械制造技术员、机床（机械设备）维修工"等，鉴于主要面对行业为机械加工、木材加工、矿山开采加工等行业，设定场景任务，将设备维修维护等岗位工作内容融入课程体系。

机械加工专业师资基于中级工职业标准的知识技能要求，在培训机械加工理论知识的基础上，加强鲁班工坊实训设备操作培训。师资培训结束后，加方教师在钳工、普通车、普通铣、数控铣、数控车等方面具备一定的专业技能，能够满足专业教学的基本要求。同时，为充分利用场地实验实训设备，保持受训师资的设备操作技能水平，专业也将面向企业的社会服务纳入建设发展规划。

（2）电子电工专业

加蓬具备工业化生产线的企业数量较少，能源及资源型产业也主要是能源及资源原产品产出，鲁班工坊项目启动前，暂无建立大型生产型企业的计划。因此，结合社会岗位需求，电子电工专业将专业人才培养目标定为满足加蓬本地制造加工生产企业，能够从事电气设备安装调试维修维护、电工电子产品的装配与调试等工作，主要岗位为电子设备安装工、电气设备安装调试工、电工等，成都航空职业技术学院完成了基于电工基础、电子技术应用与实践、电子线路装配、电力电子技术、电机拖动技术、自动检测技术、电机与变频器、变频器技术与应用、单片机技术、PLC技术与应用、人机界面和伺服系统等电子电工专业课程的系统化专业师资培训。传递职业教育信念，展现行动导向教学模式。受训师资既掌握专业知识技能，又具备实践操作及指导能力，还能在教学中践行职业教育理念。根据区域经济发展的预期及展望，成都航空职业技术学院还将电工电子专业设定为加蓬分校的首批学历提升专业，以技术技能人才培养储备服务加蓬工业化发展规划。

（3）汽车检测与维修专业

加蓬陆路运输不发达，交通设施条件较差，进出口物资90%靠海运。目前加蓬没有汽车生产厂，因加蓬路况不佳，四轮驱动皮卡成为汽车消费者的首选。充分考虑到加蓬基本国情和交通运输现状，成都航空职业技术学院以汽车检测与维修技术专业建设发展经验为基础，确定专业培养目标为汽车运用工程技术人员，面向的主要岗位（群）有汽车维修服务、配件服务、二手车服务、保险服务等。在课程体系搭建过程中，充分调研加蓬当地实际状况，以市场占有率极高的丰田品牌车型作为主要课程任务载体，专业教学贴合岗位工作实际。

2. 师资培训

高质量师资培训是鲁班工坊可持续发展的重要力量。为服务"一带一路"教育行动和中非教育合作，促进中外职业教育与培训交流合作，提升加蓬教师队伍整体专业教学水平和加蓬院校领导团队的国际化管理能力，加蓬鲁班工坊师资培训主要涉及技术技能培训、教育管理培训，以及实训基地建设和校企合作培训。首先，成都航空职业技术学院围绕教师团队课程教研能力、技术服务创收能力两项核心能力建设，构建"教学法+职业技能"的培训内容；在疫情期间派遣6名骨干教师，围绕人才培养、课程建设等主题聚焦机械加工、焊接工程、电气与电子工程、汽车维修、航空服务5个专业为加蓬教师开展知识技能、实训操作培训课程。在加蓬实地培训恩考克职教中心教师29名，海外培训量超5400人/天，所有参与培训的加方教师通过专业理论与实践考核评估后获得由加蓬就业、公职、劳动、职业培训部门认可的结业证书。其次，为积极响应鲁班工坊建设发展目标，进一步提升恩考克学校治理体系建设与治理能力，成都航空职业技术学院组建3批次6人次辅助运营专家团队入驻恩考克职教中心，融合中国经验与加蓬本土需求，助力加蓬鲁班工坊快速步入发展正轨。最后，以满足加蓬当地行业企业发展对技术技能人才与技术合作需求为导向，有针对性地面向校企合作管理团队开展实训基地建设和校企合作专题培训，培训量达 78 人 / 日。通过上述系统化的师资培训，为加蓬鲁班工坊可持续发展奠定坚实基础。

3. 资源开发情况

成都航空职业技术学院在加蓬实施海外职业教育与培训期间，为恩考克职教中心编制电子电工、机械加工、焊接技术等专业教学标准，开发相应教育资源，并提供法语实训任务单、项目指导书和实训讲义等。同步编写《信息技术应用专业人才培养方案》和《航空服务专业人才培养方案》，包括《民航概论》《职业形象》在内的航空服务专业教案 9 个，《计算机文化基础》《计算机组装与维护》等信息技术应用专业教案 7 个。

为进一步开发符合加蓬教育体系要求的鲁班工坊相关课程和教材，通过企业调研、方案诊改、目标明晰、课程梳理，紧密围绕"新兴加蓬"战略计划，根据加方认可的标准范式和基于能力的规划法（Approche par Compétences），逐步分解教学模块，充分考虑培训需求、教学目的、人才培养目标，共建"机械加工""电子电工""汽车维修"3 个专业的专业教学标准和"机械制图""模拟电子技术""机动车辆维护"等 10 门核心课程标准，精准服务加蓬当地技术技能人才培养工作，由此全部获得加方认定。

4. 实训基地建设

（1）机械加工专业实训基地

加蓬鲁班工坊机械加工专业实训基地已建成以教学培训所需的软硬件设施和相关资源，主要包括装配钳工实训室，机加工（普通铣、普通车）实训室，数控加工（数控铣、数控）实训室和机械加工 CAD 机房，拥有减速器拆装试验台、钳工实训台、液压综合试验台、数控车床等实训工位 80 余个。围绕实训基地建设开展"机械图样识读与绘制""钳工专项训练""计算机辅助设计 (CAD)""车工专项训练""数控铣削训练"与"加工中心训练"6 门实训课程。

实训基地已面向加方授课教师展开机械加工方面的专业技能培训，培训量达

1176人/日。为最大限度满足恩考克职教中心教师短期培训和学生日常教学需求，开发满足装配钳工、普通车工、普通铣工、数控铣、数控车等实训的教学课件、训练载体和训练任务单，以此可顺利开展各专业工种的实训与教学。

此外，成都航空职业技术学院为"计算机辅助设计"实训课程开发完整的AutoCAD2019和UG12.0教学案例，其中UG案例从三维建模到编程做了翔实的讲解，可供鲁班工坊项目教师进一步教学使用。加方教师经过软件基础应用培训后，可以使用AutoCAD2019绘制简单工程图，运用UG12.0构建较为简单的三维模型并编制加工程序。

（2）电子电工专业实训基地

电子电工实训基地目前已建成电器装配实训室、电气综合实验室、电气控制实训中心、电工电子自动化实验室和电子实验室，拥有包括电工技术实训台、电子技术实训装置、工厂电气控制实训装置在内的实训工位56个。根据加蓬鲁班工坊专业建设需要及当地电子电工技能培训和专业人才培养需要，成都航空职业技术学院合理规划包括电器装配实训室、电气综合实验室、电气控制实训中心等在内的实训室硬件环境，并根据实训教学需要开设"PLC技术与应用""变频器技术与应用""电工基础""模拟电子线路""数字电子线路""电机与变频器"和"电机拖动技术"7门课程，使学员具备电子设备维护和应用，以及电力生产和电气制造、维修等实际操作能力，适应当地电气工程领域的岗位工作需求。已面向恩考克职教中心专业教师开展电子电工技能培训，培训量达1316人/日。

（3）汽车维修专业实训基地

加蓬鲁班工坊汽车维修技术实训基地主要包括汽车发动机结构检测和维修中心、变速器结构检测和维修训练中心、汽车底盘结构检测和维修训练中心、汽车电子部件训练中心，以及汽车检测和维修综合实训中心，含电喷发动机故障实训台、自动变速器解剖台架、动力转向与独立悬架实训台、液压式离合器实验台等64个实训工位。依托成都航空职业技术学院汽车维修实训基地专业实训室建设经验，面向加蓬汽车维修技术技能人才培养需要，合理规划建设实训场地，能充分满足包括"内燃机维修""照明系统维修""电路维修"在内的13门汽车维修专业实训教学和技术技能培训。

为进一步提升汽车维修专业人才培养质量，系统性优化学校实训场地管理制度，借鉴成都航空职业技术学院汽车实训基地管理措施，整合汽车经销商管理标准，从"综合管理""资产管理""安全管理"三方面统筹考虑，建立从车间布局到人员架构、从工具库房管理到设备安全操作规程，以及从消防安全到医疗应急三大类制度。

为提高实训中心日常管理能力，指导并辅助恩考克职教中心汽车检测和维修综合实训中心组建学生管理队伍。管理内容涵盖中心常规管理制度制定、设施设备操作规程发布、仪器点检维护及登记借用工具等，进一步提升本土学生专业技能和管理能力。

（三）项目建设历程

1. 合作筹备期

为推进中非合作论坛框架下职业教育领域的交流与合作，服务职业教育国际交流发展，促进学校职业教育开放畅通，2019年6月，成都航空职业技术学院与中航国际成套签署《战略合作框架协议》，建立长期战略合作关系，围绕海外职业教育与技术技能培训在非洲加蓬开展国际合作与交流。应加蓬总理府就业、公职、劳动和职业培训部邀请，中航国际成套联合成都航空职业技术学院辅助恩考克职教中心建设与发展，提升其办学质量和水平，以"培养实用型技术技能人才、助力加蓬产业多元发展、深化中加教育交流合作"为宗旨，积极搭建校企校顶层合作模式。成都航空职业技术学院为加蓬职业教育与培训研究制定实施方案，包括规划制定、课程开发与建设、人才培养方案制定、实验实训室规划设计等。参与恩考克职教中心实验实训室设备选型与布置，编制中法双语专业教材等教学资源，提供职教院校运营管理咨询。

2. 启动建设期

2020年11月，校企双方签署《加蓬新建三所职业教育中心项目培训合作协议》，为加蓬当地提供电子电工、机械加工、焊接技术、信息技术和航空服务5个专业的师资培训。自2020年12月，成都航空职业技术学院陆续派出6名专业骨干教师奔赴加蓬实施为期5至9个月的海外职业教育和技术技能培训，同时派出3批次6人次由二级学院院长和职能部门中层干部组成的专家团队入驻加蓬恩考克职教中心，为非洲职业培训院校建设提供辅助运营"成航方案"。

通过实施专业建设、师资培训、辅助运营一体化援助，率先打造校企协同职业教育海外辅助运营范例，创新校企校海外合作模式。在此期间形成物化成果，包括信息技术和航空服务人才培养方案2份，编写客舱服务、信息图形设计等专业课程教材16本；协助恩考克职教中心完成实训场地规划、成本耗材核算、人力需求分析、教学质量管控、疫情风险防控等运营管理工作，形成教学和管理文件

40余份。

3. 运营发展期

2021年4月，成都航空职业技术学院协助恩考克职教中心正式开门办学，迎来机械加工、电子技术、汽车维修3个专业首批新生，教育教学逐渐步入正轨。2021年12月，基于平等合作、长期稳定、共建共享的原则，成都航空职业技术学院海外分校在非洲加蓬正式揭牌落成，并确定海外分校法文名为"Campus IPAC-CIMFEP Gabon"。分校聚焦国际合作办学，以国际化专业教学标准为依据，围绕电气和电子工程、焊接工程、航空服务等学科开展多层次学历教育和职业培训。

2022年4月，成都航空职业技术学院与恩考克职教中心和中航国际成套在联动共建成航加蓬分校的基础上深化合作，对标鲁班工坊建设规范，联合申报全国鲁班工坊运营项目。2022年8月，顺利通过国家项目标准审核与认定，加蓬鲁班工坊成为全国首批25个鲁班工坊运营项目之一。2023年1月，成都航空职业技术学院校领导率团访问恩考克职教中心，与中航国际成套、恩考克职教中心签署《加蓬鲁班工坊三方共建协议》，正式开启项目运营。鲁班工坊已在加蓬首都利伯维尔的恩考克职教中心正式挂牌，加蓬国家电视台晚间新闻对本次事件进行了同步报道。

加蓬鲁班工坊以服务加蓬经济社会发展需求和中国对外政策为宗旨，坚持平等合作、优质优先、强能重技、产教融合、因地制宜的原则，[①]充分发挥成都航空职业技术学院在航空、机械、电子类"国家示范""国家双高""省级双高"专业优势，聚焦机械加工、电气与电子工程、汽车维修3个专业实施职业教育和技术技能培训、教育教学资源开发、专业校企合作等，结合实际情况开展职业教育研究与国际合作与人文交流活动，确保加蓬鲁班工坊运营可持续发展。

四、建设成效与创新点

（一）建设成效

1. 循序渐进，厚植加蓬工匠育人沃土

自2020年12月起，成都航空职业技术学院克服全球疫情等诸多困难，先后成功派出6批共6名优秀骨干教师奔赴加蓬。在加蓬恩考克职教中心建校初期教师职教零经验、教学资源零储备、实训能力零基础的情况下，为机械加工、焊接工程、电气与电子工程、汽车维修、航空服务5个专业的29名当地教师提供师资

---

① 参见杨延、王岚：《中国职教"走出去"项目"鲁班工坊"国际化品牌建设研究》，《中国职业技术教育》，2021年第12期。

培训，海外培训量超 5400 人 / 日，奠定了良好的师资基础。依据本地课程标准框架，开发机械加工、电子电工、汽车检修 3 个专业教学标准和包括机械制图在内的 10 门课程标准，编写信息图形设计、客舱服务等专业课程教材 16 本，并投入恩考克职教中心教学实践中。与企业共同完善恩考克职教中心校区场地使用规范，保障场地符合鲁班工坊建设要求，建立实训操作规范，配备 50 台（套）实训设备仪器，最终建成机械加工、汽车维修、电子电工专业实验实训设备室，实训条件不仅能满足加蓬技术技能人才培养，其设施水平远超当地产业水平，还具备产业技术服务的功能。

加蓬鲁班工坊循序渐进落实了以机械加工、电气与电子工程、汽车维修专业为建设主体的鲁班工坊场地建设、实训装备、教师培训、专业标准、教材资源"五到位"要求，厚植加蓬工匠育人沃土。当前，加蓬鲁班工坊中加蓬师资队伍共 30 人，首批招收全日制学生 160 人，已完成 4000 学时教学。

2. 建章立制，中国职教管理经验有效应用

加蓬鲁班工坊恩考克职教中心校区正式竣工建成后，校区环境优美、设施齐全，具备良好硬件设施，但学校管理机制不健全、办学治理能力弱，可持续性差。因此，成都航空学校派出优秀教师远赴加蓬，与企业前方专家形成辅助运营团队，协助恩考克职教中心办学管理。

经过多年合作，辅助运营团队协助构建学校组织架构，组织定期校长办公会，基于加蓬社会经济发展需求与恩考克职教中心办学定位，确立以教师教研能力、技术服务、创新就业三大核心能力为主要建设任务，健全了办学治校体制机制，为恩考克职教中心从制度上设计了自身造血功能，赋予了更强的、更持久的生命力。针对教学实施、实训室管理和教学资源开发方面，建立规范性章程与指南，形成教学管理与运行整体方案、教学管理文件 40 余份，开展 20 余次教学管理讲座，推动加蓬鲁班工坊教学活动规范化、优质化。同时，作为恩考克职教中心办学治校的智囊团，辅助运营团队协助恩考克职教中心管理人员做好学校试运行管理，建立校区疫情防控管理预案，完善新生入学后勤保障条件，2021 年 4 月顺利开学。

3. 民心相通，国际共识与影响力持续提升

在民心层面，通过人员派驻与两地三方持续的交流沟通，加强了加方职业教育管理人员与教师对我国职业教育理念、教育经验的认识与了解，增进了彼此职业教育领域的共识与理解；通过携手共同克服疫情期间与建校初期的挑战与困难，双方缔结了深厚情谊；通过与当地教师开展友谊足球赛、美食开放日等文化交流

活动，增进了两国人民文化理解。正是在这种相互信赖、相互支持的感情基础上，让双方的合作更为紧密，沟通更为顺畅，促成了成都航院加蓬分校的建立，以及加蓬鲁班工坊的最终落成。

在影响力层面，鲁班工坊建设过程中所呈现的中国职教经验、职业教育理念及职业教育精神，受到加蓬政府与恩考克职教中心的一致认可与好评。恩考克职教中心校长亲笔撰写信函对成都航院表示感谢。2021年4月，恩考克职教中心举行揭牌仪式，加蓬总统等10余位加方政要和时任中国驻加蓬大使亲临现场，对加蓬合作项目给予充分肯定。2022年11月3日，新任的中华人民共和国驻加蓬共和国大使馆大使一行前往恩考克职业教育中心，对成都航空职业技术学院辅助运营模式予以肯定，并指出当前辅助运营改变了以往单纯的"交钥匙"模式，进一步丰富中非职教合作内涵，该创新举措可在非洲推广。加蓬国家电视台、新华社刚果（金）分社、中新网等国内外媒体多次报道里程碑事件、疫情逆行最美教师等动人瞬间，鲁班工坊的影响力持续上升。

（二）创新点

1. 需求导向，提供一体化建设方案

需求导向是彰显职教适应性的基础，也是实现互利共赢、共同发展的根本。加蓬政府对鲁班工坊给予很高期望，期望为加蓬工业化发展培养一批具有创新精神、本领过硬、服务社会的本土技术技能人才。为实现这一目标，成都航空职业技术学院与中航国际成套专家一道，深入调研加蓬当地产业情况与人才需求，明确加蓬鲁班工坊建设定位，厘清其当前发展重点与任务，为其量身设计了一套集工匠培养、创新实践、产教融合的一体化建设方案，从师资培训、教学资源开发、实训基地建设、办学治校等方面，全方位提供人员与智力支撑，全力协助职业教学标准开发，分享中国职业教育管理经验，拓展中非职业教育合作内容，探索了符合加蓬本地人才需求与职业教育发展规律的工作路径与方法。

2. 共建共享，校企校模式赋能增效

共建共享是鲁班工坊可持续发展的重要原则。2019年，成都航空职业技术学院与中航成套建立战略合作关系，依托企业资源，对接加蓬恩考克职教中心，构建了校企校战略合作模式。在这一模式下，三方明确各方角色与任务：成都航空职业技术学院做好教育培训、职教经验、学校治理，中航国际成套做好境外保障，恩考克职教中心管理与教学团队做好落地实施。三方确立"高层沟通、

中层对接、基层落实"三层贯通的常态化工作沟通机制，打通校企协作的关键环节，健全境外办学三方联动应急体系，形成上传下达、前后协调良好态势。依托校企校模式，三方充分整合企业优质海外资源、国内职业教育办学育人经验与加方职业教育发展需求，通过优势互补、通力合作，校企校模式赋能中航国际成套，夯实其在非业务实力与社会影响力；赋能成都航空职业技术学院，推动学校自身国际化能力提升与内涵式建设；赋能加蓬恩考克职教中心，构建培育本国技术技能人才的基础与体系，为我国职业教育境外办学探索出一套可复制、可推广合作模式与经验。

五、未来规划

"一带一路"建设是推动构建人类命运共同体的重要实践平台。同时，非洲国家也面临着产业不健全、技术技能人才短缺、就业质量不高等制约经济社会可持续发展的系统性问题，而发展职业教育是改善这一系统性问题的有力支点。因此，在"一带一路"建设下，持续推进开放包容与互利共赢的中非职业教育合作显得尤为重要。

（一）健全体制机制，保障鲁班工坊行稳致远

学校加强顶层规划和资源统筹。制定时间表和路线图，建立鲁班工坊建设运营例会制度和协同机制，三方互通有无、协调推进，阶段性成果及时总结。健全资金管理制度，规范加蓬鲁班工坊的预决算工作，加强过程监督，确保资金使用实现事前、事中、事后全过程规范。

（二）提升服务能力，推进鲁班工坊高质量发展

加蓬鲁班工坊运营项目将围绕"新兴加蓬战略规划"，以加蓬急需的产业发展和技术技能人才需求为导向，因地制宜提供优质职教产品与服务。共研以当地产业需求为导向的专业教学标准，建成一批高质量国际化教育资源；培养一批高素质本土化技术技能人才，促进加蓬青年就业和经济社会发展；搭建一个中非职教合作平台，利用西南唯一的点位优势，整合职业教育上下游资源和区域资源，建设西南地区职业教育服务非洲职教的平台阵地，彰显鲁班工坊以点带面的积极作用，打造项目特色亮点。合作范式从"授鱼"到"授渔"，提升加蓬经济社会发展的内生动力，同时寻求教育发展最佳契合点和教育合作最大公约数，从而服务中国与加蓬企业国际产能合作，服务"一带一路"建设，服务职业教育国际交流发展。

（三）丰富人文交流，打造鲁班工坊靓丽名片

鲁班工坊是服务人类命运共同体的国际公共教育资源和产品，[①] 也是促进"一带一路"人文交流和民心相通的重要载体。中加两国历来友好，建交近半个世纪，在经贸、基建、卫生、教育等领域有良好的合作基础，加蓬鲁班工坊的建立是两国在职业教育领域合作交流的新举措，也是两国增进了解、民心互通的人文交流新纽带，为中加关系深入发展注入了新动力。

加蓬鲁班工坊将紧密围绕加蓬经济社会发展需求，分享中国职教理念、教学标准、课程体系，共同培养技术技能型人才，多模式、多渠道、多维度构建中非职业教育合作的新特点与新内涵，讲好"投资于人、援助于人、惠及于人，校企携手共助'一带一路'建设"的中加职教合作故事，促进鲁班工坊高质量可持续发展。

[①] 参见《鲁班工坊：让中国职教惠及世界（教育名家笔谈）》，中原新闻网，https://baijiahao.baidu.com/s?id=1764053071644527645&wfr=spider&for=pc。

第三部分

专题报告

第十章 全球鲁班工坊人才培养质量研究

高素质技术技能人才是驱动全球产业转型升级的重要驱动力量。高素质技术技能人才培养是职业院校的首要任务。在鲁班工坊建设与发展过程中，始终将人才培养作为项目建设的重要任务，把"紧紧围绕合作国家的产业发展和'一带一路'建设需求，以国际化专业为载体，将中国优质职业教育和产品技术向合作国供给，培养当地高素质技术技能人才"作为项目建设重要定位。鲁班工坊人才培养质量直接影响到学生职业生涯的可持续发展和合作国家经济社会的高质量发展，已经成为衡量鲁班工坊项目建设质量，评估项目竞争力、影响力和吸引力的主要指标。因此，探索并提升全球鲁班工坊人才培养质量具有重要意义。截至2022年6月，中国已经在全球19个国家建设了20所鲁班工坊。本章对全球20所鲁班工坊进行深入调查，通过问卷调查获得珍贵的一手数据，全面掌握全球鲁班工坊人才培养质量情况，在此基础上，基于PDCA循环理论提出全球鲁班工坊人才培养质量的提升路径，以期为合作国家产业发展供给有效的高素质技术技能人才，推动全球鲁班工坊建设质量提升。[1]

第一节 全球鲁班工坊人才培养质量概览

一、全球鲁班工坊人才培养质量调查问卷

全球鲁班工坊人才培养质量报告主要采用问卷法，对截至2022年6月已经建成的20所全球鲁班工坊的人才培养质量进行深入调查。在全球鲁班工坊人才培养质量调查问卷设计、发放和回收的过程中，需要关注以下方面：第一，由于人才培养质量主要涉及教师和学生两个群体，根据调查内容，研究对象主要包

---

[1] 国家社会科学基金青年项目"'双循环'新格局下基于'鲁班工坊'推进中国引领全球职业教育治理体系建设研究"（21CGL042）的研究成果。

括鲁班工坊教学一线教师、鲁班工坊在读学生和鲁班工坊毕业生三个部分，对应的问卷分别为《全球鲁班工坊人才培养质量调查问卷（教师卷）（2022）》《全球鲁班工坊人才培养质量调查问卷（学生卷）（2022）》《全球鲁班工坊毕业生满意度调查问卷（2022）》。第二，考虑到鲁班工坊合作国家的语言交流问题，以及英语是国际通用语言的实际情况，选择英语作为问卷调查语言。第三，结合鲁班工坊建设的跨国地理位置状况及问卷发放的便捷性和可操作性，调查采用线上问卷平台填写方式，最大限度地保证问卷的回收率和有效性。在此基础上，对问卷进行深入分析，全面了解并掌握20个鲁班工坊项目的人才培养质量现状，有针对性地提出对策建议，推动鲁班工坊人才培养质量有效提升。

二、全球鲁班工坊人才培养质量调查对象基本情况

教师和学生是人才培养工作的两个主要群体，结合部分鲁班工坊已经迎来毕业生的建设实际，将调查问卷的对象确定为鲁班工坊教学一线教师、鲁班工坊在读学生和鲁班工坊毕业生三个部分，其基本情况如下。

（一）鲁班工坊教学一线教师的基本情况

该调查共回收鲁班工坊教学一线教师问卷116份，在被调查的鲁班工坊教学一线教师中，男性教师占69.83%，女性教师占30.17%，男性教师数量是女性教师数量的2倍有余，见图10-1。

选项	比例
男	69.83%
女	30.17%

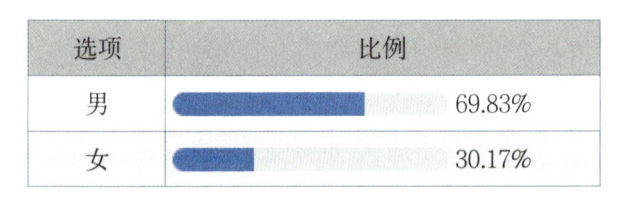

图10-1 教学一线教师的性别分布情况

选项	比例
20~29岁	61.21%
30~39岁	21.55%
40~49岁	12.93%
50~59岁	4.31%

图10-2 教学一线教师的年龄分布情况

在被调查的鲁班工坊教学一线教师中，大部分为中青年教师。其中，20~29岁的教学一线教师占61.21%，30~39岁的教学一线教师占21.55%，40~49岁的教学一线教师占12.93%，50~59岁的教学一线教师占4.31%，见图10-2。

在被调查的鲁班工坊教学一线教师中，大部分为本科及以上学历。其中，大专学历占14.66%，本科学历占50.86%，硕士占21.55%，博士占12.93%，见图10-3。

第十章　全球鲁班工坊人才培养质量研究 | 157

选项	比例
大专	14.66%
本科	50.86%
硕士	21.55%
博士	12.93%

图 10-3 教学一线教师的学历分布情况

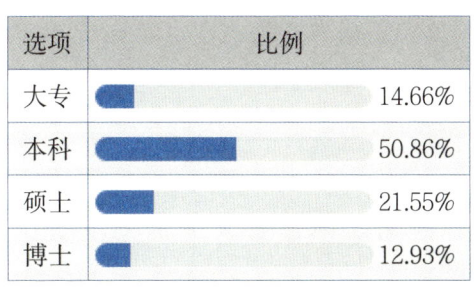

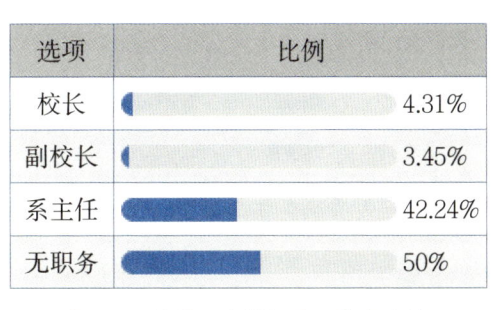

选项	比例
校长	4.31%
副校长	3.45%
系主任	42.24%
无职务	50%

图 10-4 教学一线教师的职务分布情况

在被调查的鲁班工坊教学一线教师中，大部分教师为专职教师，不担任学校职务，只有少部分教师在教学一线活动的同时，还担任系主任、副校长或校长职务。具体而言，50%的教学一线教师无职务，42.24%的教学一线教师担任主任职务，3.45%的教学一线教师担任副校长职务，4.31%的教学一线教师担任校长职务，见图10-4。

选项	比例
中国	23.28%
本国，培训教师为中国教师	52.59%
本国，培训教师为本国教师	24.13%

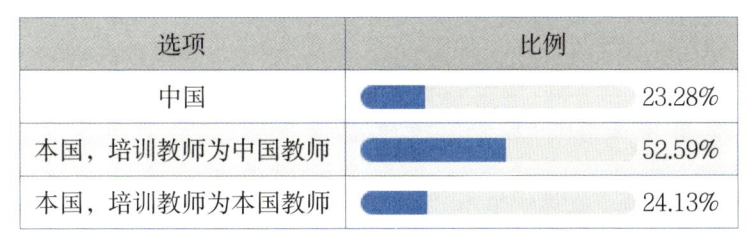

图 10-5 教学一线教师的教师培训情况

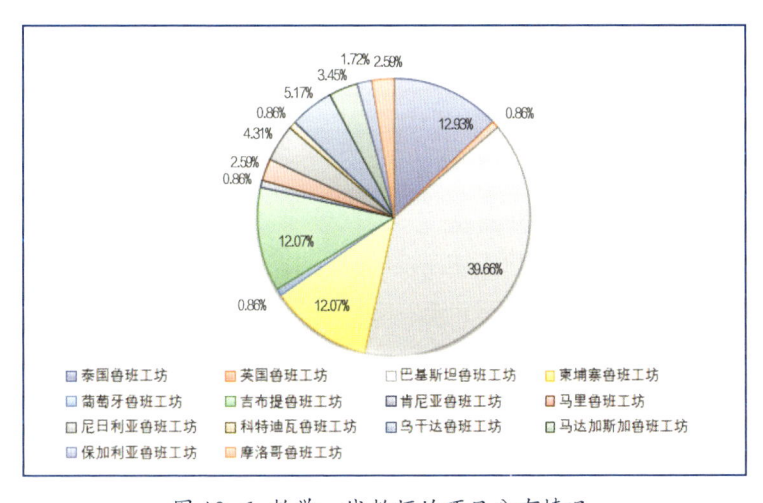

图 10-6 教学一线教师的项目分布情况

在被调查的鲁班工坊教学一线教师中，全部教师接受了鲁班工坊项目的教师培训，只是培训地点和培训教师不同。其中，在中国接受培训的教师占23.28%，在本国接受培训且培训教师为中国教师的占52.59%，在本国接受培训且培训教师为本国教师的占24.13%，见图10-5。

在被调查的鲁班工坊教学一线教师中，巴基斯坦鲁班工坊教学一线教师占39.66%，泰国鲁班工坊教学一线教师占12.93%，柬埔寨和吉布提鲁班工坊教学一线教师均占12.07%，其他鲁班工坊教学一线教师占比见图10-6。

（二）鲁班工坊在读学生的基本情况

该调查共回收鲁班工坊在读学生问卷533份，其中正在修（或者已经修完）鲁班工坊课程学分的学生问卷488份。在被调查的鲁班工坊在读学生中，男性学生占78.99%，女性学生占21.01%，男性学生数量约为女性学生数量的4倍，见图10-7。

选项	比例
男	78.99%
女	21.01%

图10-7 鲁班工坊在读学生的性别分布情况

选项	比例
中专	40.90%
大专	28.89%
本科	30.21%

图10-8 鲁班工坊在读学生的学历分布情况

在被调查的鲁班工坊在读学生中，中专学历占40.90%，大专学历占28.89%，本科学历占30.21%，见图10-8。

在被调查的鲁班工坊在读学生中，一年级学生占28.14%，二年级学生占35.83%，三年级学生占28.52%，四年级学生占7.50%，见图10-9。

选项	比例
一年级	28.14%
二年级	35.83%
三年级	28.52%
四年级	7.50%

图10-9 鲁班工坊学生的年级分布情况

（三）鲁班工坊毕业生的基本情况

该调查共回收鲁班工坊毕业生问卷194份，在被调查的鲁班工坊毕业生中，男性学生占73.71%，女性学生占26.29%，男性学生数量约为女性学生数量的3倍，见图10-10。

选项	比例
男	73.71%
女	26.29%

图10-10 鲁班工坊毕业生的性别分布情况

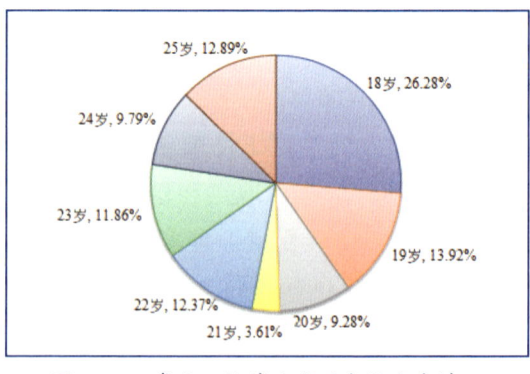

饼图数据：
- 18岁, 26.28%
- 19岁, 13.92%
- 20岁, 9.28%
- 21岁, 3.61%
- 22岁, 12.37%
- 23岁, 11.86%
- 24岁, 9.79%
- 25岁, 12.89%

图10-11 鲁班工坊毕业生的年龄分布情况

在被调查的鲁班工坊毕业生中，年龄分布在 18~25 岁之间，具体见图 10-11。

三、鲁班工坊人才培养质量调查结果整体情况

总体而言，经过 7 年的稳步发展，鲁班工坊人才培养成效明显，人才培养质量很高，鲁班工坊教学一线教师、鲁班工坊在读学生、鲁班工坊毕业生均对鲁班工坊人才培养的满意度很高，对人才培养过程、人才培养满意度、就业满意度等各项内容均给予了很高的评价。

（一）鲁班工坊师生对鲁班工坊人才培养全过程给予高度肯定

1. 鲁班工坊教学一线教师在人才培养目标、教学组织与实施、人才培养效果方面均给予充分肯定

第一，在人才培养目标方面，94.83% 的教学一线教师对于鲁班工坊人才培养目标的了解程度较高，高达 97.41% 的教学一线教师认为鲁班工坊的人才培养目标能够满足学生的发展需求，高达 95.69% 的教学一线教师认为鲁班工坊的人才培养目标能够满足社会的人才需求。第二，在教学组织与实施方面：一是在教学目标上，94.82% 的教学一线教师对于自己完成了鲁班工坊教学目标给予正向评价。二是在教学内容上，93.10% 的教学一线教师对于鲁班工坊的教学内容设置优于我国原来的内容设置，能更好地满足学生发展需求的评价较高；高达 95.69% 的教学一线教师会将中国教师的培训内容进行整合后再传授给学生。三是在教学方式上，88.80% 的教学一线教师对于自己能够熟练地将 EPIP 教学方式应用到教学中的评价较高，92.24% 的教学一线教师对于 EPIP 教学方式的教学效果给予正向评价。在疫情影响下，93.11% 的教学一线教师对于自己能够熟练地运用信息技术进行网络教学持正向态度，93.11% 的教学一线教师认为网络教学能够满足疫情期间学生的学习需求。四是在教学资源上，94.83% 的教学一线教师对于自己能够熟练运用鲁班工坊的信息化资源进行授课的评价较高。第三，在人才培养效果方面，90.52% 的教学一线教师认为鲁班工坊在当地很受欢迎，94.83% 的教学一线教师对于鲁班工坊学生就业前景很好给予高度肯定。

2. 鲁班工坊学生对于人才培养目标、教学组织与实施、人才培养效果方面均给予积极评价

第一，在人才培养目标方面，90.78% 的鲁班工坊学生对于本专业人才培养目标的了解程度较高，93.44% 的鲁班工坊学生认为本专业人才培养目标与社会人才

需求相符合，91.80% 的鲁班工坊学生认为本专业的人才培养目标设置科学合理。第二，在教学组织与实施方面：一是在课程设置上，92.83% 的鲁班工坊学生对于理论课程设置满意度较高，91.39% 的鲁班工坊学生对于实践课程设置满意度较高，实践课程丰富（64.75%）、课程内容设置合理（64.55%）、理论课程丰富（54.10%）是鲁班工坊学生认为鲁班工坊课程最满意的3个方面。二是在教学方式上，91.60% 的鲁班工坊学生对教学方式满意，82.37% 的鲁班工坊学生认为中国教师的教学方式比国内教师的教学方式更有效。在疫情影响下，87.30% 的鲁班工坊学生对于自己能够很好地适应网络教学形式持肯定态度，89.76% 的鲁班工坊学生认为网络教学能够满足疫情期间自己的学习需求。三是在教学资源上，91.80% 的鲁班工坊学生认为鲁班工坊的人才培养资源比其国的人才培养资源更加丰富，89.96% 的鲁班工坊学生认为鲁班工坊教学硬件设施能够很好地满足学习需求，90.17% 的鲁班工坊学生对于鲁班工坊教学氛围十分满意，90.57% 的鲁班工坊学生认为鲁班工坊授课教师的教学水平很高，课堂教学效果好（82.99%）、教学方法多样（73.98%）、教学态度端正（67.62%）是鲁班工坊学生认为教师教学水平最令自己满意的3个方面。第三，在人才培养效果方面，92.01% 的鲁班工坊学生认为通过鲁班工坊学习自己的就业能力得到有效提升；在未来就业预期和升学意愿上均表现出对中国的向往，36.27% 的鲁班工坊学生想去中资企业就业，39.75% 的鲁班工坊学生想去中国继续上学。

（二）鲁班工坊毕业生的人才培养满意度和学业成就获得满意度实现双高评价

1. 鲁班工坊毕业生对人才培养满意度评价很高

总体而言，94.84% 的鲁班工坊毕业生对鲁班工坊人才培养的总体满意度很高，高达 97.43% 的鲁班工坊毕业生对人文交流体验的总体满意度很高。一方面，高达 97.94% 的鲁班工坊毕业生对教学的总体满意度很高，高达 96.91% 的鲁班工坊毕业生对教学目标满意；高达 97.42% 的鲁班工坊毕业生对教学内容满意，93.30% 的鲁班工坊毕业生对教学方式满意，93.29% 的鲁班工坊毕业生对教学效果满意，教师教学能力强、课程内容丰富和教学方法多样是鲁班工坊毕业生对教学最满意的3个方面，比例分别为 65.98%、63.92% 和 59.28%。另一方面，鲁班工坊毕业生对学习资源配置的满意度评价很高。94.84% 的鲁班工坊毕业生对课程设置满意，高达 96.39% 的鲁班工坊毕业生对信息化资源配置满意，高达 95.37% 的鲁班工坊毕业生对授课教师满意，93.81% 的鲁班工坊毕业生对所用教材满意，94.33% 的鲁班工坊毕业生对学习空间满意，93.29% 的鲁班工坊毕业生对实训设备满意。

2. 鲁班工坊毕业生对学业成就获得满意度评价很高

通过鲁班工坊人才培养，鲁班工坊毕业生在技术应用能力、信息获取和运用能力、资源管理能力、人际交往能力与统筹能力5个方面关键能力上的获得感较强，比例分别达到75.26%、65.46%、61.86%、61.34%和36.08%。

（三）鲁班工坊毕业生对就业满意度给予积极评价

1. 鲁班工坊毕业生就业的基本情况良好

总体而言，一半以上（56.71%）的鲁班工坊毕业生受雇全职工作，16.49%的鲁班工坊毕业生受雇兼职工作，选择升学的鲁班工坊毕业生占15.46%，选择自主创业的鲁班工坊毕业生占10.82%。在升学选择中，部分鲁班工坊毕业生表现出对中国的向往，其中24.23%的鲁班工坊毕业生选择到中国留学。在就业过程中，鲁班工坊毕业生就业信息获取渠道较为多元，其中校企合作企业占73.20%，学校就业指导中心占63.92%，老师、同学、亲戚、朋友等占49.48%，以及求职网站占47.94%，这些是就业信息获取的主要渠道。在就业选择中，国家和社会需要占58.76%、工作环境占43.3%、薪酬占41.75%、个人发展机会占35.05%、工作稳定性占34.02%、工作性质占32.99%、工作平台占29.38%、专业对口占14.43%，以上是鲁班工坊毕业生在就业选择时考虑的主要因素。

2. 鲁班工坊毕业生的就业满意度较高

总体而言，89.69%的鲁班工坊毕业生对工作的总体满意度较高。在工作薪酬满意度方面，88.14%的鲁班工坊毕业生对工作薪酬的满意度较高；在工作胜任力满意度方面，93.81%的鲁班工坊毕业生对高强度工作胜任力较强，89.69%的鲁班工坊毕业生对复杂工作胜任力较强；在工作环境适应性方面，高达96.39%的鲁班工坊毕业生完全能够适应单位的工作环境；在未来工作发展空间方面，94.33%的鲁班工坊毕业生认为鲁班工坊的学习经历有益于扩展未来工作发展空间。调查结果最终显示，高达96.39%的鲁班工坊毕业生对鲁班工坊的推荐度很高。

综上所述，经过7年的稳步发展，鲁班工坊为合作国家培养了大批高素质技术技能人才，为合作国家经济社会发展和产业转型升级提供了重要智力支持。本章第二节到第四节将详细探索鲁班工坊人才培养的过程质量、鲁班工坊毕业生的学业质量、鲁班工坊毕业生的就业质量情况，并于第五节提出全球鲁班工坊人才培养质量的提升路径。

第二节　鲁班工坊人才培养的过程质量

高质量的技术技能人才需要从人才培养的全过程进行把握。人才培养的全过程包括人才培养目标、人才培养内容、人才培养方式和人才培养效果等关键环节。具体而言，鲁班工坊人才培养质量可以从过程与结果两个方面进行监测与提升。本节主要围绕鲁班工坊人才培养过程质量进行探究，其中，鲁班工坊人才培养目标、教学组织与实施、人才培养效果等是调查与分析的重要内容。

一、鲁班工坊人才培养目标设置

在教师调查中，鲁班工坊教学一线教师对于鲁班工坊人才培养目标的了解程度较高，其中，80.17%的教学一线教师十分清楚鲁班工坊人才培养目标，14.66%的教学一线教师较为清楚鲁班工坊人才培养目标，两者之和达94.83%（图10-12）。

教学一线教师对于鲁班工坊的人才培养目标能够满足学生的发展需求持肯定态度，其中81.03%的教学一线教师认为鲁班工坊的人才培养目标能够很好满足学生的发展需求，16.38%的教学一线教师认为鲁班工坊的人才培养目标能够较好满足学生的发展需求，两者之和高达97.41%（图10-13）。

教学一线教师对于鲁班工坊的人才培养目标能够满足社会的人才需求持积极态度，其中80.17%的教学一线教师认为鲁班工坊的人才培养目标能够很好满足社会的人才需求，15.52%的教学一线教师认为鲁班工坊的人才培养目标能够较好满足社会的人才需求，两者之和高达95.69%（图10-14）。

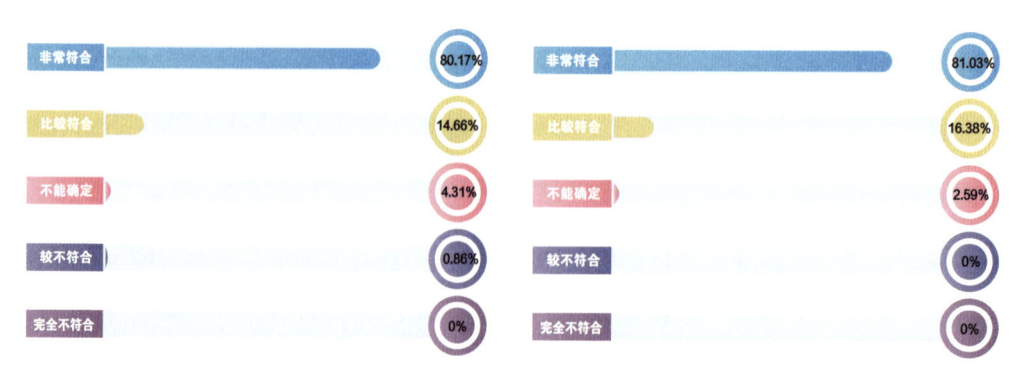

图10-12　教学一线教师对于自己十分清楚鲁班工坊人才培养目标的评价情况

图10-13　教学一线教师对于鲁班工坊人才培养目标能够满足学生发展需求的评价情况

非常符合	80.17%
比较符合	15.52%
不能确定	1.73%
较不符合	0.86%
完全不符合	1.72%

图 10-14　教学一线教师对于鲁班工坊人才培养目标能够满足社会人才需求的评价情况

在学生调查中，鲁班工坊学生对于本专业人才培养目标的了解程度较高，其中，87.30% 的学生认为非常了解本专业人才培养目标，3.48% 的学生比较了解本专业人才培养目标，两者之和达 90.78%（图 10-15）。

鲁班工坊学生对于本专业的人才培养目标与社会人才需求相符合情况较为乐观，其中，认为本专业的人才培养目标与社会人才需求完全相符合的比例为 89.55%，较为符合的比例为 3.89%，两者之和达 93.44%（图 10-16）。

鲁班工坊学生对于本专业的人才培养目标设置科学合理情况持正面态度，其中，认为科学合理的比例为 86.27%，认为较为科学合理的为 5.53%，两者之和达 91.80%（图 10-17）。

非常符合	87.30%
比较符合	3.48%
不能确定	8.41%
较不符合	0.2%
完全不符合	0.61%

图 10-15　鲁班工坊学生对于自己了解本专业人才培养目标的评价情况

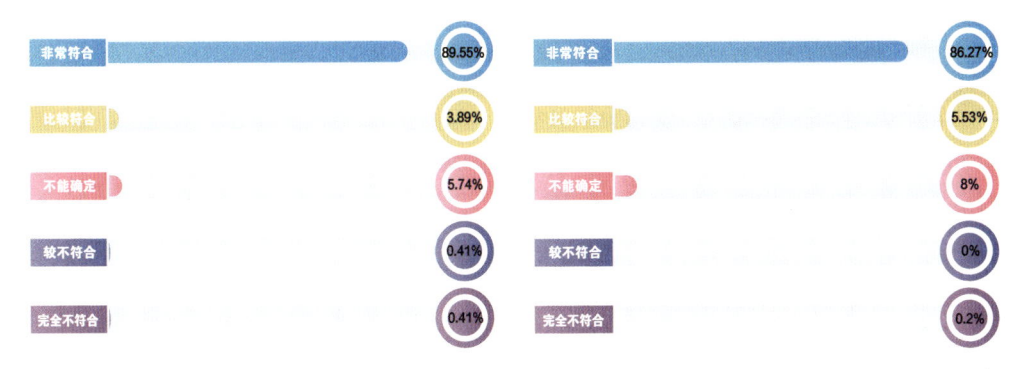

非常符合	89.55%
比较符合	3.89%
不能确定	5.74%
较不符合	0.41%
完全不符合	0.41%

图 10-16　鲁班工坊学生对于本专业人才培养目标与社会人才需求相符合的评价情况

非常符合	86.27%
比较符合	5.53%
不能确定	8%
较不符合	0%
完全不符合	0.2%

图 10-17　鲁班工坊学生对于本专业人才培养目标设置科学合理的评价情况

二、鲁班工坊教学组织与实施

（一）教学目标

在教学目标方面，教学一线教师对于自己完成了鲁班工坊教学目标给予正向评价，其中，72.41% 的教学一线教师认为自己很好地完成了教育教学目标，22.41% 的教学一线教师认为自己较好地完成了教育教学目标，两者之和占到了全部调查教师人数的 94.82%（图 10-18）。

非常符合	72.41%
比较符合	22.41%
不能确定	3.46%
较不符合	0.86%
完全不符合	0.86%

图 10-18 教学一线教师对于自己很好地完成了教学目标的评价情况

（二）教学内容

在教学内容方面，教学一线教师对于鲁班工坊的教学内容设置优于我国原来的内容设置，能更好地满足学生发展需求的评价较高，其中，75.86% 的教学一线教师认为非常符合，17.24% 的教学一线教师认为比较符合，两者之和占到了全部调查教师人数的 93.10%（图 10-19）。

非常符合	75.86%
比较符合	17.24%
不能确定	4.31%
较不符合	2.59%
完全不符合	0%

图 10-19 教学一线教师对于鲁班工坊的教学内容设置优于我国原来的内容设置，能更好地满足学生发展需求的评价情况

对于会将中国教师对自身培训的内容全部传授给学生的评价中，81.90% 的教学一线教师认为非常符合，13.79% 的教学一线教师认为比较符合，两者之和占到了全部调查教师人数的 95.69%（图 10-20）。

非常符合	81.90%
比较符合	13.79%
不能确定	4.31%
较不符合	0%
完全不符合	0%

图 10-20 教学一线教师对于自己会将中国教师的培训内容全部传授给学生的评价情况

对于会将中国教师对自己培训的内容进行整合后再传授给学生的评价中，83.62% 的教学一线教师认为非常符合，12.07% 的教学一线教师认为比较符合，两者之和占到了全部调查教师人数的 95.69%（图 10-21）。

第十章 全球鲁班工坊人才培养质量研究 | 165

非常符合	83.62%
比较符合	12.07%
不能确定	2.59%
较不符合	1.72%
完全不符合	0%

图 10-21 教学一线教师对于自己会将中国教师的培训内容进行整合后再传授给学生的评价情况

非常符合	73.28%
比较符合	15.52%
不能确定	8.62%
较不符合	1.72%
完全不符合	0.86%

图 10-22 教学一线教师对于能够熟练地将 EPIP 教学方式应用到教学中的评价情况

（三）教学方式

在教学方式方面，教学一线教师对于自己能够熟练地将 EPIP 教学方式应用到教学中的评价较高，其中，73.28% 的教学一线教师认为非常符合，15.52% 的教学一线教师认为比较符合，两者之和占到了全部调查教师人数的 88.80%（图 10-22）。同时，教学一线教师对于 EPIP 教学方式的教学效果的评价较高，其中，81.03% 的教学一线教师认为 EPIP 教学方式的教学效果很好，11.21% 的教学一线教师认为 EPIP 教学方式的教学效果较好，两者之和占到了全部调查教师人数的 92.24%（图 10-23）。

非常符合	81.03%
比较符合	11.21%
不能确定	6.04%
较不符合	1.72%
完全不符合	0%

图 10-23 教学一线教师对于 EPIP 教学方式的教学效果很好的评价情况

在教学方式方面，本研究也针对鲁班工坊学生对于教学方式的评价进行了调查。调查显示，86.48% 的学生对鲁班工坊的教学方式十分满意，5.12% 的学生对鲁班工坊的教学方式比较满意，两者之和占到了全部调查学生人数的 91.60%（图 10-24）。在此基

非常符合	86.48%
比较符合	5.12%
不能确定	6.97%
较不符合	0.61%
完全不符合	0.82%

图 10-24 鲁班工坊学生对于鲁班工坊教学方式十分满意的评价情况

础上，本研究还对有中国学习经历的学生进行了专题调查，让其比较两国教学方式的教学效果情况。数据显示，在对中国教师的教学方式比国内教师的教学方式更有效的评价中，75.61%的学生认为非常符合，6.76%的学生认为比较符合，两者之和占到了全部调查学生人数的82.37%（图10-25）。

非常符合	75.61%
比较符合	6.76%
不能确定	14.76%
较不符合	1.23%
完全不符合	1.64%

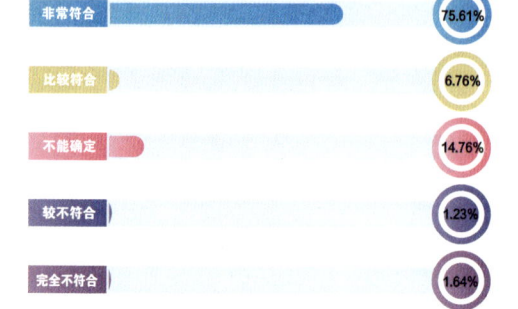

图 10-25 鲁班工坊学生对于中国教师的教学方式比国内教师的教学方式更有效的评价情况

在疫情影响下，鲁班工坊的教学方式面临变革。其中，网络教学成为应对疫情风险的重要教学方式。教学一线教师对于自己能够熟练地运用信息技术进行网络教学持正向态度，其中，78.45%的教学一线教师认为非常符合，14.66%认为比较符合，两者之和占到了全部调查教师人数的93.11%（图10-26）。进一步地，教学一线教师对于网络教学能够满足疫情期间学生学习需求给予积极评价，其中，74.14%的教学一线教师认为非常符合，18.97%认为比较符合，

非常符合	78.45%
比较符合	14.66%
不能确定	3.44%
较不符合	3.45%
完全不符合	0%

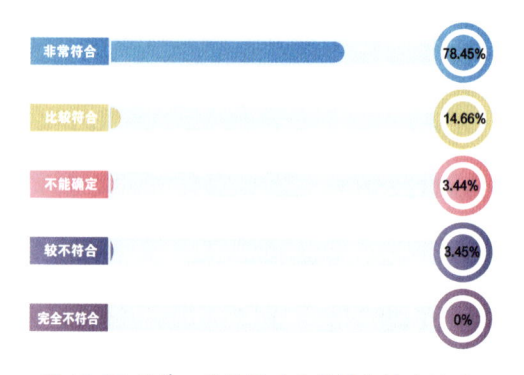

图 10-26 教学一线教师对于能够熟练地运用信息技术进行网络教学的评价情况

两者之和占到了全部调查教师人数的93.11%（图10-27）。

面对鲁班工坊的教学方式变革，鲁班工坊学生对于自己能够很好地适应网络教学形式持肯定态度，其中79.92%的鲁班工坊学生认为非常符合，7.38%的鲁班工坊学生认为比较符合，两者之和占到了全部调查学生人数的87.30%（图10-28）。进一步地，鲁班工坊学生对于网络教学能够满足疫情期间自己的学习需求给予积极评价，其中，

非常符合	74.14%
比较符合	18.97%
不能确定	4.30%
较不符合	2.59%
完全不符合	0%

图 10-27 教学一线教师对于网络教学能够满足疫情期间学生学习需求的评价情况

81.97% 的鲁班工坊学生认为非常符合，7.79% 的鲁班工坊学生认为比较符合，两者之和占到了全部调查学生人数的 89.76%（图 10-29）。

（四）教学资源

在教学资源方面，教学一线教师对于自己能够熟练运用鲁班工坊的信息化资源进行授课的评价较高，其中，81.90% 的教学一线教师认为非常符合，12.93% 的教学一线教师认为比较符合，两者之和占

非常符合	79.92%
比较符合	7.38%
不能确定	10.04%
较不符合	1.02%
完全不符合	1.64%

图 10-28　鲁班工坊学生对于能够很好地适应网络教学形式的评价情况

非常符合	81.97%
比较符合	7.79%
不能确定	7.99%
较不符合	1.43%
完全不符合	0.82%

图 10-29　鲁班工坊学生对于网络教学能够满足疫情期间自己学习需求的评价情况

到了全部调查教师人数的 94.83%（图 10-30）。

鲁班工坊学生对于鲁班工坊的人才培养资源比本土的人才培养资源更加丰富的评价也十分积极，其中，85.45% 的鲁班工坊学生认为非常符合，6.35% 的鲁班工坊学生认为比较符合，两者之和占到了全部调查学生人数的 91.80%（图 10-31）。

在硬件设施配置方面，鲁班工坊学生对于鲁班工坊教学硬件设施能够很好

非常符合	81.90%
比较符合	12.93%
不能确定	1.72%
较不符合	2.59%
完全不符合	0.86%

图 10-30　教学一线教师对于自己能够熟练运用鲁班工坊的信息化资源进行授课的评价情况

非常符合	85.45%
比较符合	6.35%
不能确定	7.38%
较不符合	0.41%
完全不符合	0.41%

图 10-31　鲁班工坊学生对于鲁班工坊人才培养资源丰富的评价情况

非常符合	83.20%
比较符合	6.76%
不能确定	8.82%
较不符合	1.02%
完全不符合	0.2%

图 10-32 鲁班工坊学生对于鲁班工坊的教学硬件设施能够很好地满足学习需求的评价情况

非常符合	84.43%
比较符合	5.74%
不能确定	8.61%
较不符合	1.02%
完全不符合	0.2%

图 10-33 鲁班工坊学生对于鲁班工坊的教学氛围十分满意的评价情况

非常符合	82.99%
比较符合	7.58%
不能确定	8.21%
较不符合	0.61%
完全不符合	0.61%

图 10-34 鲁班工坊学生对于鲁班工坊授课教师的教学水平很高的评价情况

地满足学习需求的评价较高，其中，83.20%的鲁班工坊学生认为非常符合，6.76%的鲁班工坊学生认为比较符合，两者之和占到了全部调查学生人数的89.96%（图10-32）。

在教学氛围方面，鲁班工坊学生对于鲁班工坊教学氛围十分满意给予了正向评价，其中，84.43%的鲁班工坊学生认为非常符合，5.74%的鲁班工坊学生认为比较符合，两者之和占到了全部调查学生人数的90.17%（图10-33）。

在师资水平方面，鲁班工坊学生对于鲁班工坊授课教师的教学水平很高给予了积极评价，其中，82.99%的鲁班工坊学生认为非常符合，7.58%的鲁班工坊学生认为比较符合，两者之和占到了全部调查学生人数的90.57%（图10-34）。在此基础上，进一步的调查显示，课堂教学效果好（82.99%）、教学方法多样（73.98%）、教学态度端正（67.62%）是鲁班工坊学生认为教师教学水平最令自己满意的3个方面（图10-35）。

课堂教学效果好	82.99%
教学方法多样	73.98%
教学态度端正	67.62%
课堂内容丰富	34.43%
能为学生解答问题	27.46%
对学生要求严格	13.52%

图 10-35 鲁班工坊学生对于鲁班工坊教师教学水平最满意方面的评价情况

（五）课程设置

在学生调查中，主要是围绕鲁班工坊学生对课程设置的满意情况进行调查。由于课程设置主要包括理论课程和实践课程，所以问卷主要就理论课程和实践课程的课时量、难易程度等方面进行了深度调查。

非常符合	87.30%
比较符合	5.53%
不能确定	6.56%
较不符合	0.41%
完全不符合	0.20%

图 10-36 鲁班工坊学生对于鲁班工坊理论课程设置十分满意的评价情况

1. 理论课程

整体而言，鲁班工坊学生对于鲁班工坊的理论课程设置满意度较高，其中，87.30%的学生对鲁班工坊的理论课程设置十分满意，5.53%的学生对鲁班工坊的理论课程设置较为满意，两者之和达 92.83%（图 10-36）。

非常符合	86.68%
比较符合	5.12%
不能确定	8%
较不符合	0%
完全不符合	0.20%

图 10-37 鲁班工坊学生对于鲁班工坊的理论课程能帮助自己适应未来工作要求的评价情况

鲁班工坊学生对于鲁班工坊理论课程能帮助自己适应未来的工作要求的评价较高，其中，86.68% 的学生认为非常符合，5.12% 的学生认为比较符合，两者之和达 91.80%（图 10-37）。

鲁班工坊学生对于鲁班工坊理论课程内容十分丰富的评价较高，其中，85.04%的学生认为非常符合，5.12%的学生认为比较符合，两者之和达90.16%（图10-38）。

非常符合	85.04%
比较符合	5.12%
不能确定	8.82%
较不符合	1.02%
完全不符合	0%

图10-38 鲁班工坊学生对于鲁班工坊的理论课程内容十分丰富的评价情况

2. 实践课程

整体而言，鲁班工坊学生对于鲁班工坊的实践课程设置满意度较高，其中，87.09%的学生对鲁班工坊的实践课程设置十分满意，4.30%的学生对鲁班工坊的实践课程设置较为满意，两者之和占到了全部调查学生人数的91.39%（图10-39）。

非常符合	87.09%
比较符合	4.30%
不能确定	7.59%
较不符合	0.82%
完全不符合	0.2%

图10-39 鲁班工坊学生对于鲁班工坊实践课程设置十分满意的评价情况

鲁班工坊学生对于鲁班工坊的实践课程能帮助自己适应未来的工作要求的评价较高，其中，87.09%的学生认为非常符合，4.51%的学生认为比较符合，两者之和达91.60%（图10-40）。

鲁班工坊学生对于鲁班工坊实践课程内容十分丰富的评价较高，其中，85.45%的学生认为非常符合，5.53%的学生认为比较符合，两者之和达90.98%（图10-41）。

非常符合	87.09%
比较符合	4.51%
不能确定	7.38%
较不符合	0.41%
完全不符合	0.61%

图10-40 鲁班工坊学生对于鲁班工坊的实践课程能帮助自己适应未来工作要求的评价情况

非常符合	85.45%
比较符合	5.53%
不能确定	8.21%
较不符合	0.61%
完全不符合	0.2%

图10-41 鲁班工坊学生对于鲁班工坊实践课程十分丰富的评价情况

鲁班工坊学生对于鲁班工坊实践课程能够激发自己的学习兴趣的评价较高，其中，87.50%的学生认为非常符合，4.92%的学生认为比较符合，两者之和达92.42%（图10-42）。

评价	比例
非常符合	87.50%
比较符合	4.92%
不能确定	7.18%
较不符合	0.2%
完全不符合	0.2%

图10-42 鲁班工坊学生对于鲁班工坊实践课程能够激发自己的学习兴趣的评价情况

调查显示，鲁班工坊学生对于鲁班工坊课程使自己明确了未来工作需要诚实守信、爱岗敬业、努力工作、遵守企业规定给予了正向评价，其中，88.93%的学生认为非常符合，3.07%的学生认为比较符合，两者之和达92%（图10-43）。

评价	比例
非常符合	88.93%
比较符合	3.07%
不能确定	6.57%
较不符合	1.02%
完全不符合	0.41%

图10-43 鲁班工坊学生对于鲁班工坊课程使自己明确了未来工作需要诚实守信、爱岗敬业、努力工作、遵守企业规定的评价情况

实践课程丰富（64.75%）、课程内容设置合理（64.55%）、理论课程丰富（54.10%）是鲁班工坊学生认为鲁班工坊课程最满意的3个方面（图10-44）。

三、鲁班工坊人才培养效果评价

整体而言，鲁班工坊人才培养效果十分显著，鲁班工坊在当地受欢迎程度较高。通过对鲁班工坊教学一线教师的调查显示，对于鲁班工坊在当地很受欢迎的评价中，77.59%的教学一线教师认为非常符合，12.93%

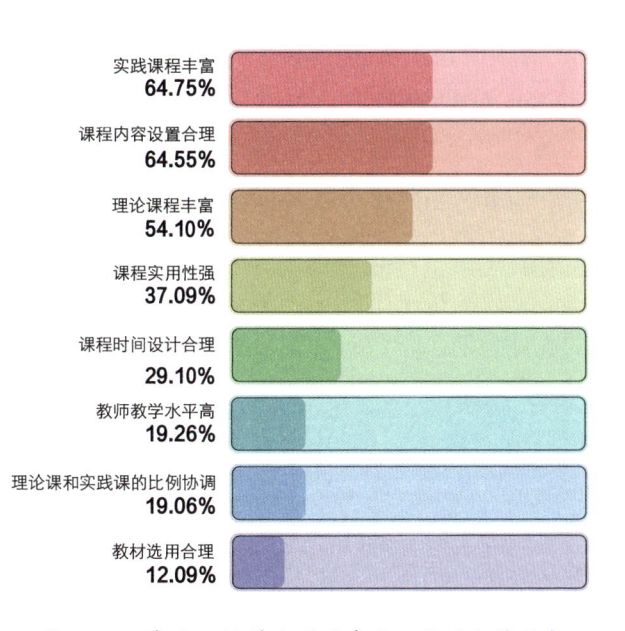

项目	比例
实践课程丰富	64.75%
课程内容设置合理	64.55%
理论课程丰富	54.10%
课程实用性强	37.09%
课程时间设计合理	29.10%
教师教学水平高	19.26%
理论课和实践课的比例协调	19.06%
教材选用合理	12.09%

图10-44 鲁班工坊学生对于鲁班工坊课程最满意方面的评价情况

的教学一线教师认为比较符合，两者之和占到全部被调查教师总数的90.52%（图10-45）。

鲁班工坊学生毕业后的主要流向包括就业和升学两种趋势。职业教育的重要目标之一就是帮助学生实现高质量就业，调查显示，教学一线教师对于鲁班工坊学生就业前景很好给予高度肯定，其中81.90%的教学一线教师认为非常符合，12.93%的教学一线教师认为比较符合，两者之和达94.83%（图10-46）。

在鲁班工坊学生调查中，鲁班工坊学生对于通过鲁班工坊学习自己的就业能力得到有效提升给予了高度评价，其中，86.07%的鲁班工坊学生认为非常符合，5.94%的鲁班工坊学生认为比较符合，两者之和达92.01%（图10-47）。

鲁班工坊学生对于未来的就业预期，36.27%的鲁班工坊学生想去中资企业就业，62.70%的鲁班工坊学生想去本国企业就业，62.70%的鲁班工坊学生想去合资企业就业（图10-48）。

鲁班工坊学生的升学意愿也表现出了对中国的向往。调查显示，在有升学意愿的学生中，39.75%的鲁班工坊学生想去中国继续上学，70.90%的鲁班工坊学生想在本国继续上学（图10-49）。

评价	比例
非常符合	77.59%
比较符合	12.93%
不能确定	6.90%
较不符合	0.86%
完全不符合	1.72%

图10-45 教学一线教师对于鲁班工坊在当地很受欢迎的评价情况

评价	比例
非常符合	81.90%
比较符合	12.93%
不能确定	3.45%
较不符合	0.86%
完全不符合	0.86%

图10-46 教学一线教师对于鲁班工坊学生就业前景很好的评价情况

评价	比例
非常符合	86.07%
比较符合	5.94%
不能确定	7.79%
较不符合	0.2%
完全不符合	0%

图10-47 鲁班工坊学生对于通过鲁班工坊学习自己的就业能力得到有效提升的评价情况

想去中资企业就业	36.27%
想去本国企业就业	62.70%
想去合资企业就业	62.70%
想升学	63.11%
还未毕业，没有预期	11.68%

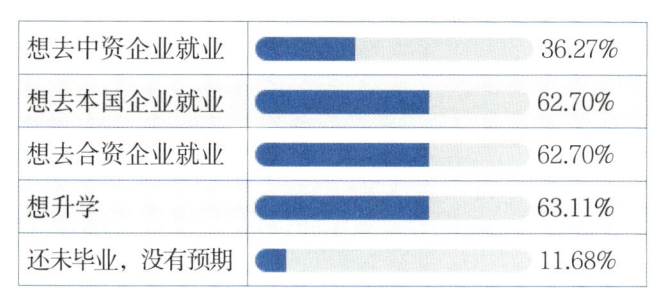

图 10-48 鲁班工坊学生对于自己未来就业的预期情况

想去中国继续上学	39.75%
想在本国继续上学	70.90%
没有升学意愿	8.81%

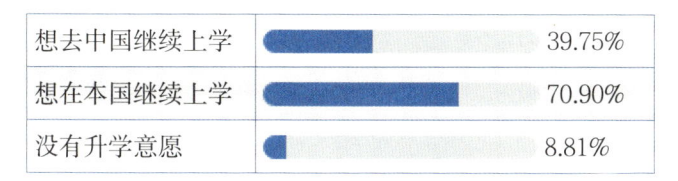

图 10-49 鲁班工坊学生对于升学的意愿情况

第三节 鲁班工坊毕业生的学业质量

学业质量是人才培养结果的重要体现。鲁班工坊毕业生的学业质量是指鲁班工坊学生在毕业后的学业成就表现。本节主要围绕鲁班工坊人才培养结果质量进行探究，其中，鲁班工坊毕业生在完成学习后对人才培养全过程的满意程度，以及从资源管理能力、人际交往能力、信息获取和运用能力、技术应用能力、统筹能力5个方面的核心素养评估鲁班工坊毕业生的学业成就获得满意度，是调查与分析的重要内容。

一、鲁班工坊毕业生的人才培养满意度

非常满意	81.44%
比较满意	13.40%
不能确定	4.13%
较不满意	0%
非常不满意	1.03%

图 10-50 鲁班工坊毕业生对于鲁班工坊人才培养总体满意度的评价情况

总体而言，鲁班工坊毕业生对鲁班工坊人才培养的总体满意度很高，其中非常满意的占81.44%，比较满意的占13.40%，两者之和达94.84%（图10-50）；鲁班工坊毕业生对人文交流体验

的总体满意度很高，其中非常满意的占77.84%，比较满意的占19.59%，两者之和高达97.43%（图10-51）。

（一）鲁班工坊毕业生对教学的满意度评价

鲁班工坊毕业生对教学的总体满意度很高，其中非常满意的占80.93%，比较满意的占17.01%，两者之和高达97.94%（图10-52）。

在教学目标设置方面，鲁班工坊毕业生对教学目标的满意度很高，其中非常满意的占79.38%，比较满意的占17.53%，两者之和高达96.91%（图10-53）。

在教学内容选择方面，鲁班工坊毕业生对教学内容的满意度很高，其中非常满意的占76.80%，比较满意的占20.62%，两者之和高达97.42%（图10-54）。

在教学方式运用方面，鲁班工坊毕业生对教学方式的满意度很高，其中非常满意的占73.20%，比较满意的占20.10%，两者之和达

图10-51 鲁班工坊毕业生对于人文交流体验总体满意度的评价情况

非常满意	77.84%
比较满意	19.59%
不能确定	2.05%
较不满意	0.52%
非常不满意	0%

图10-52 鲁班工坊毕业生对于鲁班工坊教学总体满意度的评价情况

非常满意	80.93%
比较满意	17.01%
不能确定	2.06%
较不满意	0%
非常不满意	0%

图10-53 鲁班工坊毕业生对于教学目标满意度的评价情况

非常满意	79.38%
比较满意	17.53%
不能确定	3.09%
较不满意	0%
非常不满意	0%

图10-54 鲁班工坊毕业生对于教学内容满意度的评价情况

非常满意	76.80%
比较满意	20.62%
不能确定	2.06%
较不满意	0.52%
非常不满意	0%

93.30%（图10-55）。

在教学效果评估方面，鲁班工坊毕业生对教学效果的满意度很高，其中非常满意的占72.16%，比较满意的占21.13%，两者之和达93.29%（图10-56）。

调查显示，教师教学能力强、课程内容丰富和教学方法多样是鲁班工坊毕业生对教学最满意的3个方面，比例分别为65.98%、63.92%和59.28%（图10-57）。

非常满意	73.20%
比较满意	20.10%
不能确定	4.64%
较不满意	2.06%
非常不满意	0%

图10-55 鲁班工坊毕业生对于教学方式满意度的评价情况

非常满意	72.16%
比较满意	21.13%
不能确定	6.19%
较不满意	0.52%
非常不满意	0%

图10-56 鲁班工坊毕业生对于教学效果满意度的评价情况

教师教学能力强	65.98%
课程内容丰富	63.92%
教学方法多样	59.28%
教师教学态度好	45.36%
教学效果好	28.87%
教师能为学生解答问题	21.13%
教材质量高	15.46%

图10-57 鲁班工坊毕业生对于鲁班工坊教学最满意方面的评价情况

（二）鲁班工坊毕业生对学习资源配置的满意度评价

在课程资源方面，鲁班工坊毕业生对课程设置的总体满意度很高，其中非常满

非常满意	75.77%
比较满意	19.07%
不能确定	3.10%
较不满意	2.06%
非常不满意	0%

图10-58 鲁班工坊毕业生对于课程设置总体满意度的评价情况

意的占 75.77%，比较满意的占 19.07%，两者之和达 94.84%（图 10-58）。其中，鲁班工坊毕业生对理论课程的满意度高达 95.36%（图 10-59）；对实践课程的满意度高达 96.39%（图 10-60）。

在信息化资源配置方面，鲁班工坊毕业生对信息化资源配置的满意度很高，其中非常满意的占 79.38%，比较满意的占 17.01%，两者之和高达 96.39%（图 10-61）。

非常满意	73.20%
比较满意	22.16%
不能确定	2.58%
较不满意	2.06%
非常不满意	0%

图 10-59 鲁班工坊毕业生对于理论课程满意度的评价情况

非常满意	81.96%
比较满意	14.43%
不能确定	1.54%
较不满意	1.55%
非常不满意	0.52%

图 10-60 鲁班工坊毕业生对于实践课程满意度的评价情况

非常满意	79.38%
比较满意	17.01%
不能确定	2.57%
较不满意	0.52%
非常不满意	0.52%

图 10-61 鲁班工坊毕业生对于鲁班工坊信息化资源配置满意度的评价情况

在教师资源方面，鲁班工坊毕业生对授课教师的满意度很高，其中非常满意的占 77.84%，比较满意的占 17.53%，两者之和高达 95.37%（图 10-62）。

在教材资源方面，鲁班工坊毕业生对所用教材的满意度很高，其中非常满意的占 72.68%，比较满意的占 21.13%，两者之和达 93.81%（图 10-63）。

非常满意	77.84%
比较满意	17.53%
不能确定	3.60%
较不满意	1.03%
非常不满意	0%

图 10-62 鲁班工坊毕业生对于授课教师满意度的评价情况

非常满意	72.68%
比较满意	21.13%
不能确定	5.16%
较不满意	1.03%
非常不满意	0%

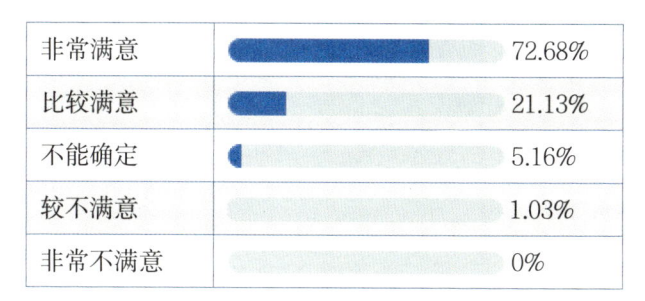

图 10-63 鲁班工坊毕业生对于鲁班工坊教材满意度的评价情况

非常满意	85.05%
比较满意	9.28%
不能确定	4.12%
较不满意	1.03%
非常不满意	0.52%

图 10-64 鲁班工坊毕业生对于鲁班工坊学习空间满意度的评价情况

非常满意	82.47%
比较满意	10.82%
不能确定	4.13%
较不满意	2.58%
非常不满意	0%

图 10-65 鲁班工坊毕业生对于鲁班工坊实训设备满意度的评价情况

技术应用能力	75.26%
信息获取和运用能力	65.46%
资源管理能力	61.86%
人际交往能力	61.34%
统筹能力	36.08%

图 10-66 鲁班工坊毕业生对于通过鲁班工坊人才培养自己能力提升的情况

在学习空间资源方面，鲁班工坊毕业生对学习空间的满意度很高，其中非常满意的占85.05%，比较满意的占9.28%，两者之和达94.33%（图10-64）。

在设备资源方面，鲁班工坊毕业生对实训设备的满意度很高，其中非常满意的占82.47%，比较满意的占10.82%，两者之和达93.29%（图10-65）。

二、鲁班工坊毕业生的学业成就获得满意度

总体而言，通过鲁班工坊人才培养，鲁班工坊毕业生在技术应用能力、信息获取和运用能力、资源管理能力、人际交往能力和统筹能力5个方面的关键能力上的获得感较强，比例分别达到75.26%、65.46%、61.86%、61.34% 和36.08%（图10-66）。

（一）鲁班工坊毕业生的技术应用能力得到很大提升

在技术应用能力方面：96.39%的鲁班工坊毕业生能够选择正确设备完成工作（图10-67），94.84%的鲁班工坊毕业生能够正确操作和控制设备（图10-68），94.85%的鲁班工坊毕业生能够对设备进行日常维护（图10-69）。

非常符合	78.35%
比较符合	18.04%
不能确定	2.06%
较不符合	1.55%
非常不符合	0%

图10-67 鲁班工坊毕业生对于自己能够选择正确设备完成工作的评价情况

非常符合	73.71%
比较符合	21.13%
不能确定	4.13%
较不符合	1.03%
非常不符合	0%

图10-68 鲁班工坊毕业生对于自己能够正确操作和控制设备的评价情况

非常符合	77.84%
比较符合	17.01%
不能确定	4.63%
较不符合	0.52%
非常不符合	0%

图10-69 鲁班工坊毕业生对于自己能够对设备进行日常维护的工作情况

非常符合	66.49%
比较符合	24.74%
不能确定	6.71%
较不符合	1.03%
非常不符合	1.03%

图10-70 鲁班工坊毕业生对于自己能够准确理解工作文件和操作手册的评价情况

（二）鲁班工坊毕业生的信息获取和运用能力得到有效提升

在信息获取和运用能力方面：91.23%的鲁班工坊毕业生能够准确理解工作文件和操作手册（图10-70），92.79%的鲁班工坊毕业生能够运用专业知识解决工作问题（图10-71），95.36%的鲁班工坊毕业生会和同事交流工作信息（图10-72），96.91%的鲁班工坊毕业生能够运用互联

非常符合	74.23%
比较符合	18.56%
不能确定	5.66%
较不符合	1.03%
非常不符合	0.52%

图 10-71 鲁班工坊毕业生对于自己能够运用专业知识解决工作问题的评价情况

非常符合	77.32%
比较符合	18.04%
不能确定	3.61%
较不符合	1.03%
非常不符合	0%

图 10-72 鲁班工坊毕业生对于自己会和同事交流工作信息的评价情况

非常符合	82.99%
比较符合	13.92%
不能确定	1.54%
较不符合	1.03%
非常不符合	0.52%

图 10-73 鲁班工坊毕业生对于自己能够运用互联网辅助完成工作的评价情况

非常符合	75.26%
比较符合	19.07%
不能确定	5.15%
较不符合	0.52%
非常不符合	0%

图 10-74 鲁班工坊毕业生对于自己能够管理好时间的评价情况

网辅助完成工作（图10-73）。

（三）鲁班工坊毕业生的资源管理能力得到较大提升

在资源管理能力方面：在时间管理上，94.33%的鲁班工坊毕业生能够管理好时间（图10-74）；在资金管理上，93.81%的鲁班工坊毕业生能够合理利用资金完成工作（图10-75）；在物资管理上，95.88%的鲁班工坊毕业生能够合理管理物资（如设备、厂房和材料等）（图10-76）；在人力资源管理上，94.33%的鲁班工坊毕业生能够很好地领导一个小团队（图10-77）。

（四）鲁班工坊毕业生的人际交往能力得到一定提升

在人际交往能力方面：在合作交往上，97.43%的鲁班工坊毕业生能够与他人合作完成工作（图10-78），97.94%的鲁班工坊毕业生能够指导他人做事（图10-79），93.81%的鲁班工坊毕业生能够服务

非常符合		73.71%
比较符合		20.10%
不能确定		4.64%
较不符合		1.03%
非常不符合		0.52%

图 10-75 鲁班工坊毕业生对于自己能够合理利用资金完成工作的评价情况

非常符合		80.93%
比较符合		14.95%
不能确定		3.60%
较不符合		0.52%
非常不符合		0%

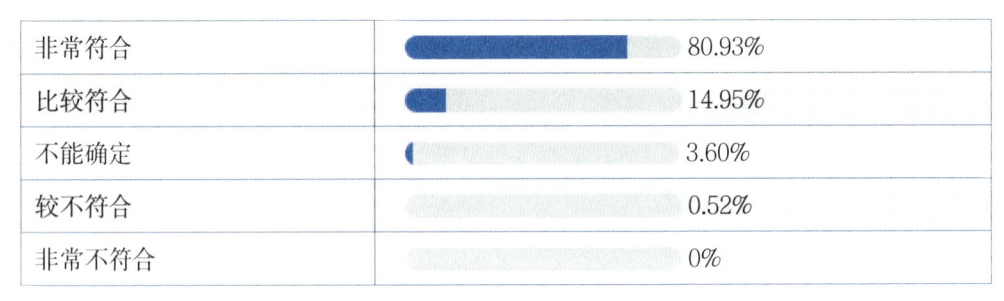

图 10-76 鲁班工坊毕业生对于自己能够合理管理物资（如设备、厂房和材料等）的评价情况

非常符合		79.38%
比较符合		14.95%
不能确定		4.64%
较不符合		1.03%
非常不符合		0%

图 10-77 鲁班工坊毕业生对于自己能够很好地领导一个小团队的评价情况

非常符合		83.51%
比较符合		13.92%
不能确定		1.54%
较不符合		1.03%
非常不符合		0%

图 10-78 鲁班工坊毕业生对于自己能够与他人合作完成工作的评价情况

顾客（图10-80）。

在沟通交流上，94.84%的鲁班工坊毕业生能够说服他人（图10-81），95.37%的鲁班工坊毕业生能够与他人沟通并且达成一致（图10-82），56.70%的鲁班工坊毕业生能够运用中文进行交流沟通（图10-83）。

非常符合	80.41%
比较符合	17.53%
不能确定	1.54%
较不符合	0.52%
非常不符合	0%

图10-79 鲁班工坊毕业生对于自己能够指导他人做事的评价情况

非常符合	78.35%
比较符合	15.46%
不能确定	5.67%
较不符合	0.52%
非常不符合	0%

图10-80 鲁班工坊毕业生对于自己能够服务顾客的评价情况

（五）鲁班工坊毕业生的统筹能力得到部分提高

在统筹能力方面：94.84%的鲁班工坊毕业生了解产品的生产原理（图10-84），97.42%的鲁班工坊毕业生能够对产品和服务进行质量控制（图10-85），93.30%的鲁班工坊毕业生能够对产品和服务进行改进和创新（图10-86）。

非常符合	74.74%
比较符合	20.10%
不能确定	4.12%
较不符合	0.52%
非常不符合	0.52%

图10-81 鲁班工坊毕业生对于自己能够说服他人的评价情况

非常符合	77.84%
比较符合	17.53%
不能确定	3.60%
较不符合	1.03%
非常不符合	0%

图10-82 鲁班工坊毕业生对于自己能够与他人沟通并且达成一致的评价情况

非常符合	40.21%
比较符合	16.49%
不能确定	20.62%
较不符合	5.15%
非常不符合	17.53%

图 10-83 鲁班工坊毕业生对于自己能够运用中文进行交流沟通的评价情况

非常符合	74.74%
比较符合	20.10%
不能确定	4.64%
较不符合	0.52%
非常不符合	0%

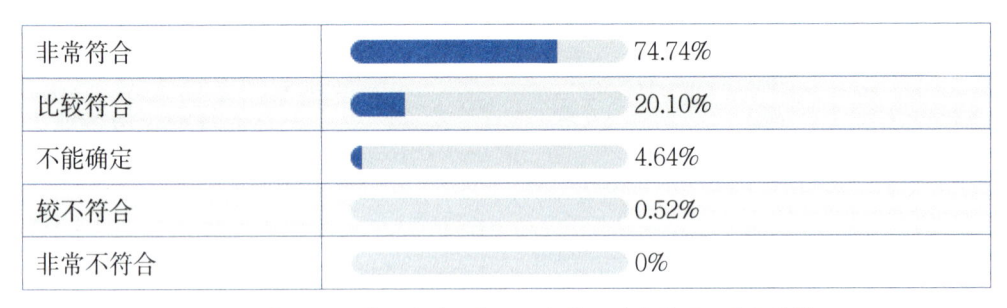

图 10-84 鲁班工坊毕业生对于自己了解产品的生产原理的评价情况

非常符合	80.41%
比较符合	17.01%
不能确定	1.55%
较不符合	1.03%
非常不符合	0%

图 10-85 鲁班工坊毕业生对于自己能够对产品和服务进行质量控制的评价情况

非常符合	77.32%
比较符合	15.98%
不能确定	6.18%
较不符合	0.52%
非常不符合	0%

图 10-86 鲁班工坊毕业生对于自己能够对产品和服务进行改进和创新的评价情况

第四节 鲁班工坊毕业生的就业质量

就业质量是人才培养结果的直接体现。本节主要围绕鲁班工坊毕业生的就业质量进行探究,其中,鲁班工坊毕业生的就业情况和就业满意度是调查与分析的重要内容。这既是检验鲁班工坊人才培养质量的核心指标,也是检验鲁班工坊建设与发展的重要指标,对于有效提升鲁班工坊人才培养质量、推动全球鲁班工坊项目可持续发展具有重要意义。

一、鲁班工坊毕业生的就业基本情况

总体而言,一半以上(56.71%)的鲁班工坊毕业生受雇全职工作,16.49%的鲁班工坊毕业生受雇兼职工作,选择升学的鲁班工坊毕业生占15.46%,选择自主创业的鲁班工坊毕业生占10.82%(图10-87)。在升学选择中,部分鲁班工坊毕业生表现出对中国的向往,其中24.23%的鲁班工坊毕业生选择到中国留学,61.34%的鲁班工坊毕业生选择继续在本国读书,14.43%的鲁班工坊毕业生选择到其他国家留学(图10-88)。

受雇全职工作	56.71%
受雇兼职工作	16.49%
升学	15.46%
自主创业	10.82%
无工作,其他	0.52%

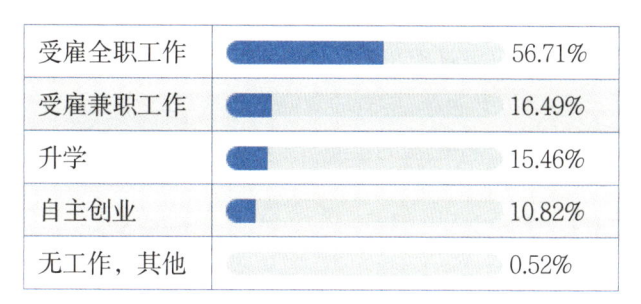

图10-87 鲁班工坊毕业生的就业去向情况

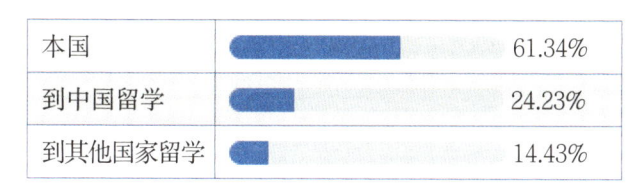

本国	61.34%
到中国留学	24.23%
到其他国家留学	14.43%

图10-88 鲁班工坊毕业生的升学去向情况

在就业过程中,鲁班工坊毕业生就业信息获取渠道较为多元,其中校企合作企业(73.20%),学校就业指导中心(63.92%),老师、同学、亲戚、朋友等(49.48%)及求职网站(47.94%)等是就业信息获取的主要渠道(图10-89)。

在就业选择中,国家和社会需要(58.76%)、工作环境(43.30%)、薪酬(41.75%)、个人发展机会(35.05%)、工作稳定性(34.02%)、工作性质(32.99%)、工作平台(29.38%)、专业对口(14.43%)等是鲁班工坊毕业生在就业选择时考虑的主要因素(图10-90)。

渠道	比例
校企合作企业	73.20%
学校就业指导中心	63.92%
老师、同学、亲戚、朋友等	49.48%
求职网站	47.94%
招聘会	19.07%
媒体（电视、报纸、杂志等）	18.56%
宣讲会	12.89%
其他	14.95%

图 10-89 鲁班工坊毕业生的就业信息获取渠道情况

因素	比例
国家和社会需要	58.76%
工作环境	43.30%
薪酬	41.75%
个人发展机会	35.05%
工作稳定性	34.02%
工作性质	32.99%
工作平台	29.38%
专业对口	14.43%
其他	10.31%

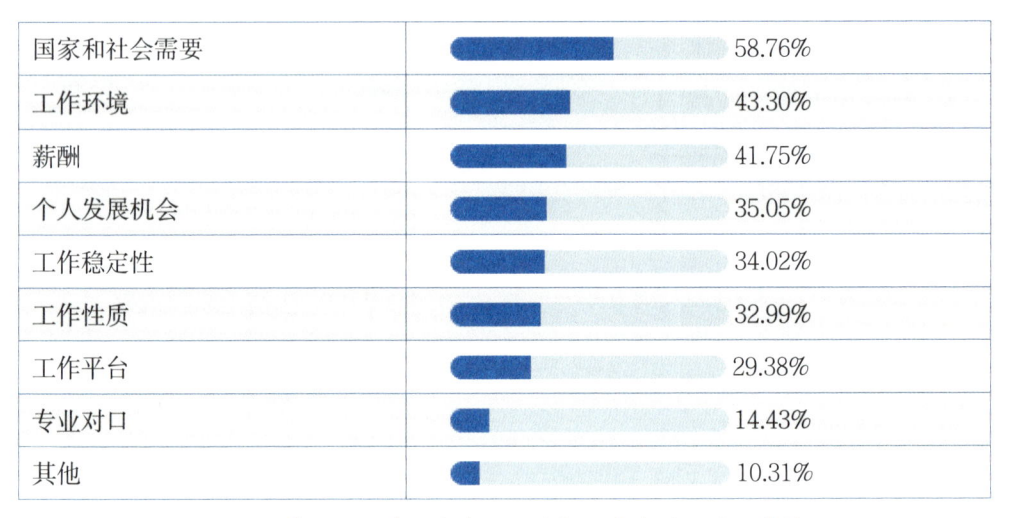

图 10-90 鲁班工坊毕业生在就业选择时考虑的主要因素情况

具体而言，在工作地点方面，大部分（75.77%）的鲁班工坊毕业生的工作地点在本国，6.70% 的鲁班工坊毕业生工作地点在中国（图 10-91）。

地点	比例
本国	75.77%
中国	6.70%
其他国家	17.53%

图 10-91 鲁班工坊毕业生的工作地点情况

在工作单位性质方面，44.85% 的鲁班工坊毕业生的工作单位属于本土企业，13.92% 的鲁班工坊毕业生的工作单位属于中资企业，18.56% 的鲁班工坊毕业生的工作单位属于其他合资企业，13.40%的鲁班工坊毕业生的工作单位属于本土与中国的合资企业，9.27%的鲁班工坊毕业生的工作单位属于外资企业（图10-92）。

本土企业	44.85%
中资企业	13.92%
其他合资企业	18.56%
本土与中国的合资企业	13.40%
外资企业	9.27%

图10-92 鲁班工坊毕业生的工作单位性质情况

在工作单位规模方面，20.10%的鲁班工坊毕业生的工作单位规模在50人及以下，32.47%的鲁班工坊毕业生的工作单位规模在51~200人之间，21.65%的鲁班工坊毕业生的工作单位规模在201~500人之间，25.78%的鲁班工坊毕业生的工作单位规模在501人以上（图10-93）。

在工作单位影响力方面，23.71%的鲁班工坊毕业生的工作单位属于世界500强企业，20.62%的鲁班工坊毕业生的工作单位属于在欧洲具有很大影响力的企业，30.93%的鲁班工坊毕业生的工作单位属于在亚洲具有很大影响力的企业，24.74%的鲁班工坊毕业生的工作单位属于在本国具有很大影响力的企业（图10-94）。

50人及以下	20.10%
51~200人	32.47%
201~500人	21.65%
501人以上	25.78%

图10-93 鲁班工坊毕业生的工作单位规模情况

世界500强企业	23.71%
在欧洲具有很大影响力的企业	20.62%
在亚洲具有很大影响力的企业	30.93%
在本国具有很大影响力的企业	24.74%

图10-94 鲁班工坊毕业生的工作单位影响力情况

在工作与专业的相关性方面，53.09%的鲁班工坊毕业生的工作与所学专业非常相关，24.23%的鲁班工坊毕业生的工作与所学专业比较相关，两者占到了全部被调查鲁班工坊毕业生的77.32%（图10-95）。

在薪酬方面，51.55%的鲁班工坊毕业生认为相对于非鲁班工坊毕业生自己的月收入非常高，27.84%的鲁班工坊毕业生认为比较高，15.46%的鲁班工坊毕业生不清楚，3.61%的鲁班工坊毕业生认为比较低，1.54%的鲁班工坊毕业生认为非常低（图10-96）。

二、鲁班工坊毕业生的就业满意度

总体而言，鲁班工坊毕业生对工作的总体满意度较高，其中71.65%的鲁班工坊毕业生对工作非常满意，

非常相关	53.09%
比较相关	24.23%
不能确定	13.92%
较不相关	4.64%
非常不相关	4.12%

图10-95 鲁班工坊毕业生的工作与所学专业相关性情况

非常高	51.55%
比较高	27.84%
不清楚	15.46%
比较低	3.61%
非常低	1.54%

图10-96 鲁班工坊毕业生相对于非鲁班工坊毕业生的月收入情况

18.04%的鲁班工坊毕业生对工作比较满意，两者之和占到89.69%（图10-97）。

非常满意	71.65%
比较满意	18.04%
不能确定	7.22%
较不满意	3.09%
非常不满意	0%

图10-97 鲁班工坊毕业生对于工作总体满意度的评价情况

非常满意	64.43%
比较满意	23.71%
不能确定	9.28%
较不满意	0.52%
非常不满意	2.06%

图10-98 鲁班工坊毕业生对于工作薪酬满意度的评价情况

在工作薪酬满意度方面，鲁班工坊毕业生对工作薪酬的满意度较高，其中64.43%的鲁班工坊毕业生对工作薪酬非常满意，23.71%的鲁班工坊毕业生对工作薪酬比较满意，两者之和占到88.14%（图10-98）。

在工作胜任力满意度方面，鲁班工坊毕业生对高强度工作胜任力较强，其中75.77%的鲁班工坊毕业生完全能够胜任高强度工作，18.04%的鲁班工坊毕业生比较能够胜任高强度工作，两者之和达

完全能够胜任	75.77%
比较能够胜任	18.04%
不能确定	5.16%
比较不能胜任	1.03%
完全不能胜任	0%

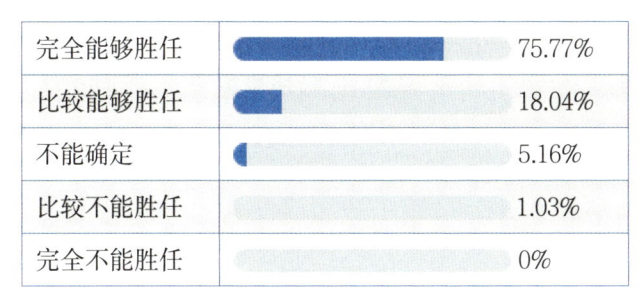

图 10-99 鲁班工坊毕业生对于自己能否胜任高强度工作的评价情况

完全能够胜任	73.20%
比较能够胜任	16.49%
不能确定	9.28%
比较不能胜任	1.03%
完全不能胜任	0%

图 10-100 鲁班工坊毕业生对于自己能否胜任复杂工作的评价情况

93.81%（图 10-99）；鲁班工坊毕业生对复杂工作胜任力较强，其中 73.20% 的鲁班工坊毕业生完全能够胜任复杂工作，16.49% 的鲁班工坊毕业生比较能够胜任复杂工作，两者之和占到 89.69%（图 10-100）。

在工作环境适应性方面，78.35% 的鲁班工坊毕业生完全能够适应单位的工作环境，18.04% 的鲁班工坊毕业生比较能够适应单位的工作环境，两者之和高达 96.39%（图 10-101）。

在未来工作发展空间方面，鲁班工坊毕业生对于鲁班工坊的学习经历有益于扩展未来工作发展空间的评价较高，其中 76.29% 的鲁班工坊毕业生认为非常有帮助，18.04% 的鲁班工坊毕业生认为比较有帮助，两者之和达 94.33%（图 10-102）。

调查结果最终显示，鲁班工坊毕业生对鲁班工坊的推荐度很高，其中 85.05% 的鲁班工坊毕业生非常愿意将鲁班工坊推荐给亲朋好友

完全能够	78.35%
比较能够	18.04%
不能确定	2.57%
比较不能够	0.52%
完全不能够	0.52%

图 10-101 鲁班工坊毕业生对于自己是否能适应单位工作环境的评价情况

非常有帮助	76.29%
比较有帮助	18.04%
不能确定	5.67%
帮助较小	0%
完全没帮助	0%

图 10-102 鲁班工坊毕业生对于鲁班工坊学习经历是否有益于扩展未来工作发展空间的评价情况

非常愿意	85.05%
比较愿意	11.34%
不能确定	3.09%
较不愿意	0.52%
非常不愿意	0%

去就读，11.34%的鲁班工坊毕业生比较愿意将鲁班工坊推荐给亲朋好友去就读，两者之和高达96.39%（图10-103）。

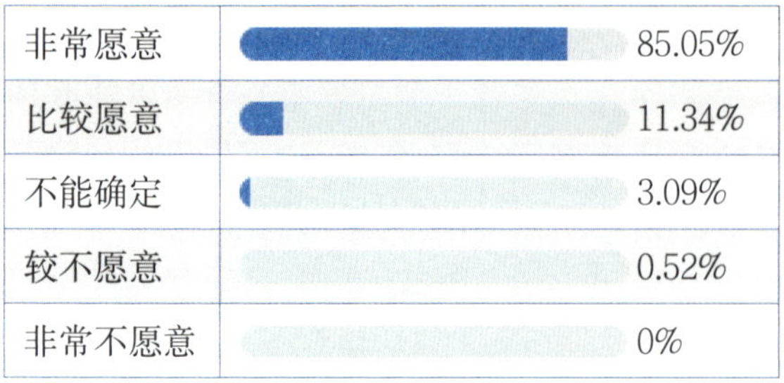

图10-103 鲁班工坊毕业生对于自己是否愿意将鲁班工坊推荐给亲朋好友去就读的评价情况

第五节 PDCA视角下人才培养质量提升路径

人才培养是鲁班工坊建设的核心任务，全面提升人才培养质量是鲁班工坊高质量可持续发展的关键问题。本节从PDCA循环理论视角，对全球鲁班工坊人才培养过程（教学过程）和人才培养效果（学业成就和就业质量）进行探索，提出全球鲁班工坊人才培养质量提升的对策。

PDCA循环理论又称戴明循环或持续改进螺旋，最早由美国著名质量管理专家戴明（W. Edwards. Deming）在整合著名统计质量控制之父休哈特（Walter A. Shewhart）的"PDS（Plan Do See）"理论的基础上提出，现已被广泛应用于全面质量管理。PDCA四个英文字母分别代表如下含义：P（Plan）—计划，包括活动目标的确定和规则标准的制定；D（Do）—执行，主要是设计好具体的方法方案进行运作，实现计划的内容；C（Check）—检查，重点是总结计划执行的情况，明确效果找出问题；A（Act）—处理，对检查的结果进行处理，将成功的经验加以肯定，并且予以标准化，对于失败的教训也要进行总结、引起重视。[1] PDCA循环理论是质量管理和质量改进的重要方法，该理论遵循循环控制思想，建立一个周而复始、循环反复、逐步改进、不断提升的质量控制体系。

提升全球鲁班工坊人才培养质量可引用PDCA循环理论。以提升鲁班工坊人才培养质量稳步提升为目标，通过决策、运行、监控、改进4个环节的循环反复和贯穿于每一个环节的即时反馈，实现教学质量的不断优化和人才培养质量的持续改进。PDCA循环理论的运行过程，揭示了全球鲁班工坊人才培养质量提升的基本思路与主要内容，也为全球鲁班工坊人才培养质量监控和改进指明了方向。

---

[1] 参见胡雅琴、何祯：《论六西格玛管理的本质属性》，《科学与科学技术管理》，2004年第5期。

一、做好顶层设计，关注人才培养目标设置与质量标准构建

根据人才培养模式的过程性观点，人才培养质量不仅取决于院校的办学定位、专业设置、人才培养目标、人才培养内容选择、教学设计、实习实训等环节，也取决于毕业生就业和职业生涯可持续发展等全过程。全球鲁班工坊人才培养质量提升是一项复杂的系统工程，受到项目建设的顶层设计、人才培养目标、人才培养内容、人才培养方式、中外师资水平、中外文化差距等多种因素影响。全球鲁班工坊人才培养质量的有效提升必须着眼于总体规划与统筹设计，与鲁班工坊项目建设的顶层设计紧密结合。

从既有的职业教育国际合作办学项目的人才培养质量提升实践来看，其人才培养质量体系主要包括设计、执行、评价及保障等子系统。在人才培养质量体系建设过程中，鲁班工坊参建院校应该树立全局意识和全过程意识，紧紧围绕鲁班工坊人才培养的全过程进行统筹设计。同时，应该站在全球职业教育治理的高度进行顶层设计，建立起开展全面人才培养质量保障工作所需的组织机构、议事程序、质量标准和资源条件。

其一，应该充分运用我国与合作国家的职业教育优势资源，对鲁班工坊人才培养目标进行审查和论证，确保鲁班工坊人才培养质量保障工作目标的科学性与合理性。值得注意的是，还应该根据合作国家对高素质技术技能人才需求的变化，不断优化人才培养目标。基于此，通过审查和论证过程，使鲁班工坊人才培养质量保障体系建设成为优化参建院校办学定位、实现项目人才培养目标的重要环节，为鲁班工坊人才培养质量保障体系建设提供内生动力。

其二，鲁班工坊人才培养质量提升中应该优先推进项目人才培养质量标准建设，既要保证全球鲁班工坊人才培养过程中参与主体的多元性，也要保证鲁班工坊人才培养质量标准建设的全面性。作为全球鲁班工坊人才培养质量监管与评估的重要依据，全球鲁班工坊人才培养质量标准应当由包括中外政府主管部门、院校管理教师、一线教师、学生、行业、企业和用人单位等在内的多主体参与协商制定，同时，在质量标准的内容设计与选择上，应该实现对全球鲁班工坊人才培养全过程所涉及的要素的基本覆盖。基于此，初步构建出由专业人才培养标准、教学环节标准、教学建设标准和教学评价标准"四位一体"[①]的全球鲁班工坊人才培养质量标准体系。

---

① 参见李贞刚、王红、陈强：《基于PDCA模式的质量保障体系构建》，《高教发展与评估》，2018年第2期。

二、健全运行机制，确保人才培养质量保障制度深入实施

在做好顶层设计的基础上，建立科学的配套措施提升全球鲁班工坊人才培养质量尤为关键。鲁班工坊参建院校不仅要关注人才培养组织实施、师资队伍建设、文化交流制度设计，还要建立健全相应运行机制推进鲁班工坊人才培养质量保障制度深入实施。主要包括以下方面：

其一，健全鲁班工坊人才培养质量保障组织机构。不仅应该建立承担鲁班工坊人才培养质量监管职能的专门机构，如鲁班工坊研究与推广中心等，配备专业的工作人员，还应该打破项目边界，建立由多个项目参建院校组成的、涵盖决策、执行、评价、保障功能的鲁班工坊人才培养质量保障联动机制，保证鲁班工坊人才培养质量保障工作任务明确、职责清晰、组织有力、落实到位、深入实施。

其二，应该加强鲁班工坊人才培养质量保障队伍建设。不仅要建立数量充足、结构合理的鲁班工坊人才培养质量管理队伍，还应该在全球范围内遴选一批业务精湛、责任心强、教学经验丰富的专家，组建鲁班工坊人才培养质量督导专家库和教学评估专家库，形成咨询决策、运行调度、监控评价和资源保障"四位一体"的鲁班工坊人才培养质量保障组织系统，为鲁班工坊人才培养质量保障工作的实施提供人员保障。

其三，应该构建重视鲁班工坊人才培养质量的文化氛围。要充分吸收以学生为中心、以人才培养为核心的项目建设理念，借鉴全面质量管理，结合中外参建院校历史、优势、特色等，打造全球鲁班工坊人才培养特色，并通过国内、国际影响力强的媒体、平台加强宣传与推广，为鲁班工坊人才培养质量保障体系运行提供外在动力。

其四，应该推进鲁班工坊人才培养质量保障制度建设。一方面，制定质量检查、过程督导、专项评估、质量跟踪、质量信息公开、质量持续改进等一系列鲁班工坊人才培养质量管理制度，使其成为提高鲁班工坊建设质量的重要支撑，例如，探索研制《关于完善鲁班工坊人才培养质量保障体系的意见》《关于构建和完善鲁班工坊人才培养质量监控体系的意见》《关于进一步提高鲁班工坊人才培养质量的意见》等文件。另一方面，要通过"引入参与决策机制，引导鲁班工坊教师与学生主动参与人才培养质量保障体系建设""深化绩效奖惩机制和职务职称晋升机制改革，设立鲁班工坊人才培养质量贡献奖""鲁班工坊参建单位签订《鲁班工坊人才培养质量任务书》"等措施，建立有效的激励与约束机制，引导鲁班工坊建设的多元主体关注项目人才培养质量发展。

三、开展项目评估，实现人才培养质量动态监管

鲁班工坊人才培养质量监管是指，鲁班工坊研究与推广中心按照评估方案对项目参建院校的教学工作进行评估、评价和监测，并将评估结果予以公示，充分发挥评估的导向、管理与监督作用。围绕人才培养涉及的各环节和要素开展质量监管和评估，既是鲁班工坊人才培养质量保障体系建设的基本内容，也是检验质量保障体系运行状况的重要途径。对于鲁班工坊参建院校而言，监管和评估是对项目人才培养情况进行自我诊断的一种方式，其目的是明确参建院校是否实现了鲁班工坊人才培养目标，用数据和事实阐明参建院校实现办学目标和人才培养目标的程度、人才培养过程中取得的成绩、形成的特色和存在的不足，并提出进一步改进鲁班工坊人才培养质量的规划和措施。

第一，作为鲁班工坊人才培养质量监管的主体，鲁班工坊研究与推广中心应该强化质量主体意识，根据各个项目建设之初确定的办学目标和人才培养目标，围绕师资队伍、教学条件、培养过程、学生发展和教学效果等开展针对性督导检查和评估。在质量监控方面，从开展鲁班工坊人才培养检查、实施督导、开展课堂教学效果评价、开展毕业生满意度追踪调查、推进人才培养数据库建设等方面加强鲁班工坊人才培养质量的全面监控。在质量评估方面，督导检查和评估的内容应当涵盖鲁班工坊参建院校、专业、教学、课程等，主体应当包括鲁班工坊学生、教师、行业、企业和用人单位等，尤其应该注重听取鲁班工坊教学一线教师和学生对人才培养质量的评价、用人单位对鲁班工坊毕业生的满意度和认可度。

第二，在鲁班工坊研究与推广中心开展全球项目建设质量的监管与评估工作中，应该牢固树立形成性评价思想，坚持以评促建、以评促改、以评促管、以评提质，秉承全员参与、全程控制和全面保障的理念，坚持定性评价与定量评价相结合、综合评价与专项评估相结合、目标评价与过程评价相结合的原则，评估工作要由注重"投入"转变为关注"产出"，由注重"结果"转移到关心"过程"，要切实把各项评估工作视为提升鲁班工坊人才培养质量、促进参建院校发展、推动中国职业教育国际化的重要途径。

四、注重问题反馈，促进人才培养质量稳步提升

质量改进是指基于鲁班工坊人才培养质量监管和评估工作，对获取的鲁班工坊人才培养质量情况进行深入分析，全面总结成绩、梳理问题，将成功经验进行标准化以便在更大的范围推广，同时采取相应的整改措施有效解决发现的质量问

题。可以说，质量改进不仅是鲁班工坊人才培养质量保障体系的重要环节，贯穿于鲁班工坊人才培养质量保障体系运行的全过程，更是鲁班工坊人才培养质量体系之所以被称为体系的关键，决定着鲁班工坊人才培养质量体系的闭环性、循环性和可靠性。对于鲁班工坊研究与推广中心而言，只有建立有效的鲁班工坊人才培养质量改进机制，其所开展的各种形式的鲁班工坊人才培养质量管理工作才能成为体系，其所开展的各项监管与评估评建工作才具有实效性。

第一，在鲁班工坊人才培养质量信息处理方面，鲁班工坊研究与推广中心应该做好信息的收集、统计、分析与反馈工作。其一，鲁班工坊研究与推广中心应该基于日常开展的常态监管和评估工作。建立多种形式的鲁班工坊人才培养质量信息收集渠道，广泛听取鲁班工坊一线教师、学生、专家、管理者、行业、企业和社会各方利益相关者对鲁班工坊人才培养质量的意见和建议。同时，全面改进鲁班工坊人才培养质量信息分析工作，对掌握的质量信息进行更加深入、实质的分析，尽可能地挖掘表层信息背后蕴含的更深层次的质量问题。其二，鲁班工坊研究与推广中心应该客观、准确、全面、及时地做好质量信息的反馈工作。应该逐渐形成集中反馈与个别反馈相结合、系统反馈与即时反馈相结合、书面反馈与口头反馈相结合、有组织反馈与随机反馈相结合等多种形式的质量信息反馈机制和年度质量报告发布制度。不仅要注重系统改进环节的反馈，更要注重鲁班工坊人才培养质量保障体系运行和监管过程的反馈，以便于及时调整不合理的质量管理决策，解决情势紧急的人才培养质量问题。需要注意的是，鲁班工坊人才培养质量信息反馈的范围不仅包括项目参建院校师生，还应当涵盖国家、社会、行业、企业和用人单位等利益相关者，反馈的形式不仅包括集中反馈、系统反馈、书面反馈，还包括个别反馈、随机反馈和口头反馈等。

第二，在鲁班工坊人才培养质量改进方面，鲁班工坊研究与推广中心应该针对目前项目人才培养过程中已经发现的问题、薄弱环节和未来可能出现的问题，建立有效的纠正和预防措施，达到持续改进的目的。一方面，要优化鲁班工坊人才培养质量监管和评估工作的功能定位和实施程序。更加注重评价、监督、引导功能的发挥，对于在督导检查、评教评学和专项评估中发现的问题进行持续监管，对反馈给鲁班工坊参建单位的重大人才培养质量问题实行建档督办、限期整改、改后复评。另一方面，要建立行之有效的约束机制。进一步明确鲁班工坊人才培养质量责任主体，强化责任意识，将教学监控与评估结果作为项目资金投入、招生计划制定、专业调整等工作的重要依据，同时将鲁班工坊人才培养质量信息和有关质量问题作为鲁班工坊一线教师奖惩考核与评聘的首要条件，引导鲁班工坊一线教师注重教学质量的改进与提升。

人才培养质量是鲁班工坊项目建设与发展的重中之重，构建科学合理的鲁班工坊人才培养质量保障体系是提高人才培养质量的关键环节。在全球鲁班工坊建设内涵不断深化的背景下，全球鲁班工坊项目应该结合人才培养实际，以 PDCA 模式所倡导的新理念、新思路、新方法为借鉴和指导，按照"计划—执行—检查—处理"的思路搭建循环闭合的鲁班工坊人才培养质量保障体系，促进全球鲁班工坊人才培养质量不断提升。

第十一章 新时期鲁班工坊发展新途径

长期以来,我国职业教育国际化停留在"引进来"阶段,随着"一带一路"倡议和构建人类命运共同体理念的提出,我国职业教育国际化迎来了发展新机遇。一些职业院校通过境外办学、招收留学生等方式参与到这一伟大历史进程中,在"引进来"基础上大胆探索"走出去""走进去",与共建"一带一路"国家合作办学、共同培养当地技术技能人才,大力开发合作国人力资源,完善其职业教育与培训体系,承担了职业教育共同发展的国际责任,推动了一些发展中国家的经济建设和工业化转型。经过多年探索和总结,我国职业教育境外办呈现了丰富的办学形式,形成了成熟的办学路径,树立起有影响力的教育品牌,天津首创的鲁班工坊是其中的典范,并已经成为国家人文交流品牌。目前,鲁班工坊为合作国家培养了符合当地产业发展需求的大量技术技能人才。而在特殊时期,天津院校克服重重困难,建成了9所鲁班工坊,为合作国的抗疫与经济建设、社会发展,以及中外人文交流做出了一定贡献。作为中国职业教育成果与世界共享的重要形式,鲁班工坊为当地提供优质职业教育和技术培训,赢得了世界各国政要和师生的肯定和赞扬,促进了中国与外国的民心相通,也提升了中国职业教育的世界声誉和影响力。

在国际人员流动交往暂时中断的特殊时期,作为境外办学项目的鲁班工坊发展经历了多重实践的考验,而且有长足的发展。在国际政治形势日益复杂的情况下,经济发展环境面临诸多挑战,面对重重阻力和困难,鲁班工坊建设如何吸取有益经验,行稳致远,是鲁班工坊未来发展的重要问题。本章从中外参建院校应对特殊困难时期的实践出发,分析了在疫情期间鲁班工坊建设和运行中的挑战,探讨了鲁班工坊未来发展新路径。

第一节 特殊时期鲁班工坊办学与运行的挑战

近年来,我国职业教育国际化取得了很大进展,与亚非欧各国职业教育合作不断深入,在国际上影响力显著提升。面对疫情影响,鲁班工坊中外双方院校共同努力,积极创新工作方法,持续推动并圆满完成鲁班工坊建设任务。

第一,鲁班工坊建设节奏面临挑战。在疫情之前,天津鲁班工坊平稳运行,4年时间在亚洲、欧洲、非洲三大洲分别建设了5所、2所、4所共11所鲁班工坊。为了完成2018年中非合作论坛第八届部长级会议中提出的中国同非洲国家合作设立10所鲁班工坊的任务,解决在特殊时期人员无法出境、设备运输困难,中方建设院校积极利用互联网等形式进行了"云调试""云培训""云揭牌""云办公",建设"云资源",创新工作方法,坚持不断推进外国鲁班工坊建设。

第二,专业教师来华培训经受挑战。按照建设标准,对国外合作院校的专业教师在中方合作院校进行为期2个月的师资培训,使其牢固掌握专业知识、设备操作技能及教学理念和教学方法等,是鲁班工坊正式揭牌运行前的必修课。但是在特殊时期,鲁班工坊合作方学校专业教师来中方院校进行专业知识和教学方法培训的计划被迫中止,为了使得鲁班工坊建设如期进行,完成国家交付的任务,合作院校进行紧密对接,使用远程视频,或者开发视频资源,弥补面对面交流的不足,但是培训效果有所折扣。

第三,设备安装调试、教学指导等工作需要及时调整。中方院校专业教师到合作方学校安装、调试设备,进行教学指导和培训,提供示范课等,是保证鲁班工坊高质量建设的必要程序。但是在特殊时期,中方教师去对方鲁班工坊学校进行专业指导的机会被中断,教师无法直面千里之外的鲁班工坊实地教学情境、学生情况,特别是实训设备操作和维护,这些都需要现场手把手地讲解和示范,远程教学极大地影响了鲁班工坊的示范教学效果。

第四,现场教学工作面临新困难。在正常情况下,中方鲁班工坊建设院校专业教师需要到合作方学校进行现场示范和指导。无论是鲁班工坊开始本专业的招生、教学和实训,还是接受外专业、当地企业员工的培训等业务,都丰富多彩。但在疫情全球流行期间,鲁班工坊所在地区和国家的招生和教学也受到严重影响。甚至超过一年的时间一些当地学校处于停止运行状态,鲁班工坊建设被迫延缓。

第五,线下人文交流活动大幅度减少。在以前,各鲁班工坊项目每年定期开展国际师生人文交流活动,为传播中国职业教育人文理念与宣传中国国家形象起到重要作用，但是在特殊时期，留学生基本全部回到对方国内，随后也没有国际航班为人员往来提供服务，加上各国严格的防疫隔离政策，提高了人员往来时间、经费成本，鲁班工坊丰富多彩的国际人文交流活动基本停止，但是大部分人文交流工作和活动都及时转移到线上，保证了鲁班工坊建设各方的信息交流。

第二节 特殊时期鲁班工坊参建院校应对办法

鲁班工坊参建院校坚定构建人类命运共同体理念，与合作国齐心合力，相互鼓励，共同应对困难，积极减小不利影响。各建设院校及时采用互联网平台和信息技术，开发了大量的数字化教学资源，创新"云"活动形式，与合作院校进行同步共享，保证了鲁班工坊教学和培训的正常开展，取得了积极成效。

一、坚定信念，鲁班工坊建设院校双方共克时艰，深植人文关怀

过去3年间，疫情肆虐，相对静止的应对政策使得国际学生流动数量锐减，现有的留学计划也被迫推迟和更改。世界大学排名机构QS于2020年9月发布的报告显示，69%的受访者认为疫情影响了自己的留学计划。[①] 来华留学、合作办学也受到限制，教师、学生的国际交流活动无法正常开展。在困难时期，鲁班工坊合作共建国家受到了不同程度的影响，中方院校为了助其渡过难关，雪中送炭，不仅给当地学校直接提供物资援助应对面临的困难，也充分考虑合作国的国情、民情，因地制宜，给当地人民带来看得见、摸得着的成果与实惠，为"一带一路"建设搭建了人文交流和民心相通的温暖桥梁。外方院校师生也时常通过网络询问中国情况，表达美好祝福，相互加油鼓劲，体现了浓浓的手足情。

在特殊时期，南非鲁班工坊增材制造技术专业教师运用培训所学的3D打印技术，使用工坊内增材制造设备迅速制作了4000个防护口罩，免费分发到当地医院、养老机构、紧急救助机构。天津职业大学向德班理工大学捐赠了5万个一次性口罩，帮助学校抗疫。[②] 在马达加斯加鲁班工坊建设过程中，天津机电职业技术学院、天津市机电工业学校、塔那那利佛大学三所学校密切联系，合作发展，中铁十八局、华为公司等鼎力支持，确保了工坊建设工作有序完成。[③] 天津医学

---

① 参见蔡永莲：《在地国际化：后疫情时代一个亟待深化的研究领域》，《教育发展研究》，2021年第3期。
② 参见天津职业大学：《技能之桥常固，友谊之树常青——南非鲁班工坊合作抗疫纪实》，天津职业大学官网，https://sg.tjtc.edu.cn/info/1063/1923.htm。
③ 参见天津市机电工业学校：《加强中非人文交流合作弘扬班墨文化工匠精神——马达加斯加鲁班工坊"云揭牌"仪式举行》，天津市机电工业学校官网，http://www.cnjdxy.com/system/2020/12/31/030042234.shtml。

高等专科学校教师为马里鲁班工坊师生设计了中医药防治新冠肺炎的教学课程，对方也不断给天津医专和红星职专发来慰问信息，双方共同抗疫渡难关、相互鼓励和支持，为鲁班工坊未来发展提供了坚实的人文基础。[①] 在鲁班工坊建设过程中，中外院校携手并进，共渡难关，困难使得双方加深了彼此信赖、相互支持的深厚情谊。鲁班工坊不仅发挥了人文交流功能，又促进了中外之间的民心相通。

二、配备数字化设备和互联网平台，保证建设与教学培训不间断

在特殊时期，各国鲁班工坊同其所在学校都经历了紧急状态，不少学校先后暂时封校停课，新建项目也受到严峻考验。在此形势下，各建设院校在关注合作国形势发展的同时，充分利用信息技术等手段与合作院校保持沟通对接，全力推进项目建设。由于人员空间流动中断，各院校纷纷创新工作方式，采用"云揭牌""云签约""云办公""云教学"等方式，最大程度克服不利影响。特殊时期，尼日利亚鲁班工坊、埃及鲁班工坊、马达加斯加鲁班工坊、科特迪瓦鲁班工坊、乌干达鲁班工坊、马达加斯加鲁班工坊、埃塞俄比亚鲁班工坊、保加利亚鲁班工坊、摩洛哥鲁班工坊等，先后成功揭牌运行，确保了完成项目建设任务。

在埃塞俄比亚鲁班工坊，天津职业技术师范大学利用强大的职业教育资源，集中优势师资力量，建设互联网平台，开展线上培训，并为合作国院校提供数字化设备，成功建设了符合国际化标准的工业 4.0 人工智能技术培训平台。[②] 在尼日利亚鲁班工坊建设中，合作企业捐赠"空中课堂"远程教学设备，天津中德应用技术大学直接将设备平台资料、软件工具等上传"云"平台，对方师生在本国直接访问下载资料，并保证当地 20 个点位同时进行"云"实验教学和科研工作。[③] 在巴基斯坦，中方指导教师通过视频会议系统指导巴方学员学习和掌握玉米收割机前轮系统的运转原理和常见问题维修方法，帮助学员熟练地操作收割机作业。巴基斯坦鲁班工坊与木尔坦 MNS 农业大学合作，在特殊时期以线上视频培训与线下实际演练相结合的方式启动了农业机械培训项目，并于 2022 年 10 月培训

---

① 参见天津医学高等专科学校：《最美"逆行者"依托"鲁班工坊"为瑞士、马里国际友人传授中医药抗疫经验》，天津医学高等专科学校官网，http://www.tjyzh.cn/info/1040/4311.htm。
② 参见走进埃塞：《你知道鲁班，但你知道鲁班工坊吗？》，网易，https://www.163.com/dy/article/GQ87A9Q90544UM79.html。
③ 参见胡春艳：《鲁班工坊"腾云出海"》，《中国青年报》（电子版），http://zqb.cyol.com/html/2021-01/26/nw.D110000zgqnb_20210126_2-12.htm。

了 95 名学员。在人员流动困难时期，摩洛哥鲁班工坊[①]、乌干达鲁班工坊[②]、葡萄牙鲁班工坊[③]等配备了"空中课堂"系统或仿真教学软件，合作院校间师资培训和教学交流都通过"云"方式完成，保证鲁班工坊运行不间断。

三、加大数字化教学资源开发力度，保障鲁班工坊教学活动正常开展

为了克服各种不利因素的影响，保证鲁班工坊的建设质量，中方参建院校鲁班工坊专业教材及时进行升级，持续制作、更新数字化教学资源，根据对方院校需求量身定做各专业双语教材，以配合网络培训和教学，促进我国教学标准、课程标准、教学方式的不间断地国际共享，为共建"一带一路"国家的人才培养贡献中国教育智慧。一是升级专业教材版本，适应特殊时期网络教学新情况和新需求。面对特殊时期线下面对面的教师培训基本停滞的局面，天津商务职业学院教师们升级原有教材版本，开发电子教学资源，通过查阅书籍和网络资源，并将跨境电商最前沿、最新做法编入培训教程，确保新版教材的实用性，提升摩洛哥青年跨境电商新技能。[④] 天津机电职业技术学院和天津市机电工业学校为马达加斯加鲁班工坊量身定做了双语专业标准、课程标准和双语教材，适应特殊时期网络教学新需求。[⑤] 二是加大数字化资源建设力度，通过"空中课堂"实现国内外专业教学同步同质。在过去 3 年，中方教师开发了课件、视频及相应的软件等大量信息化教学资源，如天津工业职业学院为乌干达鲁班工坊制作了 30 套 PPT 课件和 50 个教学视频，完成了面向埃尔贡乌干达技术学院教师的技术技能培训，并借助鲁班工坊的"空中课堂"等信息技术手段，有效地实现了海外课程与中国课程互连互通，保障困难时期鲁班工坊的教学质量不滑坡。[⑥]

---

① 参见段玮：《培训非洲青年跨境电商技能摩洛哥鲁班工坊"云上"揭牌》，北方网，http://news.enorth.com.cn/system/2021/12/04/052110128.shtml。
② 参见孔维军、宋佳：《乌干达鲁班工坊：探索中非产教融合新模式》，澎湃网，https://m.thepaper.cn/baijiahao_11977516。
③ 参见天津机电职业技术学院：《第四届中葡职业教育研讨会召开》，天津机电职业技术学院官网，https://www.suoyuan.com.cn/info/1069/2726.htm。
④ 参见天津商务职业学院：《国际贸易学院有序推进"鲁班工坊"建设》，天津商务职业学院官网，https://www.tcc1955.edu.cn/info/1024/3397.htm。
⑤ 参见曲彤、刘淑君：《昨日揭牌，鲁班工坊又添新成员！》，搜狐网天津教育报账号，https://www.sohu.com/a/440129769_355408。
⑥ 参见邹松：《助力乌干达青年提升职业技能》，新浪网，http://world.people.com.cn/n1/2020/1229/c1002-31981835.html。

四、与合作院校共同应对人员物资流动困难，保证工坊高质量运行

在特殊时期，虽然人员流动受阻，但是信息交流保持畅通，努力保证物资运输。中外参建院校充分利用网络平台，通过多种方式共同应对各种困难，严格按照教学装备、建设场地、专业标准、教材资源、师资培训"五到位"的要求高标准高质量建设每一个鲁班工坊项目，保证新建鲁班工坊项目按期揭牌运行。①

在尼日利亚鲁班工坊建设中，天津中德应用技术大学专门成立了工作组和若干个项目小组，设计"云教学"和课程方案，采用云课堂远程直播教学形式，安排专人一对一精准指导当地教师完成了大量实训教学设备安装和网络调试升级。②在埃及鲁班工坊，中外专业教师每个季度都通过网络平台进行教学培训交流，讨论教师与学生培训情况，答疑教学问题和设备使用问题，并定期商讨调整培训方案以适应不同培训对象的需求。③在埃塞俄比亚鲁班工坊，天津职业技术师范大学由中国国家级技能大师牵头的教学团队与埃塞俄比亚境内中方常驻专业教师，利用"云"技术和"空中课堂"，协同执教，开展线上多种教学活动。④吉布提鲁班工坊专业教师的一些培训，则是天津市第一商业学校与对方院校校长和教师多次视频沟通，了解当地情况和实际需求，双方在线上完成的。⑤

五、开展"手拉手""云竞赛"，加强中外师生的技术切磋和人文交流

在 2022 年 8 月举办的首届世界职业院校技能大赛上，中外院校联合组队参赛，为特殊时期举办的技能大赛留下了中外人文交流的美好故事。为了完成远程联合组队比赛，中国职业院校代表队与国外选手组成联合战队，通过"云端"备赛，比赛期间一起在线完成共同任务，摄像头同步记录着他们的比赛情况并上传至组委会，最后由裁判统一打分。

---

① 参见陈欣然：《天津着眼共建"一带一路"需求，建设海外鲁班工坊打造职教国际化发展创新地》，《中国教育报》，http://paper.jyb.cn/zgjyb/html/2021-04/16/content_593314.htm?div=-1。
② 参见胡春艳：《鲁班工坊"腾云出海"》，中国青年报电子版，http://zqb.cyol.com/html/2021-01/26/nw.D110000zgqnb_20210126_2-12.htm。
③ 参见未来网教育看点：《埃及鲁班工坊就业基地揭牌"五个最"助力实现创"标杆"》，新浪网，https://cj.sina.com.cn/articles/view/5895814239/15f6afc5f02000ypos。
④ 参见李硕、魏兵：《打造中埃职业教育合作"升级版"——埃塞俄比亚鲁班工坊"云揭牌"启动运营仪式举行》，天津职业技术师范大学官网，https://news.tute.edu.cn/info/1008/7008.htm。
⑤ 参见天津市第一商业学校：《我校顺利完成吉布提鲁班工坊线上师资培训》，天津市第一商业学校官网，http://www.tjysx.cn/news/160922791837498728.html。

赛前双方院校召开赛项交流会，中方详细介绍了竞赛的举办背景、目的、形式、内容、地点、要求及注意事项，并就双方如何高效开展训练进行了分析和说明。在组队备赛训练的几个月中，一般是外方选手负责设计，中方选手负责动手实操。双方师生一起开视频会议，并通过邮件、微信等方式交流观点、分工合作。团队每天在一起磨合碰撞各种方案，往往是外方队友提想法，大家讨论改思路，然后由中方队友将设想变为实实在在的产品。由于部分鲁班工坊合作外方院校是本科院校，学生综合素质比较高，而中方组队成员来自"国赛"选手，技能操作能力非常强，彼此联合，强强联手，实现较好的技能切磋。例如，天津机电职业技术学院与葡萄牙塞图巴尔理工学院联合组队，通过"云端"备赛的方式进行线上合练，尽快熟悉赛项，培养团队默契，最终获得智能产线安装与调试赛项银牌；天津职业大学机电工程与自动化学院与南非德班理工大学机械工程系师生联合组队，参与增材制造技术赛项，双方克服了语言、文化和距离障碍，线上合作，共同完成了比赛赛题任务，最终获得金牌；天津电子信息职业技术学院电子与通信技术系与莫斯科国立通讯与信息技术大学组成跨国组合，参与信息技术应用创新竞赛，中方队员为了让俄罗斯队员在白天有更好的训练状态，特意把训练时间调到了中国时间的晚上，双方队员通过远程联动的方式，克服了语言、时间等方面难题，最终获得信息技术应用创新赛项金牌，等等。在备赛、竞赛过程中，中外双方师生虽然跨国远在千里，但是在"云端"共同训练、共同参赛，增进了彼此的交流与合作，不断提高技术技能，促进了学生快速成长，加强了中外师生人文交流，也促进了双方院校的职业教育国际化发展。

第三节　新时期鲁班工坊发展路径的优化策略

国际交流的长时空阻隔给鲁班工坊发展带来的困难和挑战并非短暂的，也是不可轻视的，作为中国职业教育国际合作的重要形式和成果，鲁班工坊建设需要迎难而上，转变观念，创造条件，在总结实践经验的基础上，通过优化发展路径，全面提升中国职业教育国际化水平。

一、及时转变高职院校境外办学的观念，提高风险防范意识和应对能力

在政策和企业的大力支持下，中国高职院校成功将中国职业技术带出国门，将鲁班工坊打造成为职业教育国际知名品牌。要持续提升鲁班工坊的品牌影响力，高职院校必须准确把握，特别是特殊时期境外办学的国际化定位。在此形势

下，境外办学面临着比以往更多的政治、经济、外交、文化、宗教等方面的风险和考验。一些实行技术封锁[①]、限制留学签证[②]，还有些排外脱钩[③]等逆全球化思潮使高等教育国际化进程处于不利处境。

鲁班工坊建设，需要全面认知和适应疫情带来的世界形势新变化。在办学理念上，鲁班工坊建设要以人类命运共同体理念为总指引，以中国优秀职业教育资源为依托，服务于"一带一路"建设，巩固国家外交关系，推进中外人文交流，促进民心相通。[④]参建高职院校需要对当地市场需求、政策环境进行充分的调研，根据本校办学实际，立足自身的特色专业、优势学科对鲁班工坊进行合理的定位和统筹安排。在行业协会层面上，需要帮助院校明确境外办学条件、可能性及推进策略，加强办学指导，成立或充分利用专业化境外办学法律事务机构，指导高校规避风险、维护权益，提高鲁班工坊建设和运行的稳定性。在院校层面上，应坚持以总体国家安全观为引领，完善风险评估机制和风险防控机制，提升自身抵御风险的能力，做好内外部风险管理和应对。计划举办境外新学校（项目）的，应事先对拟办学地区的政治稳定性、与中国外交关系、治安状况和文化信仰甚至自然灾害情况，特别是流行病发展情况等进行调查、判断、评估，以决定是否进行合作办学；对已经办学的，在后期的运行中要针对可能存在的风险制定应急预案；[⑤]在办学过程中尊重当地风俗习惯，遵守当地法律法规，维护好国家形象，使鲁班工坊长期做好与合作国院校共享中国优质职业教育资源，培养当地国家更多的技能人才的任务。

二、利用有效的办学模式，联合当地多方力量，推动鲁班工坊持续稳定发展

积极应对特殊时期全球经济增速放缓对教育国际化发展的影响。国际货币基金组织（IMF）研究报告显示，2020年全球经济萎缩3.5%，2021年、2022年全

[①] 参见蒋宝尚：《中国13所高校被美国列入实体制裁清单，最早一所在20年前！》，雷锋网，https://www.leiphone.com/category/academic/rFDeS2HfFBnXYN7K.html?uniqueCode=MTFXpq3s4mMh8Rls。

[②] 参见蒋玉梅、陆小兵：《美国高等教育国际化的发展趋势及中国的应对》，《江苏高教》，2020年第3期。

[③] 参见胡昳昀、范丽珺：《后疫情时代高等教育国际化发展的风险及规避策略研究——基于风险社会理论的视角》，《高教探索》，2021年第5期。

[④] 参见杨延、王岚：《中国职教"走出去"项目"鲁班工坊"国际化品牌建设研究》，《中国职业技术教育》2021年第12期。

[⑤] 参见刘宝存、张瑞芳：《国际视野下的跨境办学监管模式与我国的路径选择——基于教育输入国境内高等学校海外分校的视角》，《西南大学学报》（社会科学版），2020年第5期。

球经济增长分别为5.9%、3.2%。① 由于通胀及债务水平居高不下，世界经济前景并不乐观。特殊时期，政府减少了教育援助与国际交流经费支持。国际留学生的大幅度减少，也使得一些依靠国际教育收入来源的高校纷纷减薪、裁员、停课，甚至倒闭。为了应对国内教育系统面临的巨大挑战，各国纷纷采取措施，加大财政投入力度，通过多种形式向教育机构发放特别补助，如澳大利亚政府出台名为"高等教育救济包"的补贴措施，通过拨款资助高等教育机构开设网课。② 政府对内增加教育投入，在一定程度上缓解了经费压力。

就我国高职院校而言，特殊时期的境外办学陡增了巨大的安全压力和经济风险。众所周知，充足的资金对保证境外办学高质量和长久发展有着至关重要的作用，许多高职院校都把教育经费不足视为开展境外办学的最大限制。近3年鲁班工坊建设取得的丰硕的成果离不开学校、企业、行业等多方合作和多渠道经费保障。鲁班工坊是服务"一带一路"建设，天津首创的职业教育国际合作项目，在天津市高职院校的倡导下，"鲁班工坊建设联盟""产教融合发展联盟"全国性联盟和专业性联盟组织先后成立，"联盟"充分发挥院校、企业的资源优势，吸引社会资本投入办学项目，促进各国校企之间结成更为紧密的国际化校企合作纽带。中资企业的参与还有利于鲁班工坊及时把握当地产业需求和市场发展动向，从而保持校企之间的长期合作。

目前，鲁班工坊合作的中外企业数量达到近百个，鲁班工坊与中国土木工程有限公司、中非泰达投资股份有限公司和天唐集团等中资企业，以及Marriott Hotel、Hovione Farma Ciencia、塞图巴尔LAUAK飞机结构有限公司等欧洲、非洲和东南亚的本土企业和"走出去"的中资企业，在专业教学、实训教学、实践教学和校企协同发展等方面开展了广泛合作，为相关企业培养了大量的本土技术技能人才，企业总体上对鲁班工坊的培训感到满意。③ 行业协会和企业协会等社会力量也参与到鲁班工坊建设中，院校、企业、行业等多方携手，赋予了鲁班工坊可持续发展的生命力。

---

① 参见《国际货币基金组织.世界经济展望报告》，国际货币基金组织官网，https://www.imf.org/en/Publications/WEO/Issues/2022/01/25/world-economic-outlook-update-january-2022。
② 参见沙莉、刘浩喆、李晗：《疫情危机中的国际教育政策回应与反思》，《基础教育》，2020年第3期。
③ 参见杨延：《走向世界的中国名片：鲁班工坊》，北方网，http://news.enorth.com.cn/system/2022/06/06/052745645.shtml。

三、加大数字化资源建设，完善信息化设施配备，保障鲁班工坊高质量教学

新时期数字技术与数字经济得到快速发展。抢占数字技术制高点，成为新时期各国发展新型工业化的重要举措。德国、法国、英国、美国、日本等发达国家和地区先后出台了数字技术发展战略，我国也适时提出了"数字中国"发展战略与《"十四五"数字经济发展规划》。以"云计算"和大数据为核心的数字技术的快速发展，突破了物理空间和国家边界对于国际交流的阻隔，缓解了特殊时期的负面影响，带动了经济复苏增长。当前，"云"经济现象不断涌现，在线学习、远程办公、视频会议、线上购物、线上娱乐等，展现了数字技术的优势和数字经济发展潜力。

借助大数据、"云计算"、人工智能等新一轮技术发展，各行各业的数字化进程不断推进，数字技术深入地介入到教育、工作、购物、政府治理中，在线教育、远程办公、线上娱乐等新业态和新模式蓬勃发展。数字技术在教育领域有着大规模应用前景，德国[1]、法国[2]等发达国家正在积极推进教育数字化转型。2022年，我国教育部提出国家教育数字化战略行动。2022年3月28日，国家智慧教育平台正式上线，共建共享优质教育资源，为教育的数字化转型升级提供了范例。最近几年，教育数字技术显示了巨大的教学优势和发展潜力，依托数字技术搭建的各种在线教学平台和互动直播平台，如腾讯会议、ZOOM、Classin、雨课堂、MOOC和学习通等，是全国各地"停课不停学"居家学习方案的重要载体。数字技术崛起为人员交流阻隔情况下持续推进境外办学提供了新动能。信息技术教学设备、教学手段被广泛运用，发挥了巨大作用，线上教学成为主要教学方式。随着困难的形势得到缓解，在线教育也从初期的"非常态"进入后期的"新常态"。依托网络学习平台打破了时间和空间的限制，鲁班工坊在3年间教学工作的顺利开展，得益于数字化教育平台的开发和利用。为了克服时空阻隔的不利影响，鲁班工坊参建院校纷纷创新跨境授课形式，利用网络信息技术，高职院校对海外教师按计划地进行连续系统的培训，师生可以通过学习通、腾讯课堂等线上教学平台进行互动交流，实现了国际线上教学与线下教学同等质量，保证了鲁班工坊建设成效，获得了鲁班工坊教师和学生的好评。

---

[1][2] 参见王姝莉、黄漫婷、胡小勇：《美国、欧盟、德国、法国和俄罗斯教育数字化转型分析》，《中国教育信息化》，2022年第6期。

新时期，线上教学将成为鲁班工坊的常态化教学手段，高职院校应加大信息化、数字化和网络化建设的力度，增加资金投入，帮助欠发达国家的学校配备有效的信息教学设备，完善线上平台的建设和功能的开发；不断推进优质数字化教学资源的建设和共享，包括教材、视频、PPT、教案、作业、考试库等；探索人工智能、大数据等新兴技术在课堂及教学管理中的应用，借助新兴技术和数字化教学平台，对课程实施进行全过程管理，准确评价鲁班工坊教师培训及教学运行效果，从而进行精准教学，提高教学效率。

四、使用必要的网络技术进行教学评估，保障与提升鲁班工坊办学质量

鲁班工坊代表着我国先进的职业教育成果，是职业教育国家品牌，其办学质量直接影响着我国境外办学的声誉和形象，因此办学质量是第一要求。首先，需要建立健全内外部质量保障相结合的制度体系。综合考虑职业教育教学基本规律、境外办学特殊情况等因素进行教育标准建设，研制鲁班工坊建设质量评估指标体系，按照标准定期对鲁班工坊进行合格评估并提出改进意见，确保其持续健康发展。① 其次，建立第三方评价和院校自我评价相结合的评价机制，由行业机构成立或聘请权威的评估机构对鲁班工坊进行公正、客观的评估。② 最后，鼓励企业等利益主体参与到鲁班工坊质量监控和管理中，保证鲁班工坊人才培养始终符合合作国家和当地社会需求，促进形成长期的校企合作关系。

新时期，教学评价应该是全方位、多维度的，要根据专业、课程的差异性为线上教学和线下教学构建考核评价标准。③ 针对线上教学，评价的范围是教学的全过程，不仅要对课堂本身进行评价，还需要囊括数字化教学资源的建设和使用情况，评估课件、习题等线上资源；④ 利用"云计算"、大数据等新技术将学生学情信息反馈给教师，教师可以根据反馈结果进行改进，提高教学质量；⑤ 采用多元主体评价模式，可以成立由线上教学技能优秀的教师、专家等专业人士组成的线上教学评估组，提出课堂的不足之处和改进建议，并注重加强对评估组成员

---

① 参见王岚：《基于"鲁班工坊"提升我国参与全球职业教育治理能力研究》，《职教论坛》，2022年第3期。
② 参见李建雄：《依托企业组建鲁班工坊的建设模式研究》，《天津职业院校联合学报》，2021年第7期。
③ 参见吴严：《新冠肺炎疫情对线上教学的影响与应对》，《高教论坛》，2020年第5期。
④ 参见崔依冉、韩锡斌、周潜：《职业院校防疫期间在线课程教学质量评价的成效、问题及建议》，《教育与职业》，2021年第2期。
⑤ 参见王国华、卓泽朋、周光辉：《大数据背景下线上教学质量监控与评价体系的建构》，《淮北师范大学学报》（哲学社会科学版），2020年第3期。

的培训；① 多种评价方式相结合，如线上随堂观察、师生自评与互评、参考教学平台产生的过程性数据，从多个维度、视角展开评价，全方位保障混合教学质量。

五、重视国际化教师建设，不断提高教师信息技术等综合素养

作为教学的重要实施者，教师素养的好坏将直接关系到教育质量水平的高低。2019 年，《教育部关于职业院校专业人才培养方案制订与实施工作的指导意见》中就指出，要适应"互联网＋职业教育"新要求，全面提升教师信息技术应用能力，推动大数据、人工智能、虚拟现实等现代信息技术在教育教学中的广泛应用。

新时期，必要的优质教学资源是进行信息化教学的重要支撑。作为数字化教学资源的设计者和使用者，教师要利用现代信息技术建设教学资源，提升课堂的趣味性、直观性。学校要加强国际化师资的建设，不断提高教师的专业外语水平和跨文化交流能力，以及较高政治素质、专业能力、较强的组织教学能力和协调管理能力等。② 在师资建设上，要给教师提供更多的海外交流进修机会，全方位发展教师的综合能力；完善教师激励措施，推动教师主动积极地提高自己的国际化专业教学能力；招聘一定数量的外籍教师或有海外教育背景的教师，多方位提升学校的国际化师资水平。③

---

① 参见鲁小艳：《高校在线教学质量评价体系构建》，《中国高等教育》，2021 年第 10 期。
② 参见云建辉：《沿边地区高校境外办学驱动要素、运行特征及推进策略研究——基于云南省高校境外办学发展的考察》，《教育与教学研究》，2022 年第 2 期。
③ 参见幸炜：《来华留学生促进"一带一路"国际科技合作与创新的机理与路径研究》，《黑龙江高教研究》，2019 年第 8 期。

第十二章 鲁班工坊的质量保障

随着新一轮科技革命和产业变革的不断深入，质量建设越来越重要，高质量发展是增进民生福祉，繁荣经济、贸易、科技、文化，促进国际交流与合作的关键性要素，已经成为经济社会发展的核心追求。2023年2月，中共中央、国务院印发的《质量强国建设纲要》提出的主要目标之一就是，到2025年实现中国品牌影响力稳步提升。在我国推进质量治理现代化进程中，明确要加强质量国际合作，深入开展双多边质量合作交流，加强与国际组织、区域组织和有关国家的质量对话与磋商，开展质量教育培训、文化交流、人才培养等合作。鲁班工坊是中国职业教育国际化的重要成果，在新的形势下，高质量建设鲁班工坊，关注鲁班工坊质量保障，是将鲁班工坊打造成为职业教育国际知名品牌的重要路径，这样才能持久保证中国职业教育国际化优质项目在世界范围的广泛传播和可持续发展。

第一节 鲁班工坊质量保障实施的重要意义

一、鲁班工坊质量保障的基本内涵

鲁班工坊质量保障体系是一个复杂的、综合的、系统的整体质量保障过程，其核心的构成要素包括质量保障方法和持续质量改进过程两个重要因素。

鲁班工坊质量保障有两个关键环节：一方面是鲁班工坊项目的标准化管理，另一方面是鲁班工坊项目质量监测与评估，这两个关键环节是鲁班工坊项目建设和发展的基础性工作，具体实施方法包括对鲁班工坊参建方的筛选、合作国经济和社会发展需求、根据合作国需求的变化对教学模式的改进，鲁班工坊质量监测（包括内部监测和外部监测）、鲁班工坊建设质量评估检查（包括自评和第三方评价），以及鲁班工坊参建各方相互交流与反馈。

持续质量改进过程，鲁班工坊运行不是静态过程，而是一个动态的、持续的过程，强调持续改进，不断满足鲁班工坊学员的学习需求，满足合作国当地经济社会发展需求，针对国际劳动力市场的需求，不断改进，持续提升，打造持久世界职业教育知名品牌，实现鲁班工坊的可持续发展。

二、鲁班工坊高质量发展的现实需要

2016年3月8日，全球第一家鲁班工坊，即泰国鲁班工坊揭牌启运后，鲁班工坊项目规模不断扩大，鲁班工坊数量不断增加。2022年8月18日至20日，在天津举办的首届世界职业技术教育发展大会上，公布了全国首批鲁班工坊项目。天津市院校在亚洲的泰国、印度、印度尼西亚、巴基斯坦、柬埔寨、塔吉克斯坦建成6个鲁班工坊；在欧洲的英国、葡萄牙、保加利亚、俄罗斯建成4所鲁班工坊；在非洲的吉布提、肯尼亚、南非、马里、尼日利亚、埃及、科特迪瓦、乌干达、马达加斯加、埃塞俄比亚、摩洛哥建成12所鲁班工坊；鲁班工坊全国建设联盟成员在贝宁、加蓬、肯尼亚、卢旺达、塞尔维亚挂牌5所鲁班工坊。截至2022年8月，中国已在全世界亚、非、欧三大洲23个国家共建成25所鲁班工坊。

2013年"一带一路"倡议提出后，中国对外合作区域和领域不断扩展，对外合作模式得以丰富和完善。天津市在职业教育国际化进程中抓住机遇，加快步伐，主动探索与尝试，基于国家现代职业教育改革创新示范区建设的基础，打造鲁班工坊项目，丰富和拓展了中外人文交流内涵与领域，满足了共建"一带一路"国家经济社会发展需求，同时解决了当地企业急需技术技能人才的现实困境。2016年，第一个鲁班工坊在泰国建成，鲁班工坊项目开始了"走出去"的探索征程。2018年9月，在中非合作论坛北京峰会上，习近平主席宣布要在非洲建设10个鲁班工坊，向非洲青年提供职业技能培训，从吉布提到埃及，再到摩洛哥，鲁班工坊的足迹遍布非洲。2021年9月，习近平主席在上海合作组织成员国元首理事会第21次会议上表示，中国将在上海合作组织国家建立10个鲁班工坊，天津积极响应"一带一路"建设需求，推进鲁班工坊建设进程，在塔吉克斯坦建成中亚第一个鲁班工坊，并在哈萨克斯坦、乌兹别克斯坦都加快建设鲁班工坊。鲁班工坊搭建起传承中国工匠精神，促进"一带一路"民心相通的新的平台。

鲁班工坊发展初具规模，已成为中国职业教育优秀成果走向世界的一张国家名片，为世界区域经济社会发展产生积极影响，向世界传递中国职业教育推动区域可持续经济增长、减贫脱贫的实践样本。随着鲁班工坊规模的不断壮大，全方位总结其发展模式、路径及经验教训显得尤为重要，推动鲁班工坊的高质量特色发展势在必行。

鲁班工坊的质量保障是其长期稳定发展和扩大国际影响力的重要保证，其重要性体现在质量保障能够提升鲁班工坊项目的建设质量，包括在鲁班工坊课程、教学、校企合作、师资培养、人才培养等方面提供更好、更优质的资源与体验；保证了为合作国当地经济、社会发展提供所需的具有国际化视野的技术技能人才的供给；提升中国职业教育国际品牌价值与影响力，为中国职业教育优质资源和优秀成果进入国际职业教育领域打下坚实基础；帮助中国企业在合作国家建立良好的信誉度，为更多中国企业顺利"走出去"在海外稳定发展提供保障；服务发展中国家经济、社会需要，帮助发展中国家培养大批符合市场需求的人才和服务，为构建"人类命运共同体"做出切实可行的努力和贡献。

第二节 鲁班工坊质量保障的理论依据

"质量"一词最早产生于经济管理领域，用来表示产业价值链上不同利益相关者对于产品品质的认识与要求，后被广泛运用于其他各个领域。从某种意义上看，"质量"一词没有确切唯一的定义，不同使用者对于质量的标准和要求是不同的。质量保障是指通过一系列措施和方法，确保产品或服务的质量符合标准和客户的要求，以提高产品或服务的质量和稳定性，增强企业的竞争力和信誉度。质量保障包括以下五个方面：第一，质量管理体系，建立和完善质量管理体系，制定质量标准和流程，明确质量责任和权利，实施质量管理的各项措施；第二，质量检测，通过各种检测手段和方法，对产品或服务进行检测和测试，确保产品或服务符合标准和客户的要求；第三，质量培训，对员工进行质量培训，提高员工的质量意识和素质，增强员工的质量责任感和质量控制能力；第四，客户反馈，收集客户的反馈意见和建议，及时处理客户投诉的问题，改进产品或服务质量，提高客户满意度；第五，持续改进，通过不断地改进和优化质量管理体系和质量控制措施，提高产品或服务的质量和稳定性，适应市场的变化和客户的需求。质量保障是生产环节必须要重视的一项关键内容，只有通过有效的质量保障措施，才能提高产品或服务的品质和竞争力，赢得顾客的信任和支持。

经济管理领域的质量管理理论对鲁班工坊质量保障研究影响深刻，具有非常重要的借鉴作用，其基本理论是鲁班工坊解决质量保障问题的依据。

一、全面质量管理理论

全面质量管理（Total Quality Management，简称"TQM"）产生于20世纪50年代，源于世界各国质量专家的研究和成功组织的管理实践，也是目前先进质量理念和方法的集合，反映了质量管理的客观规律。[①] 全面质量管理是一种以顾客为中心、全员参与、持续改进的管理理念和方法。它强调企业要将质量管理贯穿于企业的所有活动中，不断提高产品或服务的质量，以满足顾客的需求和期望。

全面质量管理的核心内容包括以下五个方面：第一，顾客导向，将顾客的需求和期望作为企业的最高目标，通过了解顾客的需求和期望，不断改进产品或服务的质量，以提高顾客满意度；第二，全员参与，强调企业的所有员工都应该参与到质量管理中来，发挥各自的作用，共同推动企业的质量改进；第三，持续改进，强调质量管理是一个持续不断的过程，企业应该不断地改进和优化质量管理体系和质量控制措施，以提高产品或服务的质量和稳定性；第四，全面质量控制，强调质量控制应该贯穿于企业的所有活动中，通过各种手段和方法，确保产品或服务符合标准和客户的要求；第五，全面参与供应商，强调企业应该与供应商建立长期的合作关系，共同推进质量改进，以提高产品或服务的质量和竞争力。总之，全面质量管理是一种以顾客为中心、全员参与、持续改进的管理理念和方法，它强调企业应该将质量管理贯穿于企业的所有活动中，不断提高产品或服务的质量，以赢得客户的信任和支持。可见，全面质量管理的基本要求可以概括为"全员、全过程、全方位"的质量管理。

全面质量管理要遵循科学的工作程序，PDCA循环是全面质量管理的重要思想基础和方法依据，最早由美国统"统计质量控制之父"休哈特（1891—1967）提出，后被美国质量管理学家戴明（1900—1993）宣传并普及。PDCA循环理论认为，质量管理的基本工作程序包括计划（Plan）、实施（Do）、检查（Check）、处置（Act）四个阶段，在实际管理活动中各项工作按照制订计划、实施计划、检查监控之后将成功经验纳入标准，失败教训加以总结、调整，没有解决的问题进入下一轮PDCA循环去解决。这一工作程序适用于质量管理的各个环节、各项工作。因此，PDCA循环核心是重视理解顾客要求以实现持续改进产品和生产过程，这一改进过程需要通过实践和结果之间不断进行反馈实现，往复循环，最终实现全面质量的提升。[②]

[①] 参见中国质量协会：《全面质量管理》，中国科学技术出版社，2021年，第8页。
[②] 参见[美]詹姆斯·R.埃文斯、威廉·M.林赛：《质量管理与质量控制》，焦叔斌等译，中国人民大学出版社，2010年，第5页。

对于鲁班工坊来说，全面质量的提升包含的内容更为丰富和具有挑战性。作为职业教育国际化的新模式，高质量建设鲁班工坊，培养满足当地经济社会需求的高素质技术技能人才是鲁班工坊的最终目标，学校举办者、管理者、教师、学生、企业都是利益相关者，他们都会对鲁班工坊建设质量产生影响。鲁班工坊质量保障的过程和方法必然是在各利益相关方的作用下持续改进调整，最终实现全面质量的提升。

二、国际职业教育质量标准 ISO29990

全面质量管理经过不断发展深化，产生了许多质量管理模式和方法，其中ISO质量管理体系就是应用最广泛最普遍的方法之一。早在20世纪40年代，随着西方发达国家对于产品生产品质、规范管理等方面的要求的提升，各国认证机构加强了对企业品质保证体系的审核。1947年2月，国际标准化组织（ISO）正式成立，宗旨就是要在全世界范围内促进标准化及有关活动的发展，以便于产品与服务的国际交流，并扩大知识、科学、技术和经济领域的合作。其中ISO9000系列国际质量标准不仅在产业界获得广泛应用，而且在许多国家被引入教育领域用于进行质量管理。随着各国间贸易量不断增长，经济、服务、教育交往越来越频繁，国际化质量标准成为各国增强竞争力的重要手段，ISO9000系列已经成为全世界各国和地区应用领域最广泛的国际化质量标准体系。

虽然ISO9000系列在全球教育界应用普遍，但因其源于工业产业领域，其标准用语和适用范围在教育领域仍然存在局限性，适应性受到一定程度的影响，因而针对教育领域，尤其是职业教育领域的国际质量标准缺乏问题亟待解决。

为了提高各国职业教育质量的可比性，促进职业教育国际化发展，ISO组织经过前期的探索和研究，总结了ISO9000系列在教育领域应用的实际情况和发达国家职业教育质量管理经验，制定了ISO29990《职业教育与培训的学习服务——学习服务提供者基本要求》并于2010年9月正式发布。该标准旨在为职业教育和培训提供一个通用的框架，提高全球职业教育和教育培训质量。[①]

可以说，ISO29990是以ISO9000框架为基础，遵循ISO系列标准的理念，同样也遵循了全面质量管理从计划、执行、反馈、处理的PDCA过程。ISO29990标准包括以下主要内容：第一，管理体系要求，要求职业教育和培训机构建立和实施管理体系，包括质量管理体系和学习服务管理体系；第二，学习服务要求，

---

① 参见吴俊强：《ISO 29990 国际职业教育管理质量标准研究与应用》，广东高等教育出版社，2016年。

要求职业教育和培训机构提供符合学习者需求和期望的学习服务，包括课程设计、学习资源、学习环境、学习评估等方面；第三，课程设计和交付要求，要求职业教育和培训机构设计和交付符合学习者需求和期望的课程，包括课程目标、课程内容、教学方法、教学资源等方面；第四，学习评估和效果评估要求，要求职业教育和培训机构对学习过程和学习效果进行评估，以确保学习服务的质量和效果。

ISO29990标准的实施可以帮助职业教育和培训机构提高教育质量，提高学习者满意度，增强机构的竞争力和信誉度。同时，该标准也可以为学习者提供一个可靠的选择标准，帮助他们选择高质量的培训服务。

鲁班工坊是在中国优质职业教育资源与合作国家共享基础上建立的，实施职业教育、学历教育与职业培训的教育机构或教育项目。以往我国职业教育发展一直以引进为主导，侧重于对国际教育理念、教育模式的学习和借鉴。如今，我国职业教育取得了快速发展，教育理念、教学模式、教学条件都与世界先进水平逐步接近，许多优秀成果得到了国际职业教育领域的认可，更有许许多多优质资源走出国门、走向世界，鲁班工坊即是当前我国职业教育国际化发展的成功范例。因而鲁班工坊作为一个职业教育国际化平台，ISO29990国际职业教育质量标准的实施，对提升鲁班工坊管理质量具有很重要的价值。

三、授权评价

对一个组织实施质量管理，离不开质量评估，科学完善的评估体系是质量保障体系的关键要素。授权评价是一种质性研究和量化研究相结合的评价方法，它通过对特定领域的专家进行授权，自下而上开展的质量评估活动。20世纪80年代，授权评价方法被广泛运用到教育领域。由于授权评价方法特别关注利益相关者的满意度，因而教育组织中的教师、管理者、家长和学生等参与度大大增加，这对于教育质量和整体效率的提高发挥了积极作用。[①]

授权评价通常由权威机构或专业组织进行，侧重于对组织运行整体概况进行全面的评价，而不是绝对分值的比较，这有利于对受评组织的工作进行更加客观的判断，对促进其质量改进具有积极作用。授权评价的主要目的是为了保证组织的能力和素质得到公正、准确的评估。通过授权评价，专业组织可以确定哪些个人或组织具有特定领域的专业能力和素质。授权评价还可以帮助个人或组织确定

[①] 参见赵志群等：《中国现代职业教育质量保障体系研究》，经济科学出版社，2020年，第55~72页。

他们的强项和弱项，以便更好地提高自己的能力和素质。

授权评价的过程通常包括以下步骤：第一，确定评估标准。评估标准是评估过程中最重要的因素之一。评估标准应该与特定领域的专业能力和素质相关联，并且应该是公认的标准。第二，选择评估专家。评估专家应该是在特定领域内具有权威地位的人员。他们应该具有相关的专业背景和经验，并且应该经过权威机构或专业组织的认证。第三，进行评估。评估过程通常包括面试、考试、观察等多种方式。评估专家会根据评估标准对被评估者进行评估，并给出评估结果。第四，发布评估结果。评估结果应该是公正、准确的，并且应该向被评估者和其他相关人员公布。

授权评价能够很好地体现公正性、有效性和可信度。授权评价由专业组织或权威机构进行，可以保证评估过程的公正性和准确性。授权评价能有效地评估个人或组织的能力和素质，帮助他们确定自己的强项和弱项，以便更好地提高自己的能力和素质。授权评价的结果可以被广泛接受和信任，因为评估标准和评估专家都是公认的。授权评价同时也有一定的局限性，例如需要投入大量的资源选择、认证评估专家，还需要进行面试、考试等多个环节完成评价，整个过程较为复杂。

鲁班工坊质量保障过程中引入授权评价的方法便于根据不同鲁班工坊建设特点进行评判，既可以避免单一指标衡量的不适应性，又可以突出建设院校的优势和特点，符合鲁班工坊优质优先、因地制宜建设原则的体现。

第三节 鲁班工坊质量保障制度与机制

截至2022年8月，中国已建立25家鲁班工坊，遍布全球亚、非、欧三大洲的23个国家，这些鲁班工坊均严格遵照相关建设标准运行，根据相关的文件要求，鲁班工坊建设以三年为一个周期，由鲁班工坊研究与推广中心组织对鲁班工坊建设情况、人才培养状况及实施效果等进行绩效评价，评价合格方可继续实施项目建设。同时，鲁班工坊的质量监管和评估结果将会作为评价参建院校国际化水平的重要标志。

一、天津市鲁班工坊研究与推广中心

天津市鲁班工坊研究与推广中心（简称"研推中心"）是统筹负责鲁班工坊建设标准与规范、质量监管与评估、教师培训与资源开发、学术研讨与交流、成果发布与推广等工作的研究机构，同步推进鲁班工坊理论研究与实践探索，为

鲁班工坊建设发展提供决策服务、质量监管与支持服务。研推中心运行机制采用"1+3+N"模式，即以天津市教育科学研究院为主体（"1"），组织实施鲁班工坊研究与经验推广工作，以天津职业大学、天津渤海职业技术学院和天津铁道职业技术学院为分中心（"3"），按照欧洲、亚洲、非洲三大区域分工负责承担相关业务工作；在此基础上，由研推中心广泛联合天津市鲁班工坊建设单位、研究机构等多方力量（"N"）共同开展工作；研推中心办公室下设在天津市教育科学研究院终身教育研究所，负责鲁班工坊的日常事务。

研推中心的主要职责包括鲁班工坊政策研究、标准制定、项目指导、质量评估、教师培训、资源开发、信息发布、学术交流与宣传推广应用等。可以说，研推中心负责鲁班工坊项目从申报到立项、建设、管理，再到质量评估全链条、全方位、全过程的质量保障工作。

研推中心对鲁班工坊的监管与评估主要是从项目的目标定位出发，对鲁班工坊建设与发展质量进行全面的、整体的监控与评估。依据鲁班工坊评估标准体系，遵循质量导向、发展导向与绩效导向三个基本原则，以三年为一周期，聘请专家团队对鲁班工坊进行全方位、多层面的整体监控与评估。质量监控评估工作采用过程评估与结果评估两种方式，将评估结果作为决定该项目是否能够进入下一个三年建设周期的重要依据。

二、鲁班工坊质量监管

鲁班工坊质量监管包括承建院校自我监测和外部监管两部分，自我监测由承建院校根据鲁班工坊建设相关要求建立自我诊断和改进制度并严格执行，最终实现提升鲁班工坊建设水平、加快鲁班工坊建设速度和扩展鲁班工坊服务功能的目标。同时，为推进鲁班工坊制度建设，加强鲁班工坊可持续发展，研推中心每年对针对各鲁班工坊开展问卷调查，定期收集鲁班工坊建设数据，分析鲁班工坊建设成效和规模变化，对建设质量进行分析。

研推中心设计的调查问卷共分四个类别，分别为鲁班工坊人才培养质量调查问卷（教师卷）、鲁班工坊人才培养质量调查问卷（学生卷）、鲁班工坊毕业生满意度调查问卷与鲁班工坊合作企业调查问卷。

鲁班工坊人才培养质量调查问卷主要是分别对鲁班工坊教师和学生进行调研，了解不同差异的教师和学生对鲁班工坊的课程设置、教学模式、培养方案、培养效果，以及满意度、适应性等方面的认知和观点，充分了解鲁班工坊在合作国当地建设效果和服务当地经济社会发展所产生的积极作用。

鲁班工坊毕业生满意度调查问卷则是以鲁班工坊毕业学员为主要调查对象，了解毕业生对鲁班工坊提供的培训服务是否满意，主要从人文交流、教学模式、教学目标、教学效果、课程设置、教师素质、教学资源、软硬件环境、学习收获、就业反馈及未来发展等方面进行研究，详细反映鲁班工坊在人才培养质量方面的成效。

鲁班工坊合作企业调查问卷主要是收集鲁班工坊校企合作情况、企业人才需求情况、鲁班工坊实训情况等数据，了解合作国家经济社会发展对技术技能人员的需求状况，考察鲁班工坊在推动产教融合、校企合作发展中产生的影响力和作用，是鲁班工坊建设成效的基本反映。

三、鲁班工坊质量评估

根据相关监管制度，对鲁班工坊建设进行质量评估，以三年为一个建设周期，由鲁班工坊研推中心组织实施，对鲁班工坊建设情况、人才培养状况、资金使用情况和实施效果等方面进行绩效评价。根据建设标准要求，鲁班工坊建设要明确发展定位和核心内涵，在具体实施过程中严格遵循场地建设、实训装备、教师培训、专业标准、教材资源"五到位"的要求。因此，鲁班工坊评估检查指标以"五到位"的完成情况衡量建设预期完成的目标是否达成。

研推中心依据专家库名单，遴选职业教育国际化领域有着深厚理论基础和实践经验的知名专家组成专家评审组，按照院校自评-总结汇报-实地参观-查阅卷宗-网络连线-专家质询-专家讨论的流程开展评估工作。评估指标从总体发展、运营管理、建设成效、特色项目、负面清单5个一级指标，建设定位、发展思路、预期达成、持续发展、管理体制、配套制度、设施运维、资源开发、师资建设、教学模式、学生评价、企业评价、教育规模、师生交流、学术研究、校企合作、社会影响力、创新发展、重大问题、管理问题20个二级指标对鲁班工坊总体建设情况进行衡量，最终依据专家综合打分情况给出鉴定结果。

第四节　完成质量评估的典型项目

一、泰国鲁班工坊质量评估

2021年10月18日，研推中心作为第三方机构组织了对泰国项目的评估。研推中心通过项目承建院校自评，参观工程实践创新项目体验中心，研推中心第三方评价，专家组评审，线上连线听取泰方官员、教师、学生、家长的成果反馈，与泰方学校、合作企业现成连线问询等环节完成了对泰国项目的评估，综合考察了泰国鲁班工坊建设情况，情况如下：

（一）建设进展

泰国鲁班工坊启运自 2016 年 3 月 8 日，由天津渤海职业技术学院和泰国大成技术学院合作建设，依托了职业院校校际国际合作交流建设而成，是我国境外建设的第一所鲁班工坊。一期建成渤海中心，设置了机电一体化技术、物联网技术、数控技术、新能源汽车技术 4 个专业。随着中泰铁路项目的启动，为了满足泰国及周边区域对铁路建设、运营和维护技术人才需求，依托泰国鲁班工坊，2018 年 1 月，由天津铁道职业技术学院和大成技术学院合作共建泰国鲁班工坊铁院中心，设置了（高铁）动车组检修技术、（高铁）铁道信号自动控制 2 个专业，是我国在境外建设的第一所高铁类技术技能人才培养中心。

（二）建设规模

泰国鲁班工坊形成了以渤海中心、铁院中心为内设的"一坊两中心"建设模式和运行机制。工坊建筑面积达 2000 平方米，共 15 个教学实践区。其中渤海中心与泰国共建海外师生实践拓展基地，打造 EPIP 国际教育联盟、EPIP 教学研究中心、中泰职业教育研究中心三大高端平台；"铁院中心"建成中国高速列车 CRH380B、中国列车运行控制系统 CTCS、"空中课堂" 3 个理实一体教学区和 1 个技能大赛研发区。工坊开设的 6 个专业全部获得泰国职业教育委员会认证，累计交流培训学生 8000 余人次，教师 500 余人次。

（三）国际专业教学标准建设

泰国鲁班工坊的专业设置在标准设计上对标行业的国际前沿技术标准，课程建设以泰国国家职业资格标准和中国国际化专业教学标准为依据，6 个专业均为高等职业教育层次，并全部获得泰国职业教育委员会认证，成为泰国教育行政部门认可的学历教育教学标准。

（四）管理制度

依托泰国鲁班工坊建设，承建院校在各项事务的管理制度方面大大完善，制定了《泰国鲁班工坊章程》《鲁班工坊管理与监督方法》等相关制度文件，对鲁班工坊项目建设的重大问题进行研究。同时，制定了《外国留学生教学及管理各项费用的规定》《外籍教师管理办法》《学院鲁班工坊建设项目和资金管理办法》

《学院留学生招生管理办法（试行）》《学生海外交流项目的选拔与管理暂行规定》《鲁班工坊校企合作管理办法》等规章制度，规范和完善了鲁班工坊运行过程中的各项制度及流程。

（五）人才培养质量

研推中心通过调查问卷数据发现，泰国鲁班工坊教学一线教师对鲁班工坊人才培养目标、课程设置、EPIP 教学模式、教学效果等指标的认可程度均达到 100%。泰国鲁班工坊学生对人才培养目标、课程内容、教学方式、教学资源、未来发展等方面的满意度均在 95% 以上。2019 年，首期毕业生对鲁班工坊人才培养的总体满意度达到 100%，对就业后的工作总体满意度较高，认为鲁班工坊的学习经历有助于拓展工作待遇发展空间。同时，调查发现鲁班工坊建设为中国院校发展带来了反哺效应，促进了中国院校在学校管理、教学质量、资源开发、校企合作和教师素质等多方面的迅速提升。

（六）国际影响力

泰国鲁班工坊不仅服务于泰国本土的技术技能人才培养，还对东盟国家职业院校师生开放，辐射到东南亚多国，也为当地许多中资企业提供了技术技能人才支持，促进了国际产教深度融合。泰国鲁班工坊学生多次在东盟技能大赛中获奖。泰国大城技术学院原院长荣获 2020 年天津市海河友谊奖。渤海学院被授予泰国"诗琳通公主奖"。泰国王室向泰国大城技术学院颁发最高奖项"国王奖"。泰国拉玛十世国王在《暹罗早报》上寄语铁院中心："努力为泰国高铁培养技术人才！"

（七）改进与未来发展

泰国鲁班工坊经过多年建设发展已经基本成熟，作为全球第一家鲁班工坊，未来要打造鲁班工坊标杆项目还需要继续完善：一是需要继续拓展鲁班工坊服务功能，发挥服务"一带一路"建设，促进中泰国际产能合作和人文交流；二是积极主动紧跟国际国内信息技术发展前沿动态，给予大数据、云计算、人工智能等新一代信息技术建设具有国际化教育信息技术水平的鲁班工坊；三是继续推进开发 EPIP 教学模式的研发和应用，开展基于 EPIP 教学模式的国际化专业教材建设和教学资源建设；四是继续加强鲁班工坊教学团队建设，与合作院校共同组建互学互鉴、广泛交流的教学团队，推进两国职业教育教学经验的交流与发展。

二、英国鲁班工坊质量评估

2021 年 12 月 15 日，研推中心作为第三方机构组织了对英国鲁班工坊评估。

研推中心经过承建院校自评汇报、研推中心第三方报告、专家组评审、英国鲁班工坊成果展示，与英国鲁班工坊参建企业主管、官员、院校和学生线上交流等环节，完成了对英国项目的评估，情况如下：

（一）建设进展

2017年5月18日，英国鲁班工坊揭牌启运，是中国在海外建立的第二所鲁班工坊，也是建设在欧洲的第一所鲁班工坊，由天津市经济贸易学校与英国奇切斯特学院合作共建。英国鲁班工坊开设了中餐烹饪专业，发展定位于在国际领域提供中餐烹饪技术学历教育和技能培训，培养符合海外市场需求的国际化、标准化中餐烹饪技术人才，打造高端中餐品牌，传播中餐技艺和中餐养生理念，带动中国餐饮企业"走出去"，以职业教育对外合作交流促进中西方文化融合，搭建民心相通的桥梁。

英国鲁班工坊建设经历了三个阶段：第一阶段，建立标准。开发了"英国鲁班中餐烹饪艺术"学历认证体系，被纳入英格兰国家普通和职业学历框架。第二阶段，开发资源。深入研究和开发中餐烹饪教育教学资源，注重资源整合和创新，为英国鲁班工坊的人才培养提供了保障。第三阶段，融合展示。依托英国鲁班工坊教育教学平台，推进教育产品商业化，通过建立集产、学、研三位一体的利物浦教育教学中心，为鲁班工坊学员提供了真实场景、规范化的实习实训基地，实现了产教融合、校企合作育人模式，为鲁班工坊可持续发展提供内生动力。

（二）教学资源开发

英国鲁班工坊建有理实一体化实训教学场地3个，总面积约900平方米，设置了中国餐饮礼仪文化、盘饰及冷菜制作、热菜制作、面点制作、津派面塑5个教学功能区，以及理论课讲授功能区和教师演示功能区，配备了国际化教学设备和信息技术保障。承建院校为鲁班工坊开发了教材、讲义、教案、PPT、视频动画、视频纠错题库等多种学习资源。

（三）师资与培训

英国鲁班工坊搭建了中英师资和学员相互学习交流平台，中方组建了由优秀教师、全国注册烹饪大师、非遗传承人牵头的优质师资团队对工坊教师开展培训，使工坊教师中餐烹饪教学水平和实践动手能力显著提升。工坊培训鲁班餐厅、奇切斯特学院集团、HIT厨师学院、波兰学院、剑桥等专业学生166人，进行英国营养膳食从业人员及其他社会人员培训310人，每年培训总学时不低于120学时。

（四）国际专业教学标准建设

天津市经济贸易学校隶属于天津食品集团有限公司，因此英国鲁班工坊中餐烹饪专业建设具有先天优势，依托天津市经济贸易学校在烹饪教学方面的优势，在已有的中餐烹饪市标（天津市中等职业教育标准）、国标（中式烹调师培训包）基础上，结合英国国民教育体系，开发了中餐烹饪国际化教学标准，被纳入英国国家职业教育资格体系（RQF）。成功开发出中餐烹饪艺术（鲁班）二、三级学历和中餐烹饪艺术（鲁班）四级学历，获得欧盟及美国3000余所大学和学院认可，可以进阶英国五至八级学历，搭建起持续进阶的学历认证体系，使学生拥有了更宽广的向上通道。

（五）管理制度

天津市经济贸易学校制定了一系列校内鲁班工坊管理制度，如《天津市经济贸易学校鲁班工坊内控手册》《鲁班工坊实训基地管理制度》《教学资源与标准开发工作规定》《鲁班工坊实训基地（操作间）工作流程》《鲁班工坊实训基地（操作间）管理制度》《鲁班工坊机构设置（团队建设）规定》等制度，从顶层设计到底层实施完善规范了各项工作流程，保障了鲁班工坊建设目标的达成。

（六）校企合作

英国鲁班工坊校企合作模式灵活多样，与英国超卓教育顾问服务有限公司通过共同建立校外实训基地开展教学、研发、交流和运营业务，并通过定期运营分析会在实训基地人才培养、项目管理和运营管控等方面形成了长效监管机制。工坊与中资企业的合作主要依托天津食品集团有限公司的支持，成功将中餐预包装食品、红酒、中餐烹饪调料等产品带入英国市场，促进中国企业与当地企业的合作，扩大了中国产品在海外市场的知名度。

（七）人才培养质量

研推中心通过调查问卷数据发现，英国鲁班工坊教学一线教师对鲁班工坊人才培养目标、教学内容、教学方式及教学效果指标的认可程度均达到100%。80%的工坊学生认为工坊人才培养目标符合社会人才需求，实践课能够帮助他们适应未来工作要求。70%的工坊学生对工坊教学方式、教学资源高度满意。英国鲁班工坊毕业生对工坊人才培养的总体满意度达到100%，对工作的总体满意度达100%。

（八）改进与未来发展

英国鲁班工坊是中国在发达国家建立的第一所鲁班工坊，传播中国饮食文化，对促进中英两国深化人文交流产生积极影响。未来发展中需要进一步加强国际化师资力量的培养，提升专业教学标准开发水平，持续推进学历认证体系的接续和衔接，提供高质量教育培训服务，形成具有国际竞争力的职业教育品牌。

三、印度尼西亚鲁班工坊质量评估

2021年12月20日，研推中心组织了对印尼鲁班工坊的评估。研推中心通过承建院校自评汇报，研推中心第三方评价，专家组评审，建设材料审核，与印尼方学校领导、教师、学生进行交流质询等环节完成了对印尼项目的评估检查。情况如下：

（一）建设进展

印度尼西亚鲁班工坊于2017年12月12日揭牌，是由天津市东丽区职业教育中心学校和印尼东爪哇省波诺罗戈市第二职业技术学校合作共建。印度尼西亚是21世纪海上丝绸之路首倡之地，也是东盟十国最大经济体，印度尼西亚鲁班工坊是中国与印尼在职业教育领域的重要合作成果。

（二）教学资源开发

印度尼西亚鲁班工坊经过前两期的建设，已开设汽车运用与维修、电子技术应用专业（无人机方向）、中餐烹饪3个国际专业，建有汽车维修应用智能、新能源汽车、工程实践创新、无人机技术和中餐烹饪5个教学区，总建筑面积360平方米。印尼鲁班工坊学历教育已达540人，开发了《汽车运用与维修专业国际化教学标准》，与企业合作编写了《无人机组装与调试》《无人机航空知识手册》等7本双语教材、6本二维码手册、391个教学课件、457个教案、166GB视频资源等，植保无人机为当地农业发展进行针对性服务。2018年5月，依托印尼鲁班工坊成立了中国天津-印尼东爪哇省职业教育发展研究中心，进一步加强了中印尼职业教育交流合作。

（三）师资培训

中方承建院校现有鲁班工坊专任教师35名，全部为"双师型"教师，其中硕士学历15人，本科学历20人，这些人中具有高级职称的教师17人。印尼鲁班工坊专任教师20名，全部为本科及以上学历，其中硕士学历5人，"双师型"教师12人。印尼鲁班工坊已经开展9期EPIP师资培训，培训印尼教师48名。

（四）校企合作

印尼鲁班工坊定位于围绕印尼产业发展需求和"一带一路"建设发展需求，与5家中国企业和2家海外企业在专业教学与实训、校企协同发展等方面进行合作，举办中国－印尼产教融合高峰论坛，开展"职业技能培训＋职业等级认证"服务与印尼分享中国优质职业教育资源和产品技术，为印尼经济社会发展提供高素质国际技术技能人才。

2021年，印尼鲁班工坊有255名学生被当地中资企业、日资企业、韩资企业等16家优秀企业录用，同时还与当地大型中资企业聚龙集团、上汽通用五菱汽车股份有限公司洽谈人才培养、实训基地建设、毕业生就业等相关事宜。印尼鲁班工坊结合印尼农业市场需求，与企业合作开发适合印尼农业发展的植保无人机生产、销售、维修于一体的中印尼技术合作项目。截至2021年11月，产能输出总值达到10万元，服务于印尼东爪哇省6个城市，实现中国企业的产能输出。

（五）管理制度

印尼鲁班工坊的承建院校天津市东丽区职业教育中心学校专门成立了以校领导为组长的鲁班工坊项目领导小组，实施项目建设指导和管理。成立了以教学校长为组长的鲁班工坊项目管理办公室，实施对项目设计、运行、保障等职能。制定了《印尼鲁班工坊管理与监督条例》《印尼鲁班工坊章程》《外籍教师管理办法》等8个配套制度，完善了鲁班工坊国际化管理，为工坊顺利运行提供了制度保障。

（六）人才培养质量

鲁班工坊研推中心通过调查问卷数据发现，印尼鲁班工坊教学一线教师对鲁班工坊人才培养目标、教学内容、教学方式及教学效果指标的认可程度均达到100%。100%的工坊学生认为工坊人才培养目标符合社会人才需求，实践课能够帮助他们适应未来工作要求。100%的工坊学生对工坊教学方式、教学资源高度满意。印尼鲁班工坊毕业生对工坊人才培养的总体满意度达到100%，对工作的总体满意度达100%。

2018年，我国全国中职组运用与维修大赛邀请的印尼鲁班工坊学生参加比赛并取得优势成绩。2019年，在EPIP国际邀请赛中，印尼鲁班工坊学生取得一等奖2名、优秀奖2名的好成绩。

（七）改进与未来发展

未来，印尼鲁班工坊要继续围绕印尼本土产业发展需求和"一带一路"建设发展要求，在紧缺技能人才培养、人文交流、校企合作、技能竞赛等方面继续完善，提升鲁班工坊服务功能，扩展鲁班工坊建设项目，推进鲁班工坊国际教育信息化水平，更好地为当地经济社会发展服务。

第五节 鲁班工坊质量保障的不足之处及发展对策

一、鲁班工坊质量保障当前存在的不足之处

鲁班工坊项目建设至今年，评估检查工作还没有形成较为成熟的制度和流程，质量保障体系还有待进一步完善，评估制度机制还需持续改进优化，对海外鲁班工坊质量监管还需强化。此外，各个鲁班工坊建设在不同国家或地区，发展定位和特点优势各有不同，鲁班工坊建设评估检查工作正处于不断探索过程中，经过第一轮的评估工作，研推中心对已开展的工作和流程进行了详细梳理和总结，对鲁班工坊质量保障工作持续改进。

二、高质量鲁班工坊质量保障体系构建对策

未来鲁班工坊建设应该注重内涵质量的提升，质量保障工作的重点从以下方面着力：

一方面，要完善评估制度和流程。随着质量监管和评估工作日渐成熟，不断积累和总结经验，研推中心将修订和补充《鲁班工坊建设质量评价管理办法》，完善鲁班工坊建设质量监管政策制度，对评价总体要求、评价内容、评价方式、评价实施、评价结果、组织保障等方面进行细化和明确，构建更加科学、完善的鲁班工坊质量保障基础。例如，研推中心对评估使用的指标评价表进行改进，由专家打分改为专家意见反馈，补充专家个人意见，清晰记录每一位专家对鲁班工坊建设各项指标的肯定、疑问、建议等信息，综合专家组集体意见，使得评估结论更加真实可靠。

另一方面，注重自生力培育。注重对鲁班工坊可持续发展自生力的培育与扶

持,提供有效指导和协助促进鲁班工坊在管理机制、教学模式、国际专业对接、技术研发、市场对接等方面的能力,提供有效平台为鲁班工坊和境外企业搭建合作的桥梁,提升鲁班工坊服务"一带一路"建设,服务国际产能合作的自运营能力,培育鲁班工坊可持续发展内驱力。

后 记

《2022 年鲁班工坊建设与发展报告》是天津市鲁班工坊研究与推广中心（简称"研推中心"）的核心研究成果，是研推中心与全球鲁班工坊建设院校联合研究团队集体智慧的结晶。研究团队采用实地访谈、问卷调查、文献分析等多元研究方法，对截至 2022 年 8 月之前建成的 25 个鲁班工坊项目，开展面向中外的教师、学生及海外中资企业等多个层面的调查研究。研究团队克服了网络通信不畅、海外问卷回收难等困难，获得了全球鲁班工坊建设情况的珍贵第一手资料。通过对海内外大量翔实的数据分析与系统梳理，全面总结和记录了鲁班工坊建设与发展 6 年来的整体建设成效、典型项目发展经验、重点建设领域的发展策略等。

研究团队严谨科学、协同合作，为高质量研究成果出版提供了重要支持。《2022 年鲁班工坊建设与发展报告》整体框架由天津市教育科学研究院党委书记、研推中心主任郭滇华，天津市教育科学研究院院长、研推中心主任李剑萍负责设计；研推中心办公室副主任杨延、研推中心办公室副研究员王岚负责统稿，联合研推中心办公室和各参建单位合作完成。章节分工为：第一章杨延、王岚、王晓宗，第二章许有华，第三章王兴东，第四章吕景泉，第五章武春平，第六章陈海荣，第七章蒋平江，第八章王方，第九章杨湘伶，第十章王岚，第十一章戴成林，第十二章王凤慧。

《2022 年鲁班工坊建设与发展报告》凝聚了来自院校、教科院等多方的支持和帮助，在此特别感谢中国教育国际交流协会的全程指导，感谢天津教育科学研究院给予研究团队强大的科研技术支持，感谢天津医学高等专科学校、天津市红星职业中等专业学校、天津机电职业技术学院、天津市机电工业学校、天津职业技术师范大学、天津商务职业学院、金华职业技术学院、陕西铁路工程职业技术学院、浙江旅游职业学院、成都航空职业技术学院的全力配合，正是凭借研究团队每一位老师的齐心合力与辛勤奉献，《2022年鲁班工坊建设与发展报告》才能如期高质量完成。

未来，研推中心将继续对鲁班工坊进行深入研究，持续发布年度鲁班工坊建设与发展年度报告，为鲁班工坊建设提供模式标准与实践路径的参考。

天津市鲁班工坊研究与推广中心

2023年6月